Propel China Towards A Modern Rich Country

Training Labour Force For Profession

推动中国迈向现代化富裕国家

培养高素质专业化劳动力队伍

郑醒尘 著

中国发展出版社
CHINA DEVELOPMENT PRESS

图书在版编目（CIP）数据

推动中国迈向现代化富裕国家/郑醒尘著．—北京：中国发展出版社，2018.10

ISBN 978－7－5177－0922－0

Ⅰ．①推…　Ⅱ．①郑…　Ⅲ．①中国经济—经济收入—研究　Ⅳ．①F124.7

中国版本图书馆 CIP 数据核字（2018）第 225684 号

书　　　名：推动中国迈向现代化富裕国家
著作责任者：郑醒尘
出 版 发 行：中国发展出版社
（北京市西城区百万庄大街 16 号 8 层　100037）
标 准 书 号：ISBN 978－7－5177－0922－0
经　销　者：各地新华书店
印　刷　者：三河市东方印刷有限公司
开　　　本：787mm×1092mm　1/16
印　　　张：16
字　　　数：220 千字
版　　　次：2018 年 10 月第 1 版
印　　　次：2018 年 10 月第 1 次印刷
定　　　价：58.00 元

联 系 电 话：（010）68990642　68990692
购 书 热 线：（010）68990682　68990686
网 络 订 购：http：//zgfzcbs. tmall. com//
网 购 电 话：（010）68990639　88333349
本 社 网 址：http：//www. develpress. com. cn
电 子 邮 件：fazhanreader@163. com

目录 Contents

引言
Foreword

进入 21 世纪，全球可持续发展面临的挑战日益凸显。一方面，人类社会的经济发展伴随着对自然资源消耗的持续增长，深刻影响生态环境；另一方面，在不少国家的社会内部，收入分化问题依然严峻，导致了一系列经济、社会问题。这也是各国现代化过程中需要切实解决的关键问题。要解决好这些问题，就必须探索可持续的高质量增长机制。

中国经过改革开放 40 年发展，经济发展的动力机制已经从要素驱动转变为投资驱动。随着投资收益率下降，潜在风险上升。为此，中国需寻求基于创新的发展机制，促使经济发展的动力机制从投资驱动转向创新驱动。这符合当今世界从产业化社会向知识型社会转型的历史大趋势。

这种基于创新驱动的增长机制有助于克服传统发展模式对资源消耗的依赖。创新内涵包括技术创新，也包括机制创新，例如完善收入分配机制。

基于总量生产函数的增长模型在最近半个世纪以来逐步发展完善，并经过了正反两方面的实践检验。

在总量生产函数 $Y = F(K,L,t)$ 中，Y 代表产出，K 代表投资，L 代表劳动力，A 代表技术进步①。在生产函数中引入人力资本概念 H，产出 $Y = F(K,L,$

---

① 柯布－道格拉斯生产函数是用来分析经济发展与增长的重要模型。根据这一模型，经济增长取决于资本、技术和劳动力：$Y = A(t)L^{\alpha}K^{\beta}$，公式中 $A(t)$ 代表技术水平，L 代表劳动力，K 代表资本，分别代表相应的弹性系数。

$H,A)$，人力资本 H 形成过程是投资结构优化的结果，即 $H = h(K)$，把技术进步 A 视为人力资本 H 和研发投入 R 综合作用的结果，$A = a(H,R)$；研发投入 $R = r(K)$，故技术进步 $A = a(H,R) = a[h(K),r(K)]$，总量生产函数则可转化为关于劳动力 L 和投资 K 的函数，$Y = F\{K,L,h(K),a[h(K),r(K)]\}$，其中投资结构与函数 F、h、a、r 有关。在不同经济发展阶段，h、a 要求的人力资本投资比重有所不同。从投资驱动向创新驱动转型阶段，需要提高人力资本投资比重，增加高素质劳动力供给，尤其需要接受过高等教育的科技类专业劳动力成为主流力量。

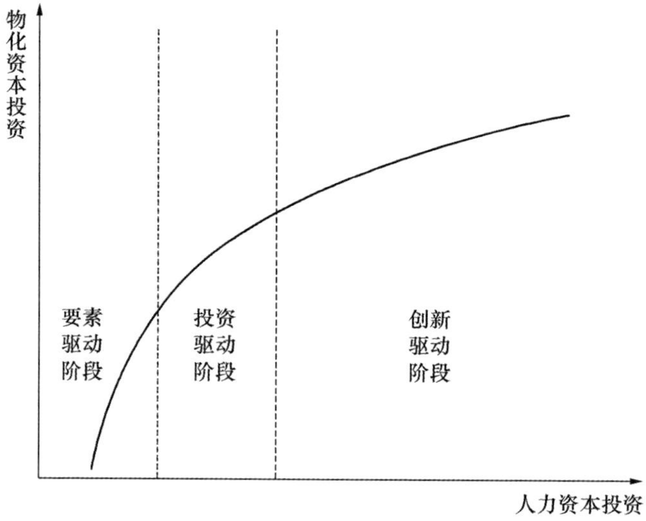

不同经济发展阶段的投资结构

这意味着：首先，在劳动力供给潜力得到充分释放之后，即 L 达到峰值之后，优化投资结构成为当务之急。此时倚重追加物质资本很难优化投资结构，必须大力提高人力资本投资和研发投入所占比重，发挥人力资本投资的高收益优势。其次，人力资本投资是科技研发和技术进步的基础，也是经济可持续增长的根本保障。要推动经济发展从投资驱动向创新驱动转型，必须优化投资结构，进一步加大人力资本力度，基于雇员专业化能力塑造劳动力队伍整体竞争优势。再次，不通过人力资本投资整体提升劳动力队伍素质，科技进步很难有效转化为生产力水平提升。最后，提升劳动力整体素质意味着要缩小能力差距，这有助于缩小初次分配差距，促进社会公正，增强社会凝聚力，推动可持续增长。

人力资本可视为与自然资源、物质资本相当的社会财富组成，人力资本投资是社会财富的创造过程。人力资本投资通过知识经验复制传播和职业能力[①]培育来实现，自然资源消耗少，投资收益率高于社会平均收益率，是促进可持续增长的重要途径。挪威、芬兰等北欧国家是典型的成功案例。世界银行 2018 年报告表明，人力资本财富占全球总财富的 64%，在高收入 OECD 国家所占比例为 70%。经济发展到一定阶段之后，应重视投资向人力资本倾斜。

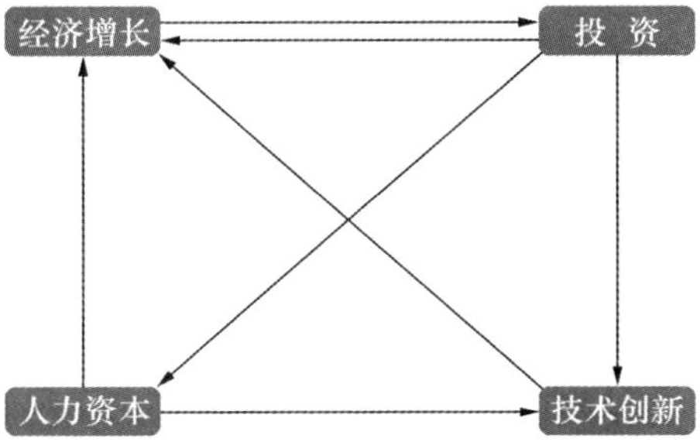

经济内生增长机制

中国在改革开放初期曾结合技术革新，通过电大、夜校大规模提升青年工人素质，为生产技术改造升级发挥了重要促进作用。瑞士、北欧国家以及德国等地大学生毛入学率高、大学文化人口比重高，高技能劳动力占绝对多数，是典型的“技师大国”，技师文化历史悠久，工匠精神融入社会价值观，奠定了世界一流的产业竞争优势基础。

发展中国家劳动力队伍总体素质与发达国家存在较大差距。发达国家高

① 职业能力内涵除了专业知识、岗位技能、理解领悟，还包括自学能力、自我管理、一专多能、相互协同，在创新发展阶段要求具备创造性思维、想象联想、学科交叉运用等能力。职业文化是影响职业能力发挥的重要因素，通过价值观、工作态度、职业忠诚性等途径影响劳动者对人生意义和社会的看法，决定在职场上的表现。没有良好的职业文化氛围，劳动者很难普遍具备专注专业的工匠精神。技师文化在欧洲德语区有悠久历史，深入人心，是工匠精神的人文基础。

中及以上文化的劳动力占绝大多数，而发展中国家往往是初中及以下文化劳动力占绝大多数。如果经济社会发展到一定阶段，再不及时提升劳动力队伍的总体素质，将面临诸多问题叠加导致的风险释放。

中国作为全球最大的发展中国家，正处于现代化发展关键阶段，面临种种挑战和压力。在挑战中把握发展机遇，在种种压力下塑造创新发展的动力机制，需要从提升劳动力总体素质入手，打破劳动力与技术的低层次耦合格局，加快向创新驱动模式转轨，奠定向现代化富裕国家发展的基础。创新型发展模式存在对科技、工程领域高劳动力的迫切需求。

中国现阶段经济增速下行的原因在于生产领域投资回报率总体趋低，传统产业竞争压力偏大，投资风险偏高，社会生产投资积极性不足。围绕人力资本投资，无论个人投资还是政府投入，其回报率都高于产业领域投资回报平均值。劳动力流动性导致了企业人力资本投资的外溢效应，存在市场失灵，故需要政府干预。根据 2010 年人口普查数据，中国劳动力队伍的初中及小学文化占 72%；大学及以上文化仅占 10%，到 2015 年则为 11%。劳动力队伍整体的专业技能偏低，存在很大提升空间，但在现有体制下提升过于缓慢，故需推进改革。

从那些基于创新增长的新加坡、韩国、挪威、芬兰、德国等发达国家情况看，目前大学及以上文化劳动力所占比重多数为 35% ~50%，预计 2035 年这一比例为 50% ~70%，2050 年为 60% ~85%。人力资本投资优先战略是国家富裕的保障。

中国通过政府统筹推进，促进全社会投资人力资本，可起到一石三鸟效果：一是可以解决经济竞争力问题；二是促进社会投资，推动人力资本财富持续增长，形成迈向现代化富裕国家的内生持续增长模式；三是通过授之以渔改善社会收入分配结构，从而为中国向现代化高收入国家转型提供关键保障。这对中国现代化进程和实现共同富裕具有关键性历史意义。

从国际经验看，结合发展终身教育体系，建立健全配套教育培训体制，推行面向已离校人员的回归教育，通过 6 ~ 15 年努力，改变劳动力队伍的高技能员工短缺格局，是完全可以实现的；再继续努力 15 年，使劳动力素质与领先的发达国家接近，也是可以做到的。这是我国建设中国特色社会主义、实现人的发展的关键基础，也是走向共同富裕的根本基础。把持续提升劳动力整体素质列入优先战略，是化挑战为机遇的关键切入点。

中国当前面临的诸多挑战，包括风险防范、生态保护、收入差距、出口放缓、投资减速，在本质上都与劳动力素质有关，原因在于劳动力整体素质不适应经济社会发展进程；通过全面覆盖的职业教育培训，推动中国劳动力素质从低技能向专业化高技能等级转型，是解决诸多问题的切入点，也是防范化解金融风险的根本基础。原因在于，如果实体经济领域的产业竞争力持续下降，负债持续上升，则“皮之不存，毛将焉附”，系统性金融风险很难有效化解。美国周期性金融风险与其产业结构问题存在很大相关性，由此容易理解美国重振制造业的决心。通过改善劳动力素质支撑产业竞争力提升，从而根本化解潜在系统性金融风险，实现高质量可持续增长，使中国发展成为现代化富裕国家，是本文的主旨。

本书是国务院发展研究中心与英国国际发展部合作研究项目“促进共同发展——中国与世界”分课题的研究成果之一。相关分析仅代表研究者观点。

总论

Pandect

根据中国改革开放战略目标，到2049年新中国成立百年之际，中国将发展成为富裕的社会主义现代化国家。2019～2039年这20年将成为关键时期，期间中国内外部发展条件面临重大变化，使中国的现代化道路充满挑战性，经济增长机制是最为关键的问题。总论在提炼全书各章节要义的基础上，对这一问题作出概要分析和回答。

大约始于2005年，有一个现象开始悄悄出现，那就是一些沿海发达地区的外资工厂开始往东南亚地区迁移，先是土地成本，之后是劳动力成本，成为这一现象背后的重要推动因素。到2008年这一现象则渐成趋势，在珠三角地区引起广泛关注。人们注意到，除了土地、劳动力因素，东南亚国家出口面临的反倾销压力小得多。有一种观点认为，中国正在推动产业升级，纺织服装类的低端产业外流并不构成多大问题。那么2018年的现象则需引起深思：在中国外资高科技企业的集中地苏州，日本欧姆龙公司和美国希捷公司先后关闭生产工厂。其中，欧姆龙撤离是因为当地工厂的技术升级滞后，而希捷公司则由于对东南亚的投资力度加大，布局调整特点很明显。有观点认为这是因为本土企业崛起，但希捷等公司在国际上居于行业领先地位，把产能向东南亚转移是无法回避的事实。尤其是随着国际贸易摩擦加剧，外向型内外资企业向东南亚等发展中国家转移的势头上升。对此，中国究竟该如何应对？

与此同时，作为世界第一强国和高科技产业领先国家，美国于2009年提出再工业化战略，不遗余力推进落实；同年提出2020年高等教育发展目标，目的是使美国成为世界上大学人口比率最高的国家；于2012年推出《投资美国的未来：职业技术教育改革蓝图》。这些包含了两方面理念：首先，制造业在国民经济中具有不可替代的基础地位，制造业振兴事关美国命运；其次，人才是国家竞争力的根本保障，要保持美国的竞争优势，就必须全面提高美国人的教育程度，不让一个弱势者在这一进程中掉队。由于2008年美国的大学生毛入学率已经达到85%，故在提高大学生毛入学率的同时，把重点更多地放在促使大学生顺利毕业上，避免浪费高等教育资源。制造业振兴战略并没有随着美国总统的交替而被忽视，而是得到进一步加强，税收优惠、财政补贴等各项措施多管齐下吸引制造业回流。值得重视的是，特朗普政府于2017年签署行政令，推动大规模的学徒培训计划。

另一个值得思考的现象是，除了德国、日本凭借制造业竞争优势在二战之后重新迅速崛起，成为发达国家第一梯队的重要力量之外，瑞士和瑞典、挪威、芬兰等北欧国家通过创新发展成功实现经济结构转型，稳居全球富裕国家行列；更值得深思的是，从20世纪70年代开始，以韩国、新加坡为代表的一些后发国家经济持续快速增长，迅速跻身全球富裕国家前列。以韩国为例①，1970年人均GDP279美元，居全球第78位；1985年为2457美元，列全球第58位；2000年为1.19万美元，列全球第46位；2017年为2.97万美元，列全球第30位。在这些成功国家中，有一个值得注意的共同点是：不仅重视技术创新，更重视劳动力技术能力培养，通过教育培训持续大规模投资人力资本。例如，韩国大学生毛入学率从1971年的7.26%提高到1985年的31.59%，再从2000年的78.45%提高2010年的99.66%。2015年20~64岁人口的大学生比重为44%，2018年预计为51%。同时，韩国在职业能力建设

① 此处引用世界银行数据，随后几段内容数据出处相同。

方面也有一整套政策体制。

相比之下一直到 2017 年，中国人均 GDP 为 8827 美元，低于全球平均值的 1.07 万美元。2017 年中国大学生毛入学率为 43.4%，相当于韩国 1993 年的水平。根据世界银行按现有趋势递推分析，中国初中及以下劳动力到 2035 年占 56%，到 2050 年仍占 44%，若无重大战略性追赶措施，与发达国家之间的巨大差距将长期存在。因此，中国要成为现代化发达国家，还有很长的路要走。为尽快缩小差距，必须采取有力措施，深化改革。其中的根本问题是如何塑造现代化发展的动力机制，这直接决定中国能否有效应对现代化进程中遇到的挑战与压力，能否成功建设成为富强民主文明和谐美丽的社会主义现代化强国。如何形成高效率、可持续的内生增长模式，是需要解决的核心问题。

一、关于现代化发展的战略动力

要成为富裕的现代化发达国家，面临的核心任务是价值创造与财富分配。这涉及现代化内涵、增长模式、财富形态等关键因素。

（一）增长机制事关现代化的核心问题

现代化本身是一个动态的概念。从现代性角度看，西方主流思维包含了平等、民主、自由等自启蒙运动以来的美好社会理想。但是，这些美好理想的哲学逻辑至今未得到根本理顺，导致在实践中面临诸多事与愿违局面。这在本质上反映出人们的认知困境。主要包括：一是人们渴望社会平等，但自由竞争导致社会分配两极分化，由此带来的经济地位不平等衍生出一系列深刻矛盾和问题，导致种种不自由。二是人们希求借助技术改造自然和社会，却发现技术并不是纯粹的工具：没有人能违背技术要求去使用技术，技术复杂程度的不断提高意味着对人的束缚程度在加深。三是人类自我中心的理性主义，把驾驭和改造自然视为理所当然，但对自然规律认识不足，人类社会发展导致了对自然的严重破坏，科技手段放大了破坏的危害性。这危及了人类自身的可持续发展。在此语境下，现代性的自反性逻辑隐含巨大风险，包括资本的瓦解性和动荡性，意味着人与人之间、人与自然之间存在着广泛冲突，也意味着人类自身的可持续发展面临巨大不确定性。

这些表明，人类的有限理性尚难以走出认知困境，需要基于实践探索出一条有别于传统模式的可持续发展道路，现代化进程需要契合这一时代使命。

人的问题是其中的关键。如何看待人性、如何管理人的需求、如何创造价值，不仅是文化、经济问题，更是走出生态危机和人类文明危机所无法回避的问题。在很大程度上，现代性面临的挑战与资本扩张带来的负面效应存在很大相关性。对此，马克思提出要实现人的全面自由发展和人的最终解放。实现人类彻底解放，是哲学家共有的终极关怀，但在现实中首先需要解决好可持续发展问题，处理好人与人、人与自然的关系，包括人与技术的关系。其中隐含的问题是：如何摆脱以自然资源过度消耗为代价的增长模式，即如何形成新的价值和财富创造模式；如何提高普通公众及弱势群体在收入分配过程的地位，缩小初次收入分配差距？增强人对技术的驾驭能力、探索绿色增长路径是关键。

这些问题意味着，社会发展要以人的全面发展为根本前提：通过对教育培训领域加强投资，形成以社会人力资本增值为基础的价值创造和社会财富生产模式，通过知识、经验的复制传播和职业能力培养来实现人力资本增值，探索低成本、低风险、高效率模式，由此提升全社会的劳动生产率，进一步解放和发展生产力；通过对普通公众特别是弱势群体加强人力资本投资，通过教育培训帮助提高职业能力，提高掌握运用新技术的能力水平，提高劳动价值，形成高收入、高技能、高技术的耦合格局。

现代化发展的核心是人的全面发展。实现中国特色社会主义现代化，以人民为中心实现人的全面发展，需要通过全面提高人的劳动价值来解放和发展生产力。

（二）改善经济增长机制宜从提高劳动力素质入手

作为统计上的概念，投资、消费、净出口一直被作为衡量经济增长的结构化分析框架，但并不适合用来分析经济增长的内生动力机制，原因在于投资、消费、净出口的统计指标只反映增加值结构，并非经济增长模型。中国改革开放导向是解放和发展生产力。要塑造现代化发展的战略动力，需要从价值创造、财富生产的视角，寻求提升生产力水平的有效路径和可行模式。

增加值的形成是技术、资本、劳动力综合作用的结果，基于这三要素的总量生产函数可以为改善劳动生产率和发展生产力提供有效分析框架。

20 世纪 60 年代以来的理论研究和实践探索表明，劳动力的内涵包括数量和质量，通过投资于人力资本，改善知识、技能结构，提高劳动力整体质量，可以带来多方面积极效应：一是提高劳动者生产能力，使经济增长摆脱对廉价劳动力的依赖，为应用新技术提供条件，推动企业劳动生产效率持续提升。二是劳动力作为人力资本，本身是一种特殊形态的财富。通过教育培训提升劳动力整体素质，既是特殊国民财富生产过程，也是提升财富创造能力的过程，是具有高回报率的投资活动。三是通过授之以渔加强职业能力建设，能针对人力资本这一特殊形态财富推进藏富于民，也能从源头上促进社会初次分配更趋公平，有助于增进社会凝聚力。四是避免低效益投资扩张导致系统性金融风险。技术升级受阻于劳动力整体素质低下，企业为维持资本回报率倾向于通过负债方式扩大生产规模，形成低效益和高负债的不良循环，这意味着很大的潜在风险。提升劳动力整体素质则有助于避免这一问题。

因此，通过教育培训等方式提升劳动力整体素质，可以优化经济结构，形成经济增长的内生动力；通过技术创新提升劳动生产率以及资本回报率，可以摆脱依赖高负债维持资本回报率的发展模式。

（三）富裕国家的经验要旨：能力建设是基础

自启蒙运动兴起以来，各国为推进现代化进行了长期探索，有不少经验教训。不少国家通过一段时期持续努力，发展成为现代化国家；也有的发达国家未能保持良好势头，沦为发展中国家；更多国家面临的现实是长期在发展中国家的队伍中徘徊，遇到各种阻碍和波折，始终难以进入发达国家行列。

无论是否成功地发展成为富裕国家，在发展过程中都会受到诸多因素影响，但能否有效发展生产力具有决定性影响。包括富裕国家在内，相关国家经验表明劳动力队伍的整体素质是关键基础。首先，没有一个劳动力队伍素质整体偏低的国家能依靠廉价劳动力发展成为现代化富裕国家，根本原因在于缺乏可持续发展能力。其次，持续大力投资人力资本的发展阶段，往往也是产业竞争力提升最快的阶段，期间即使遇到内外部风险冲击，也能有效应对，并平稳渡过困难阶段。实际上，基于职业能力教育培训的人力资本投资，通常是应对系统性风险的有效手段。再次，成功稳居全球前列的富裕国家，以及迅速崛起进入富裕发达行列的国家，其共同特征是把教育培训作为优先投资发展的关键领域；而发展徘徊不前甚至相对倒退国家，尽管其教育领域发展也得到持续推进，但无论发展速度还是相对排名，都不具优势。原因在于，当前已经进入知识经济社会，大力发展教育是全球根本趋势；百舸争流，慢进则退。一个国家的生产力发展政策是否得到有效落实，教育培训领域的投资强度和发展成效是重要检验依据之一。

过去半个多世纪以来，无论是位居全球前列的传统发达国家如挪威、瑞士、芬兰、瑞典，以及二战之后迅速恢复生产力的德国、日本，还是20世纪70年代实现经济起飞的韩国，其共性特点是注重国家对人力资本投资建设的推动作用，具有一整套完善的发展体制；尤其是十分注重劳动能力与岗位要求的匹配程度，要求做到胜任有余，培养一岗多能，发展配套的组织协调、沟通协同、自我管理等能力。重视发挥职业学校作用，把职业培训经历作为培养高层次人才的基础，是这些国家的产业竞争力得以持续提升的重要保障。

这些国家经验还表明：制造业竞争优势具有不可替代的作用，是促进就业、维持国际收支平衡的重要保障；学徒制、职业学校等职业教育培训是制造业竞争优势的基础支撑；单纯发展高等教育、忽视强化职业教育培训基础，仍然会面临制造业产业竞争力衰退以及制造业外流问题。这可以解释美国自20世纪70年代以来面临的产业竞争力问题。

二、当前中国面临的挑战与压力

中国自改革开放以来，在推动农业领域富余劳动力向第二、第三产业转移的基础上，引入国外资本和技术，加快了工业化进程。改革开放起步阶段中国劳动用工成本相对较低，加上产能扩张形成的规模经济效应，制造业具有价格优势。发达国家制造业通过技术升级转向更高技术层次的生产领域。以德国和北欧国家等为代表的发达国家注重人力资本投资，形成了完备的职业教育培训和高等教育体制，高中及以上文化劳动力占主体，而中国劳动力以初中及以下文化占主体，因而这种分工调整在前期总体顺利推进。但自2008年以来，中国面临越来越多的内外部因素挑战。

（一）传统增长模式面临新形势挑战

随着中国经济持续快速增长，土地、劳动力等要素成本也在持续上升，生产成本的相对优势正发生重要变化。一方面，与美国等发达国家相比，在中国生产的成本优势在弱化，部分行业产能从中国向美国转移；另一方面，与东南亚国家相比，中国在劳动力和土地成本、对发达国家出口配额等方面缺乏比较优势，向东南亚转移产能的企业从纺织服装等低技术劳动密集型行业延伸到电子产品等高科技行业，这种趋势在逐步增强。此外，随着中国持续投资于科技创新领域，中国在全球价值链分工的地位逐步上升，在中高端与发达国家的重叠范围扩大，全球价值链中高端领域的竞争性增强。

与此同时，随着发展中国家工业化进程逐步加快，全球生产分工体系正面临新调整，对世界政治、经济、军事格局产生深刻影响。发展中国家之间的制造业竞争性增强，发达国家之间贸易摩擦增强。

这种新形势新格局意味着中国需要探索新发展模式。一方面要摆脱对低成本要素的依赖，尽快适应土地、工资等要素成本已经大幅上升的现实，探索与较高工资相适应的生产方式，向高收入、高技术均衡的格局发展。这就要求中国结合产业升级拓宽经济发展路径，包括基于知识整合应用的创新增长模式。另一方面，全球生态环境在进一步恶化，亟须探索可持续增长机制。降低现代化发展对自然资源的消耗强度，是实现可持续发展的必经之路。中国面临改善生态治理的紧迫任务，淘汰高投入、高污染、高排放、低效益的落后产能是当前突出任务，需要因地制宜探索高效率、可持续、可复制的价值创造和财富生产模式。

相关国际经验表明，基于教育培训的人力资本投资活动，以及基于知识创新运用的价值创造活动，可以减少社会生产的自然资源消耗，在更好满足消费需求的同时，提高生产效率，形成投资与财富积累的良性循环。人力资本的财富生产与积累是其中的核心环节。

由此面临的关键挑战是中国现阶段劳动力素质整体偏低，尤其是初中及以下文化劳动力占绝对主体地位。这种格局不利于形成高收入—高技术的均衡机制，也不利于形成高层次劳动力与高技术生产的有效匹配。核心问题是，劳动力整体素质对技术研发成果的产业化应用具有关键影响：低素质劳动力专业化能力不足，难以支撑重要科研成果的产业化应用推广。在服务业也面临类似挑战，交通运输、住宿餐饮等中低端服务业发展较快，吸收大量劳动力，但金融、商务等带有一定专业能力要求的服务业吸收劳动力相对有限。这种格局限制了制造业和服务业的增加值提升空间，反过来使劳动力面临高工资、低技能格局，存在被自动化技术替代的压力，例如通过自动化、人工智能技术替代人工以降低生产或服务成本。

（二）人口老龄化压力与日俱增

作为全球现象，随着生活和医疗逐步改善，人类预期寿命在不断延长，形成人口老龄化趋势。中国作为人口大国，人口老龄化发展势头较快，带来前所未有压力。预计到2050年，中国65岁以上的老龄人口数量将从2016年的1.5亿人发展到超过4亿人，占总人口1/4，比例与现阶段日本相当。2017年，日本超过65岁的老龄人口比重达27.7%。

人口老龄化对经济社会产生深刻影响。从发达国家应对政策看，提高退休年龄门槛是常见做法，这类政策与其劳动力队伍的素质相契合。发达国家人口结构中，高中以上文化占75%以上，大学以上文化占30%以上，相关比例还在逐年提高。脑力工作者和资深工匠，在老龄阶段仍具有较强的价值创造能力。

但中国的现有劳动力以初中及以下文化为主，占70%左右，面临更大影响。初中或小学文化劳动力的职业技能低，工作岗位需要一定体力基础，到一定年龄后生产能力自然下降。这部分人口即使延迟退休，也很难适应原有工作岗位要求，更难适应新技术带来的挑战。自改革开放以来大量农民工从第一产业转向第二、第三产业就业，从事建筑、制造业以及餐饮服务等工作，2017年农民工总量达2.87亿人。部分改革开放初期就业的农民工已进入老年阶段。由于缺乏专业化技能，诸多老年农民工仍只能从事体力相关工作，包括建筑行业工作。

人口老龄化对劳动生产率等关键因素的影响在深化。在未来15～30年，中国老龄化人口比例将达到最高峰值，接近甚至超过现阶段日本的比例。事实上，早在2010年中国60岁以上人口比例已达13.26%，超过10%，65岁以上人口比例为8.87%，超过7%，都已达到老龄化国家的国际标准。随着高龄人口比例增加，医护需求持续攀升，但养老服务、家庭护理等领域缺乏足够专业化劳动力，从业人员缺乏应有专业技能，一方面导致了护理服务低效率、低水平，另一方面牵制家庭成员大量精力，影响劳动生产率。这也是中国与发达国家差距较大之处。与发达国家相比，中国面临的挑战更大。

（三）生产性投资效益下滑

实现经济可持续增长意味着需要持续提高劳动力生产率，投资效益是关键性因素。缺乏效益的投资活动会因为难以还本付息而积累金融风险。

在国际金融危机之后，中国工业企业利润总额同比增速下降到10%以下，从2015年中开始一度出现负增长。生产性投资效益下降对经济社会带来的影响非常深刻：一是传统制造业经营压力增大，一些企业退出原有行业，利用厂房、土地等资产升值机会，通过抵押或处置套现等方式融入资金，进入金融、房地产领域赚“快钱”，经济领域投机性增强。二是金融领域信贷机构出于控制风险、提高收益考虑，对生产性项目信贷趋于审慎，提高抵押担保要求，民营企业融资难度增大，只得通过民间渠道融入高成本资金，不少民营中小企业创始人丧失对企业所有权。三是为保持经济增长，一些地方政府尝试通过基础设施等公共项目投资拉动经济，但还本付息压力较大，不适合作为长期之策。

就根本而言，民营生产投资积极性是保持国民经济可持续增长的根本保障，提高投资的经济效益则是前提和基础。民营企业生产性投资的效益下降有其复杂原因，涉及技术水平、要素成本、融资成本和风险等因素，但解决问题的方向是提高技术水平以及生产效率，需要通过提升劳动力技能等级消除技术升级障碍。

三、提升劳动力素质的核心原则

理论分析和国际经验都表明，实现人的全面发展是现代化进程的核心任务，是推动形成内生动力的切入点。关键在于持续提高劳动力素质，这是实现可持续高质量增长的关键切入点。推进人的职业能力建设，全面提升劳动力素质，具有深远战略意义。具体需要把握以下核心原则。

（一）确立人力资本投资的价值理念

经济发展核心是价值创造与财富积累。以高层次专业化劳动力为代表的人力资本是社会财富的重要组成。据世界银行《2018 年国民财富变化》统计，人力资本占全球财富的 2/3，而生产资本仅占全球财富的 1/4，自然资本则仅占 1/12。这意味着：首先，如果不把人力资本看成是国家财富的主要组成，会偏离客观形势的发展趋势；其次，仅仅依靠自然资源或者低素质劳动力，而不持续提高劳动力素质，很难长期保持经济发展领先地位；再次，通过对人力资本进行持续投资，即使自然资源匮乏，也可以走上富裕发达之路，例如高收入 OECD 国家的自然资本在总财富中所占比例不到 3%，远远低于世界平均值，瑞士就是典型；换而言之，人力资本在社会财富中所占的比重，也能从侧面反映出人的发展程度。人力资本投资旨在培养高素质专业化劳动力。

培养高层次的技能型劳动力，应注意发挥两方面的潜力。一是通过教育培训，有效提高劳动力队伍的技能水平，促进人力资本积累，形成持续良性循环过程。这种价值创造和社会财富积累过程并不会受到自然资源和消费市场条件制约，与物化资本积累相比，有广阔的可持续增长空间。二是围绕人力资本投资，应注重通过教育培训促进技术应用升级。人力资本投资不仅传授知识，而且应推进职业能力建设，重视投入产出效率。技能培养深度结合社会生产和服务岗位要求，以提高劳动生产率为根本导向，通过教育培训加快新技术的推广应用。三是人力资本投资以及相关的教育培训应注重工作经验能力积累与人文精神培养兼顾，包括工匠精神和技师文化。通过授之以渔，培育健康积极的精神和人格，认同知识和劳动价值，推崇专业精神，注重自学和终身学习，形成团队分享意识和合作协同意愿。

在发展基础相对不足的情况下，提升劳动力整体素质应兼顾学生和在职人员。一方面，对于尚未踏入社会的青少年学生，应通过提高义务教育年限，夯实职业教育培训基础，在积累必要的实践经验基础上提高教育水平，包括接受高等教育，使青年人在投身社会之前积累必要的工作能力和经验，更快、更好地发挥个人劳动潜能。另一方面，那些已经进入社会工作的低技能劳动力，包括中青年人员，在现有劳动力队伍中占绝大多数，初中及以下文化劳动力所占比例超过2/3。有效提升这部分人群的职业技能等级是刻不容缓的任务。为此，应结合国家战略，完善配套法规制度，通过成本分摊、收益共享，调动各利益相关方①积极性，整合社会利益相关方资源，通过改革试点建立健全微观层面的工作机制，形成高效率、可持续、全覆盖的体制。

（二）构建高质量可持续经济增长机制

依赖资源消耗和物质消费品生产的发展模式必然会面临增长的边界，不具有长期可持续性。要实现经济增长的长期可持续性，就必须摆脱对低成本劳动力、廉价土地的依赖，避免单纯依靠物质资本积累财富。通过人力资本投资，促进价值创造和财富积累，可作为探索高质量可持续增长的途径。中国转入基于人力资本投资的增长轨道之后，将打开新的发展空间，迎来新一轮的持续快速增长阶段。具体应重视几方面工作。

首先，要发挥人力资本投资的高增长、高回报优势，作为全社会投资的重点领域和优先方向。推动经济社会发展向轻资源、重能力的轨道转型，把人力资本投资、国民职业能力建设及技能等级提升列入国家投资战略的重要着力点。与此同时，应注重人力资本的投资效益，优化各方的投入结构和利

---

① 根据国际惯例，利益相关方包括：年轻人和学徒、企业和雇主、企业员工代表、公司的培训人员和监督指导人员、教育部等公共管理部门、技术与职业教育培训机构（提供离岗培训）的教师与培训人员、地方和行业协调支持服务机构、雇主协会、工会。这些利益相关方共同参与，保障学徒制的质量。

益分享机制，促使利益相关方降低投资风险。一些发达国家在这方面有丰富的理论和实践经验，可以结合中国国情吸收借鉴。

其次，要建立人力资本财富的高效率积累机制，作为战略性的经济增长点。通过快捷高效复制传播知识、诀窍、经验和能力，培育知识型经济，强化专业化能力基础，形成基于知识传播和创新应用的经济增长模式。结合教育培训，促进相关学科专业知识的交叉应用和创新推广，探索新的发展领域，培育新的增长点。在此过程中，教育培训应面向市场需求，特别是劳动力市场对员工技能的需求，尽快提升劳动力的专业技能等级，提升社会劳动生产率。

再次，发挥政府对人力资本投资的保障功能。由于劳动力流动导致人力资本投资溢出效应，企业投资者难以收回劳动力教育培训的全部产出，而且面临员工流失风险，需要政府完善政策机制，通过税收优惠、财政补贴等方式激励投资，充分调动各方面积极性，鼓励企业、个人、培训机构、行业协会等多方共同参与。与此同时，还需要政府加强监管，完善质量标准体系，确保职业教育培训质量，保障社会对技能等级证书认可度，使之成为能力证明的有效依据，发挥促进就业、增加收入的基础作用，提升人力资本投资的经济效益，增强对年轻人及其家长的吸引力，提高企业提供学徒岗位积极性。结合中国地区差异，对中西部地方政府可提供财政转移支付，扩大职业教育培训覆盖范围，发挥政府对全社会人力资本投资的保障作用。

（三）把人的现代化作为核心目标之一

人是现代化进程的核心因素，建设中国特色社会主义现代化国家需要以人民为中心，实现人的全面发展，而职业能力是关键基础。高层次专业化劳动力队伍代表推动现代化进程的中坚力量，建设这类劳动力队伍也是实现人的全面发展的关键基础，在中国存在很大提升空间。可以通过补齐劳动力素质短板，重塑竞争优势，化挑战为机遇。通过加大人力资本投资提升劳动力整体素质，不但亟须落实推进，而且大有可为。国际经验显示，无论是为缩小收入差距、促进经济增长，还是为应对经济金融危机，加强全覆盖、重实效的职业教育培训和针对弱势群体的人力资本投资能发挥积极作用，走出多重经济社会问题叠加造成的困境。围绕这一原则，应重视以下方面。

一是尽快缩小与关键发达国家的劳动力职业能力差距。针对中国劳动力队伍教育程度低的特点，建议在未来 6 年加大人力资本投资力度。通过试点推进改革，借鉴国际经验，结合中国国情因地制宜完善人力资本投资的推进机制。力争通过 6 年努力化解高技能劳动力短缺问题，通过 15 年努力使劳动力队伍素质接近或达到现阶段发达国家的平均水平，高中以上文化或中级以上技能等级的劳动力应占 70 以上，大学文化劳动力占 30% 以上。坚持进一步发展高等教育与在职教育培训全覆盖双管齐下。瞄准领先国家缩小差距。一流发达国家高等教育毛入学率普遍在 80% 以上，韩国等部分国家接近 100% 。韩国的大学毛入学率从 1993 年的 43% 提升到 2010 年的 99. 66% ，只用了 17 年，并实现职业技术教育全面覆盖。中国用 15 ~ 30 年时间把高等教育毛入学率从 2017 年的 43. 4% 提高到 95% 以上，是完全可以做到的，关键取决于战略抉择。

二是促进收入分配公正。提高人力资本在社会财富中的比例，促使收入分配向劳动者倾斜，可为缩小社会收入分配差距创造条件。例如，北欧国家持续数十年加强人力资本投资，把劳动者打造成高层次的专业化技术工人，在全球生产分工体系内形成专业化研发与生产优势，形成了高收入与高技术的均衡格局，在全球富裕国家中稳居前列。在具体实践中，职业技能基础、人力资本投资实际效果、税收调节，都会对产业竞争力和社会分配产生重大影响。美国高等教育毛入学率走在全球前列，但忽视职业教育培训尤其是学徒制，税收对收入分配的二次调节作用弱化，忽视加强弱势群体能力建设，这些因素综合叠加，导致贫富分化加深，既影响产业竞争力，也影响社会稳定。

三是提升社会凝聚力。围绕现代化国家治理，提升社会凝聚力是关键任务。在促进收入公平分配的基础上，培养良好的自我认同感、社会认同感，形成相互合作协同的社会意识，围绕共同目标而努力，发展沟通、互连、共享的社会机制，符合人类文明发展的内在趋势。其中，面对共同的任务和挑战，需要互助、共享。教育培训可以缩小专业化能力差距，促使思维方式更接近，工作交流沟通更顺畅，增强默契感和同理心。这些是推动隐性知识学习消化的基础，也是提升团队工作效率的基础，对于推动生产技术升级和增强社会凝聚力都有不可替代作用。

四、中国宜采取的策略和路径

强化自身发展基础是中国应对各种挑战的立足点和出发点。结合中国实际，需要整体提升劳动力专业化层次，加强产业竞争优势，调动利益相关方积极性，积极探索学徒制等途径。

（一）转入新的增长轨道：以人力资本投资为重心

一是提升劳动力的专业化层次。从现阶段到2035年为提升阶段。通过改革试点，鼓励已进入社会的年轻人通过校企结合的学徒制等方式接受职业教育培训，提高职业技能等级。鼓励在职人员通过业余授课与在岗培训相结合提高技能等级。全面覆盖45岁以下的中青年人员，鼓励45～55岁人员参与。持续提升高中毛入学率和大学毛入学率。按不让一位青少年掉队原则，尽快将高中段毛入学率提高到接近100%。在义务教育覆盖高中段之前，探索免除学费、补贴生活费等政策措施。调动各级政府积极性，鼓励有条件的县级政府积极兴办高等职业教育，发展各类技师学院，提高大学毛入学率。争取经过15年努力，使在职劳动力的专业化能力达到2017年发达国家的平均水平，初中及以下文化劳动力的大部分人员具备中级及以上技能等级，2035～2050

年争取接近发达国家水平。宜发挥政府投资促进作用，结合企业和个人的积极性，着力推广包括职业技术学院、技师学院在内的各类高等教育，实现全面覆盖，使大学毛入学率超过 95% 。

二是发展多元化的教育培训服务体系。根据社会化参与原则，鼓励行业协会、各类职业学校、社会培训机构、企业积极参与，为青年人提供职业教育培训服务；鼓励有能力、有积极性、符合资质要求的社会机构参与到职业教育培训体系中。按照市场化竞争原则，通过政府购买服务等渠道，允许各类培训机构以投标方式参与职业教育培训服务。对于社会需求量大、社会机构参与积极性高、培训质量有保障的培训项目，应逐步探索个人或用人单位买单、供需双方按市场原则直接对接，政府重点加强监管，例如热门专业的短期培训项目。对于社会机构因成本、技术等原因不愿或不能提供的重要培训项目，应通过公立教育培训机构提供服务。

三是发挥好政府的规划、指引、组织、监督、激励职能。在加强政策协调和资源整合的基础上，各级政府应结合本地区产业发展特点和趋势，加强职业教育培训规划工作，为各类企业、培训机构提供清晰可预期的决策依据；在微观层面为各类学校、专业培训机构以及企业提供业务指引，促进相关培训工作合规开展；组织当地行业协会、教育培训组织、提供培训岗位的企业以及用人单位共同参与，成立专事沟通协调、组织实施、自律管理和综合服务的平台；监督利益相关方按标准合约签订协议，监督培训机构规范提供培训服务，监督行业协会等社会组织按国家标准组织考试，确保职业技能等级证书公信力，并组织对行业协会和培训机构的业务审计工作；通过税收优惠、专项财政补贴途径提高企业参与提供在岗培训服务的积极性。

（二）培养高素质劳动力强化产业竞争优势

中国正在进行一场深刻发展转型，需要通过大规模、广覆盖的职业教育培训整体提升劳动力队伍的专业化技能等级，摆脱对低成本劳动力依赖，推动高质量经济增长。

一是推进传统产业的技术交叉应用和改造。随着信息化、云计算、人工智能、图像处理、新材料等新兴技术迅速发展推广，新兴技术之间通过交叉应用创新，形成了一系列创新技术，具有广阔的应用推广空间；传统行业包括一些夕阳产业经过技术改造，其生产效率和产品服务品质得到提升，市场竞争优势重新建立。政府需要通过促进资源整合、提供初始推动和发展激励、改善商务环境等措施，促进更好发展。

二是推进基于知识创新的专业化服务。围绕现代服务业市场需求，推进基于知识创新的专业化服务，吸收经过专业培训的人员参与，发展项目咨询、创意设计、策划推广、投资顾问等服务。以研发团队为核心，发展配套市场化的推广团队，促进知识创新成果的产业化应用和商业化推广；围绕现代生活方式带来的投资、消费需求等变化，完善专业化、市场化、产业化商业服务。

三是基础研究成果的产业化、市场化推广。未来一段时期将是有关新材料、新技术研发突破的关键阶段，当前不少领域基础研究突破已初见端倪，还有不少处于突破前夜。中国持续投资基础研究，一些领域取得关键性突破，但应用转化滞后，专业化高层次技术工人不足是重要原因。通过提升劳动力队伍的整体素质和专业化技能等级，有助于研究成果产业化应用、推广机制。

（三）探索推广学徒制

提升职业技能的核心环节是促进能岗相适，在岗培训和工作经验积累是必经之路。理论和实践都表明学徒制是实现这一目标的有效途径。欧洲国家，尤其是德国和瑞士、北欧各国都有这方面的成功做法和丰富经验。国际劳工组织、OECD 以及欧盟也在大力推广学徒制经验模式。结合中国实际情况，应关注几方面因素。

一是重点人群。按自愿原则，针对初中及以下文化人群，尤其是中青年人员，由行业协会牵头，各类职业技术学院或学校、社会培训机构、大中型企业参与，也鼓励有能力的小微企业参与，探索培训机构提供理论教学与企业提供学徒训练相结合的教育培训方式。各地各行业根据当地实际条件和不同年龄段参训人员具体情况，在时间和场地安排、师资力量调配、培训毕业去向等方面探索务实机制，培训服务全面覆盖初中及以下文化低技能人员，使学徒期满能通过职业技能等级考试，达到中级或以上的标准。对各类以提升技能等级为导向的职业教育培训，政府以统一招标方式鼓励合格的服务机构参与，提供财政补贴，并提供税收激励政策。完善配套针对不同技能等级的工资指导制度，增强技能培训的吸引力。

二是重点企业。按自愿原则，以各类大中型企业为重点，鼓励小型企业参与，推动组建学徒在岗培训体系。自愿提供学徒培训岗位的企业应接受政府监管以及行业学会的自律管理和检查，按标准要求配备指导学徒的师资队伍，为学徒提供培训资料和在岗操作材料，与学徒签订标准合约。为弥补企业提供学徒岗位培训的成本，允许学徒期内的工资水平低于行业最低工资水平，具体由当地政府组织行业协会与提供学徒岗位的企业磋商核算之后提出，并缴纳配套的社会保险资金，提供食宿保障，提高学徒岗位的吸引力，吸引学徒自愿参与。学徒制的年限一般不超过 3 年。为形成规模经济效应，降低小企业提供学徒岗位的培训成本，允许小企业之间通过联合等方式提供培训服务。学徒期满应接受职业技能等级考试，每家企业的学徒岗位、培训师资人员以及学徒的技能等级考试结果全部面向社会公开，供社会上的潜在学员及其家长参考。学徒未能通过考试的企业及培训师资人员应进行内部检查整改，改进培训机制，提高培训质量。

三是责任与激励。国际经验显示，无论提供学徒岗位的企业，还是参与学徒培训的人员，是否有足够的积极性参与培训至关重要。一方面要促使企业的成本得到覆盖，避免因提供培训而面临过高风险，并增加企业的合规责任；另一方面要促使学徒投入时间和精力之后学有所得，收入增加。应面向重新回校接受职业教育培训的人员适当提供生活补贴，帮助渡过经济困难阶段。针对企业明确提供职业培训的义务，企业提供培训的成本和相关支出可得到税收减免，企业培训的学员通过技术等级考试之后，按一定标准获得政府奖励，资金由国家统筹调剂。难以提供培训岗位的企业，可提供培训经费，支持本单位员工参加行业协会组织的技能培训；承担职业培训义务与享受政府提供的相关优惠政策挂钩。

第一章

中国现代化进程面临的形势和挑战

当今世界，科技进步日新月异，对经济社会发展和生态环境产生深刻影响，但与此同时，实现和平与发展仍面临严峻形势。实现共同发展、共享发展成果，促进人与自然和谐相处，是应对诸多挑战的根本原则。对发展中国家而言，更需通过调整完善体制机制和资源配置，探索现代化发展的有效模式。中国的现代化进程面临新形势、新要求。一方面，需要顺应全球发展趋势要求，保护生态环境，缩小贫富差距，实现包容可持续发展；另一方面，要适应技术进步趋势，提高对新技术的驾驭能力，信息化技术是关键领域。尤其需要重视的是，技术进步已经对全球劳动力素质提出新的要求，促使全球劳动力素质在过去半个世纪里得到了持续提升，表现为教育水平的普遍提高；发达国家通过实施教育培训优先战略，形成了先发优势。

在此背景下，中国的经济结构调整面临挑战，传统增长与发展模式的内外部支撑条件发生重要变化，国际市场需求拉动、国内劳动力与土地要素的廉价供给、社会生产投资积极性高涨等格局出现趋势性调整。在这些问题的背后，劳动力是其中的核心变量。

一、实现包容可持续发展成为全球共识

进入21世纪，人类社会的可持续发展问题依然突出。联合国工业发展组

织大会于2013年通过《利马宣言》，作为各国行动指南，强调包容性和可持续性工业发展是可持续经济增长基础，有助于推进经济结构转型，创造更多就业机会。联合国大会于2015年8月通过了《改变我们的世界：2030年可持续发展议程》，确定了17个可持续发展目标和169个具体目标，旨在消除贫困、阻止地球退化、促进繁荣与和平，促使利益相关方建立伙伴关系。

（一）促进人与环境和谐共存，实现绿色发展

联合国环境与发展会议于1992年在里约热内卢重申1972年联合国人类环境会议宣言，强调维护全球环境与发展体系完整，维护大自然完整性和互相依存性。联合国大会在《2030年可持续发展议程》中要求下决心阻止地球退化，以可持续方式进行消费和生产，管理地球的自然资源，在气候变化问题上立即采取行动；要求技术研发应用顾及对气候的影响，维护生物多样性和复原力，并把控制温室气体排放、应对气候变化和环境退化作为当前的工作重点。

要实现这些目标，就必须降低发展对资源消耗的依赖，推动基于知识创造的创新发展。中国正处于推动产业转型升级的关键阶段，在“三高一低”①行业和严重过剩领域面临的去产能任务较重。未来经济增长的空间在于产品的价值提升而非产品的数量增加，需要把重心放在产品功能拓展完善上。这就要求传统劳动密集型行业的员工适应更高品质、更高附加值产品的生产要求，但员工职业技能得不到提升会影响新技术应用。如果中国劳动力总体素质偏低，特别是高级技工、技师等专业化技术工人严重不足格局难以扭转，则不但会导致劳动力密集型产业以及高科技产业向东南亚转移，也会导致中国很难转入基于知识创造的创新驱动发展轨道。

总之，就实现绿色发展而言，无论是合理利用自然资源还是阻止环境退

---

① 即“高投入、高消耗、高污染、低效益”。

化，都需要把经济增长重心建立在知识和价值创造上，避免过度开发导致生态破坏，这是大势所趋。中国是最大的发展中国家，也是诸多产品的全球生产加工基地，相关产能在全球有举足轻重的影响，推动可持续增长更需顺应这一趋势，这就对劳动力队伍的整体素质提出了更高要求。

（二）促使中低收入人群共享发展成果

20 世纪 90 年代以来，英、美、德等发达国家在社会福利和保障方面形成了重要共识，即应该提高困难群体的就业参与能力，使其通过薪酬获得尊严。事实上，美国从 20 世纪 60 年代开始进行过成功尝试，通过加强高中和大学教育增大人力资本①投入，减少低素质劳动力比例，有效缩小了收入分配差距。

部分欧洲国家的共同经验表明，这种做法产生了多方面的积极效果，一是为经济持续增长发挥了促进作用，二是减轻了社会保障的财政支出压力，三是改善中低收入阶层的生活质量，增强社会凝聚力。

相关政策的共同特点是：一是职业能力建设融入社会保障政策。对陷入失业状态的弱势群体，政府工作重点是加强职业能力建设。通过完善劳动力市场体制，结合政府支持的职业能力培训机制，先进行培训，再推荐就业机会。政府把工作重点从现金救济转向职业培训和岗位推荐，将有工作能力的弱势人群推向劳动力市场。二是职业培训的目标从促进就业转向职业能力提升，即政府资金支持职业培训旨在解决高层次的专业化员工短缺问题，为关

---

① 人力资本的概念内涵已经从 20 世纪 60 年代的劳动技能概念向 2000 年的创新能力概念拓展。在 20 世纪 60 年代，舒尔茨认为人力资本是人们通过教育和培训获得的知识和技能形式资本，人力资本体现于劳动者身上，通过投资并由劳动者的知识、技能、体力所构成；贝克尔认为，单个工人拥有的知识、技术诀窍、专业技术和教育水平都是人力资本。根据舒尔茨统计，60 年代初美国大学教育的私人收益率为 15% 左右，高中教育为 30% 左右。到 2000 年，Fitz 提出人力资本是个人的工作特性，包括工作能力、工作态度、忠诚和承诺等，其中态度、想象力、创造性、领悟能力可以通过学习获得。人力资本对劳动生产率和效率具有重要影响。

键行业提供短缺的高技能人才。在岗培训与在校教育互补配合，在职培训具有更强的针对性、实效性。

中国的发展理念坚持发展依靠人民、为了人民，由人民群众共享发展成果。促进人的全面发展是其中的根本，重点在于让中低收入人群特别是弱势群体获得更好的发展机会。简而言之，要通过“授之以渔”促进发展，职业能力建设是关键切入点。在中国大规模推进脱贫解困后，如何有效预防返贫并巩固脱贫工作成果，在很大程度上依赖于贫困人口的职业能力提升。在现实中，需要重点面向中低收入人群，完善成人职业培训体系，完善劳动力市场服务机制，把工作重点从促进就业转向提升职业素养和岗位技能，以提升职业竞争力。

（三）缩小收入分配差距

在自由竞争条件下，优胜劣汰是必然结果。在社会分配领域，资本、劳动都参与分配，劳动力的职业能力本身存在分层现象。由此，职业能力较弱的劳动力，特别是那些处于中低收入水平的劳动者，会面临马太效应，这在代际交替中表现明显。这意味着如果没有政府干预，劳动力队伍在市场竞争中会面临收入分化，高收入阶层与低收入阶层之间收入分配差距逐步扩大，再加上资本财富向少数人不断集中，社会矛盾最终必然激化。高收入阶层控制的大量资本参与分配，中低收入阶层缺乏足够的职业能力提升机会，收入分配差距扩大是趋势。

现实表明，不仅发展中国家存在突出问题，一些发达国家同样有这方面问题。值得重视的是，即使有国家在一段时期内缓解了这方面矛盾，但如果不能持续完善相关政策，矛盾仍然会激化。例如美国在二战以后到 20 世纪 60 年代的黄金增长时期，中产阶层群体逐步扩大，收入分配差距问题缓解，充分就业政策以及劳动力培训制度功不可没，如 1961 年《地区开发法案》、1962 年《人力发展和培训法案》、1963 年《职业教育法》、1964 年《经济机会法》、1965 年《高等教育法》、1966 年《成人教育法》等，涉及课堂培训、岗位培训等方面，通过人力培训保障了充分就业。但自从 70 年代开始，美国收入分配问题不断积累，实际工资增长速度滞后于劳动生产率增长速度，工资收入占 GDP 水平在不断下滑；最富有的 0.01% 人群控制的社会财富从不到 3% 增加到超过 11%，爆发的占领华尔街运动是矛盾长期积累的结果。

不同国家理念、政策机制存在很大差别，但缩小收入分配差距是共同任务。从长期效果看，单纯通过社会福利政策补贴弱势群体生活的做法不利于从根本上化解问题，对弱势群体发展的长远帮助有限，最终导致公共财政不堪重负；提升能力、促进就业的做法则效果较好，有助于让弱势群体获得更好的发展条件和机会，更好地实现包容性发展。

二、信息化对世界经济社会文化产生深刻影响

自从 20 世纪 90 年代以来，网络信息技术及其应用取得了突破性进展。进入 21 世纪，互联网技术被广泛应用到经济、社会、文化等各领域。尤其是近几年，大数据分析挖掘技术和人工智能技术与互联网信息技术得到整合，推动网络信息技术超越原有数据存储、传递功能，引入了分析、预测、决策功能，对人类经济、社会、文化影响十分深远。这种变化同时意味着人们必须提高运用科技的能力，避免落伍于时代。

（一）深刻改变生产生活方式

信息化技术从根本上改进了交流沟通方式，实现了数据和图像实时动态更新，并具有数据归集、追踪和分析功能。这为生产生活提供了极大便利。

在生活消费领域，信息化技术广泛渗透到购物、支付、娱乐、社交、家政、交通、安保等领域。电商购物平台、互联网支付技术、互联网社交平台迅速发展，在诸多领域替代传统模式。互联网技术以其高效、便捷优势，迅

速渗入消费者的衣食住行等日常环节，餐饮外卖、交通出行的网络服务是明显案例。这些新技术广泛应用，对技术研发和应用推广人员的能力素质提出了更高要求。

在社会治安领域，信息技术为流动人口和公共安全管理、案件侦破等提供了极大便利，提高了相关部门的管理能力和水平。特别是网络技术、人工智能技术的引入，使诸多难点问题得到有效解决。

在生产领域，信息技术为研发、生产、销售等流程优化提供了支持。在研发环节，信息化技术使交流分工和进度管理更趋便利，虚拟技术更是在降低成本的同时，缩短研发周期，提高效率。在生产环节，网络信息和人工智能技术优化了生产流程，在提高生产精度和效率的同时，强化了不同生产环节之间的协同性。

随着信息化管理技术导入，后勤保障、仓储物流效率提高，有效降低了经营成本。在销售环节，随着互联网平台发挥沟通桥梁功能，一是生产厂家经营活动向贸易环节拓展，在价值链中的地位得到提升，分享产品增值过程；二是销售效率也得到提升，消费者成本、时间得到节约，厂家的资金周转速度加快；三是供需双方直接沟通促使产品性能更加符合消费者需求。

从发展趋势看，随着虚拟现实技术迅速发展，生产厂家未来介入零售渠道会更加便利，体系效率会进一步提高。信息技术在研发、生产、销售环节广泛应用，对员工素质提出更高要求，需要具备信息技术相关的专业化技能，以及相应的学习、组织、沟通、协调能力。

（二）促进产业体系协同效应

信息技术广泛应用为数据、资源、经验共享提供便利，在提高一体化程度的同时，降低了交易成本，提高了社会分工效率；同时，通过建设信息数据汇集、交流与处理平台，形成规范数据接口，相互衔接更趋顺畅、高效，为流程优化和再造提供基础，并推进人工操作环节的电子化替代。这些都有助于降低生产经营成本，提高生产与服务效率，为增强体系核心竞争力奠定基础。这种竞争优势是信息化协同效应的重要体现。

就制造业领域而言，德国“工业 4.0”计划明确提出要借助软件实现工业、工业产品和服务全面交叉渗透，借助互联网及其他网络实现产品及服务网络化。这项计划旨在改变人类与产品、技术、工艺之间关系，通过创新工艺提高质量，提升经济效益，具体涉及“信息物理融合系统”“智能技术系统”“物联网”“机器对机器通信”等技术。其背后是基于信息物理融合系统的第四次工业革命，这与 20 世纪 70 年代基于自动化技术的第三次工业革命有根本区别，对企业生产经营的商业战略、组织模式、过程管理乃至方法和工具都带来很大挑战，尤其是系统的复杂性将明显提高。

在美国，作为再工业化重要内容，“先进制造业国家战略计划”于 2012 年启动。该战略认为先进制造业的重要特征是生产过程不断改进，新产品不断产生，因而难以模仿，具有根植性。根本目标在于促进中小企业投资、提高劳动力技能、建立官产学研之间伙伴关系、调整优化政府投资、加大对先进制造研发投入力度。其核心理念是通过资源共享与协调合作推进创新与研发，借助信息技术振兴工业体系，激活传统产业。

在中国，国务院于 2015 年正式印发了《中国制造 2025》十年行动纲领，旨在通过十年努力，促使中国迈入制造业强国行列，促使制造业数字化、网络化、智能化取得明显进展。纲领提出实施制造业创新中心建设工程、智能制造工程、工业强基工程、绿色制造工程、高端装备创新工程。智能制造工程旨在围绕重点制造领域关键环节，开展新一代信息技术与制造装备融合的集成创新和工程应用，涉及关键工序智能化、关键岗位机器人替代、生产过程智能优化控制、供应链优化等技术，并确定了降低运营成本、缩短产品生产周期、降低不良品率的具体要求。

这些战略计划需要高素质专业化劳动力来支撑。除了美国“先进制造业国家战略计划”明确强调提高劳动力素质并列为战略目标，德国也在过去十多年通过“哈茨计划”整体提升劳动力专业化能力，取得非常显著效果。总体而言，提升劳动力素质是借助信息化获得协同效应的基础条件，也是实施制造业强国战略的题中应有之义。

（三）推动需求整合，创造新型商业模式

信息化技术得到广泛应用，为经济社会领域需求实现与资源整合创造了条件，有助于突破原有商业渠道的局限，形成更有效的商业模式。这一趋势在信息技术发展较快的国家表现明显，中国是典型。

在需求实现方面，基于互联网技术的信息化平台服务大众需求；对商家而言，能够有效汇集消费需求，形成规模效应，并减少中间交易环节，使交易成本得到有效降低。与传统商业销售模式相比，电子化销售模式在需求形成、产品多样化、销售成本压缩等方面都具有独特优势。与此同时，对于消费者而言，一方面网络购物在产品、价格、功能上具有更大的选择余地，价格优势十分显著；另一方面在购物便捷程度、了解相关用户评价等方面也比实体店购物更具优势。在现实中，网络购物对实体店销售形成的巨大压力就充分说明了这一点。

不仅如此，互联网技术支持的信息化平台服务已拓展到消费领域的各个方面，包括经营管理、消费预约、过程透明化、售后服务管理等。即使需要消费者亲身体验的餐饮、娱乐、休闲、旅游等服务行业，信息化平台也能促进商家与消费者沟通互动，促使服务更加便捷，改善了用户体验。

总之，基于互联网的信息化技术有助于从需求端进行整合，形成规模效应，并支持商家创新服务模式和渠道。

在资源整合方面，基于互联网和大数据分析处理，信息化技术平台能够面向消费者以及商家全面、深度利用消费数据资源。从客户管理角度看，信息化技术平台可以汇集客户的相关信息，包括消费能力、习惯、偏好、历史等，提高营销的针对性。从商家合作角度看，针对客户消费需求，相关商家

可以通过共享客户数据提供互补配套服务，目前比较典型的是电商与物流企业合作。更多商家可以通过互补合作提供更加丰富的产品线，这既包括跨行业合作，也包括同业的互补合作。

在功能整合方面，信息化技术不仅对传统行业的服务功能进行改造、提升，还能促进传统行业服务功能的技术交叉，从而创新服务模式和机制，甚至形成新的商业模式。例如，电商可以利用所掌握的客户交易数据，对其信用进行评级，发放信用贷款，阿里、京东都有类似做法；大型银行可以利用掌握的客户资源，为信贷客户推销产品而搭建网络销售平台，这在一些大型涉农银行中可以发现。

围绕功能整合，一方面商家基于信息技术拓展增值服务，更好地满足客户需求，从而巩固、扩大市场份额；另一方面则利用信息化技术整合不同领域的服务功能，形成更新、更强的服务模式。例如在“互联网＋”背景下，云计算、大数据、搜索、人工智能等技术正在交叉融合，在提升传统行业服务能力的同时，衍生出各类新型行业。基于信息化技术的商业模式创新，将带动新兴行业发展。

在投资回报方面，中国有数以亿计的网民和智能手机用户，互联网信息服务平台竞争激烈，投资收益的不确定性很大，但市场空间巨大，由此吸引大量风险投资。这一新趋势要求从业者不但要具备相关行业的专业技能，也要熟悉互联网信息服务平台的应用维护。

（四）促进个人信用和个人社会资本发展

基于互联网和大数据处理分析的信息化技术对社会发展产生诸多影响。其中包括：一是互联网技术为人们经济社会活动的数据采集提供了便利，由此一方面使得大量与个人信用相关的关键信息得以汇集分析，另一方面为个人社交活动和社会关系提供了量化分析基础。二是基于互联网的信息技术为人们拓展社交空间提供了极大便利，在线交流与线下交往相互促进，强化了社交纽带。特别是基于互联网平台的专业服务组织，为商业交流合作发挥了重要促进作用。中国在这些领域具有很大的潜在发展空间。

在个人信用领域，发展普惠金融既存在小微企业和弱势群体的贷款难问题，也存在银行的放贷难问题。其本质问题都是相关客户的信用难以得到有效评估，由此导致信用贷款的风险溢价偏高，产生一系列负面效应，导致业务难以开展。关键在于相关客户还贷能力透明度，解决途径在于充分提供信用相关数据，包括反映财务状况的现金流、投资收益、负债率等数据，也包括个人信用相关信息，例如纳税、缴费、治安记录等诚信信息。这是用来交叉检验评估个人信用的重要依据。互联网及相关技术使得这些数据采集、共享、分析的智能化程度大为提高，人工成本显著降低。从国内看，国务院已于2014年发布了《社会信用体系建设规划纲要（2014—2020年）》，旨在建立健全社会征信体系；部分试点城市通过政府行政综合部门牵头，通过互联网信息平台汇集信用相关信息，有效促进小微贷款业务发展，也降低了银行不良率。从试点实践看，这种措施非常有效，不但促进小额信贷业务发展，也普遍降低了不良贷款比例。

在个人的社会资本领域，互联网社交平台有助于巩固和发展个人社会关系。学术界关于社会资本有不同定义，一般认为涉及社会信任、规范和网络，与社会效率提高、个人调动社会资源的能力相关。基于互联网的信息化技术有助于促进个人的社会资本发展，优化资源配置，提高社会运行效率。

对个人而言，无论是作为创业者还是作为雇员，要顺应社会信息化发展趋势，发挥信息化对个人信用和社会资本发展的促进作用，就必须学习掌握相关知识，提升专业化能力水平。

三、全球劳动力整体素质持续提升

现代化进程对劳动力提出更高要求。机器设备相对于体力劳动和手工劳动，人工智能技术相对于简单人工服务，都具有显著的效率和精度优势。总体而言，随着设备工具持续改进，生产以及服务环节对劳动者的体能要求在显著降低，但对劳动者适应新技术的能力提出更高要求。劳动力队伍不能适应技术演进步伐，必然影响产业乃至国民经济的竞争力和可持续发展能力。新形势要求劳动力供给机制从追求劳动力数量转为追求质量，从促进就业转向提高职业能力。

从全球发展情况看，从基础教育和初等教育普及率到高等教育入学率，过去半个世纪以来都有了显著提高。从发展趋势看，全球劳动力教育水平还将进一步提高。这一过程受到多方面因素影响：一是由于人力资本投资具有高回报特点，政府具有投资人力资本的内在动力；二是进入工业化后期阶段之后，随着生产技术持续进步，劳动力素质如果得不到及时提高，则面临结构性失业压力。同时，人力资本在本质上属于国民财富组成部分，投资人力资本意味着积累国民财富。因此，制造业领先国家对人力资本投资普遍高度重视，不仅全面普及高等教育，也形成完备的职业教育培训体系。中国需要予以重视并学习借鉴。

（一）人力资本投资具有高回报特点

发达国家的长期实践已证明，人力资本投资回报明显高于社会平均投资回报。由于人力资本投资具有正外部性，且劳动力具有流动性，促进人力资本投资不能完全依靠市场的自发行为，需要政府干预推动。

人力资本对地区增长具有关键贡献，相关经济评估包括基于新古典增长理论的宏观途径和基于人力资本理论和劳动经济学的微观途径。宏观途径估计培训对地区经济发展的净影响；微观途径寻求对地区收入间接影响证据，例如估计培训政策对特定地区个体就业收入的影响。从宏观看，经济增速是地区经济的竞争力指标。德国巴伐利亚（Bavaria）和黑森（Hesse）的增速在1970～1995 年间最高，最低在北莱茵韦斯伐利亚（North Rhein Westflia）和不莱梅（Bremen）（SLBW，1996）。微观途径采用经验与非经验法（Aschenfelter，Lalonde，1996）。回归计算表明人力资本对地区收入的贡献占1/3。

美国经济学家西奥多·W·舒尔茨认为，人力资本质量提升是经济增长的源泉，教育领域的投资增速应超过非教育领域，为此应推动教育培训普及化，缓解收入不平等。他和丹尼森（Denison）在1960年的研究表明，增加20个百分点的识字率，会带动经济增长0.5个百分点。在非洲和亚洲，经济增长的10%～23%得益于教育提升。丹尼森和美国劳动部发现美国在1948～1989年间，教育和知识进步对经济增长贡献率达42%，物质资本的贡献率为37%。

索洛（1957）从人力资本角度把知识积累纳入经济增长理论分析框架，对美国1909～1949年历史数据分析表明：人均产出增长率的1/8来自物质资本贡献，7/8来自技术进步。

贝克尔认为教育和培训是人力资本形成的关键途径，他发现美国的高中教育和大学教育提高了个人收入，大学教育收益尤为明显。在20世纪最初的50年里，美国高中和大学毕业生的工资差距达40%～50%。

Chiswick于1974年按明塞尔收入法对美国教育报酬率进行测算，表明中学阶段为17.6%，大学阶段为16.5%，博士阶段为15.6%。

根据George Psacharopoulos对20世纪70年代部分国家和地区高等教育个人内部收益率的统计，发达国家平均为14%，发展中国家为24%。

Elchanan Cohn和John. T. Addison① 用便捷法估计，1992～1994年OECD国家非高等教育的个人投资回报普遍在6%～10%之间，其中美国为12%左右；大学教育的个人投资回报普遍超过10%，其中英、法、芬兰三国超过20%，美国接近20%。其他研究针对OECD国家的明瑟法估计值也大致相近。

---

① Elchanan Cohn & John Addison，1998：“The Economic Returns to Lifelong Learning in OECD Countries”，Education Economics，Taylor & Francis Journals，vol. 6（3），pp. 253～307.

按全球平均计，基于明瑟法估计的个人教育投资回报为10%左右。

Psacharo-Poulos[①]于1994年对全球各级教育社会报酬率和私人报酬率测算，表明社会报酬率[②]普遍超过10%，OECD国家高等教育私人报酬率普遍超过12%。亚洲地区中学教育的私人报酬率为19%，高等教育的私人报酬率为20%。

考虑到教育投资对社会溢出效应，Jain、Balbir估算[③]，全球中等教育投资的个人收益率为17.3%，社会收益率为14.4%；高等教育的个人收益率为18.3%，社会收益率为12.1%；发展中国家相关收益率明显高于高收入国家平均值。

中国相关统计分析（刘国余，2014）[④]表明，教育外溢效应的社会收益率全国平均值为21.3%，中西部地区更高，其中西部为22.5%，中部为32%，东部为14.4%。

长沙地区调查样本（李粪飞，2007）[⑤]表明，高职学生个人教育收益率为19.5%，高技能人才为31.6%。类似对昆明的样本调查表明[⑥]，中等职业教育个人收益率为25.5%。

职业培训由于针对性、实用性更强，投资回报更高。对中国山东17地市的样本调查（张文玺，2008）[⑦]表明，农民通过接受技能培训，收入增加30%左右。

---

① Psacharo Poulos（1994），Return to Investment in Education：A Global Update，world Development，Vol. 20（9），pp. 1382.

② 教育投资社会报酬率＝税前总收入/（因上学而放弃的收入＋教育的公共和私人支出）。

③ Jain，Balbir，1991，Returns to Education：Further Analysis of Cross Country Data，Economics of Education Review，v10 n3，pp. 253～258.

④ 刘国余："基于教育社会收益率的中国教育财政投入研究"，山东农业大学博士学位论文，2008。

⑤ 李粪飞："高职毕业生个人教育收益率研究"，中南大学硕士学位论文，2007。

⑥ 徐双双："昆明中等职业教育个人教育收益率的研究"，云南大学硕士学位论文，2011。

⑦ 张文玺："山东农村人力资本投资问题研究"，山东农业大学博士学位论文，2008。

（二）人力资本属于国民财富

历史上，西方经济学关于是否把人力资源视为资本存在争议，但亚当·斯密和欧文·费雪都支持这一观点。亚当·斯密认为后天获得的有用能力应列为资本。然而在很长一段时期内，主流经济学并未将人力资本投资研究纳入核心内容中。舒尔茨和贝克尔开展了对人力资本投资的基础性研究。舒尔茨重点围绕医疗保健、在职培训、正规教育、第三方培训、劳动力迁徙等方面研究人力资本投资①。

哈宾森（Frederick H. Harbison）在《人力资源作为国民财富》② 中，把人力资源定义为人的活力、技能、天赋和知识，有别于金融资本、收入或物质资源。传统观点以收入或GDP等因素来衡量国民财富，但哈宾森认为国民财富应通过发展水平和劳动力技能、知识的发展程度来衡量；衡量发展及现代化水平应综合考虑人均GDP、教育、营养、健康等指标。人的知识技能可以通过教育和岗位训练形成，通过干中学、知识积累、经验传承等途径积累，发展知识、技能以及相关的能力建设都是改善劳动力素质的途径。把教育培训置于优先地位，劳动力知识、技能瓶颈可以在较短的时间内得到解决，正规教育、岗位学习、各种训练活动都能发挥重要作用。

最近20多年来，安东尼·吉登斯（Anthony Giddens）③ 关于社会投资型国家的思想理念产生了巨大影响，对英国布莱尔政府经济社会政策影响很深。他认为虽然应重视再分配问题，但首先要尽量开发人的潜在能力，促进发展。一是针对基于包容性的平等问题，就业、教育是重要内容，布莱尔政府在其影响下把教育作为政府工作重中之重。二是积极社会福利理念。在改革福利

① （美）西奥多·W·舒尔茨著，吴珠华等译：《论人力资本投资》，北京经济学院出版社1990年版。

② Frederick H. Harbison, Human resource as the wealth of nations, Oxford University Press, 1973.

③ 安东尼·吉登斯（Anthony Giddens）著，郑戈译：《第三条道路——社会民主主义的复兴》，北京大学出版社2000年版。

国家基本原则上，强调尽可能实行人力资本投资，而不是直接提供经济资助。三是在社会投资战略方面，强调在国家适当提供养老金的同时，更加积极看待老龄化问题，把老年人视为资源而不是负担，强调劳动力市场对老年人的包容性，鼓励老年人参与工作和社区活动。四是针对失业问题，认为应该把相关的福利支出引向人力资本投资。他认为这些原则有利于缓解社会保障资金的巨大支出压力，是缩小社会收入差距的关键之举。为此，政府需要推行终身教育体系及配套项目，使之覆盖老年群体，鼓励人们利用教育资源。其背后的机制在于，福利的开支不仅来自国家，还来自社会，包括企业，为此要促使人们重视自我发展。

这些理论和思想理念具有代表性，反映了时代发展的趋势，更是现实要求，客观上要求加大人力资本投资，持续提高劳动力素质，更好地促进劳动生产率提升。

（三）技术领先国家高度重视劳动力素质及其战略规划

发展中国家劳动力整体素质普遍与发达国家存在较大差距，而且发展中国家劳动力整体素质的提升速度滞后于经济发展速度，不少经济成长速度较快的国家，劳动力素质明显拖后腿，影响长期发展的可持续性，如阿根廷、菲律宾、泰国等。

另一个值得高度重视的现象是，发达国家在劳动力总体素质显著领先发展中国家的情况下，进一步制定实施更加宏伟的国民教育发展战略，将进一步拉大与其他国家差距。例如美国总统奥巴马于 2009 年提出“美国毕业倡议”，使美国在 2020 年以前重新成为高等学历人口比例最高的国家，为此，决定拨款 120 亿美元用于各地社区大学建设，在 10 年内促使在社区大学接受 2 年制高等教育人数从 600 万增加至 1100 万。倡议重点包括促使大学教育成为进入中产阶层桥梁，进一步推进高等教育普及化，每一个家庭都能负担得起；适度延长受教育年限；加强对学生的政府资助；促使技术技能型人才提升社会地位。美国大学毛入学率在2012年已达94%。

韩国一直将发展高等教育事业置于突出地位，拥有各类大学和专科学院353所，高等教育毛入学率在2010年就已接近100%。韩国于2005年颁布《职业教育体制改革计划：面向2020年的全民职业教育》，建设多元、立体、学分灵活互换的职业教育体系。2011年以来，通过特色大学建设计划，培育有全球竞争力的大学和研究机构①。2013年，选定一批大专院校作为“终身职业能力培养试点学校”，全面实施职业教育课程。

美国、韩国是发达国家重视劳动力素质提升战略的典型，其他如日本、德国、瑞士以及北欧诸国等发达国家对提高劳动力素质也无不予以高度重视。

这种形势对发展中国家，特别是正在努力向现代化转型的发展中国家而言，意味着双重任务和压力，一方面要迅速弥补劳动力素质差距，以更好地适应经济发展新形势提出的任务和要求；另一方面要防止因劳动力发展战略缺乏前瞻性而形成新的历史欠账，要有效缩小与发达国家在劳动力领域的素质差距。从积极角度看，发展中国家在劳动力领域的落后，意味着人力资本的投资空间，也意味着巨大的经济增长潜力。

四、中国经济发展面临新挑战

中国经济领域长期积累的矛盾和传统粗放发展方式、机制性障碍纠结在一起，使改革转型面临巨大的挑战。特别表现为外需对增长拉动力减弱，民间投资和制造业投资乏力，金融等领域存在风险隐患，一些产能严重过剩行业和经济结构单一地区矛盾较多，在一段时期内经济增速下行压力较大。这些在党中央国务院领导讲话的报道中得到充分阐述。

---

① 冯芸：“韩国高等教育对中国教育发展的启示”，《中国成人教育》2012年第2期，第104～105页。

中国向现代化国家转型的目标十分明确，经济发展方式转型升级作为其中的基本路径，也同样得到明确强调，但转型之路并不平坦，面临诸多现实压力。

（一）支撑传统竞争优势的条件发生重大变化

中国在改革开放早期参与国际分工得益于：一是国际经济经历了持续增长，提供了良好市场空间。二是大批受过基础教育的低成本劳动力持续向制造业转移。三是早期工业用地等资源要素成本相对较低。

但自 2008 年以来，国内外环境正逐步发生重大变化。一是全球经济增长势头发生重大变化，经济复苏势头不振，全球贸易增速低迷，中国出口很难维持数量扩张型的增长方式。二是最近 10 多年中国劳动力薪酬持续提升，这是中国经济长期高速增长的结果，也是普通公众共享改革开放发展成果的必然要求。从横向比较看，中国的用工薪酬已经超过很多发展中国家，包括一些人均 GDP 与中国相近的国家。但从纵向看，中国目前国民毛收入 GNI 占 GDP 的比重仍未超过 20 世纪 90 年代初的水平。根据国民收入倍增战略，中国在促使经济发展保持一定速度的同时，将推动国民收入持续增长。这意味着低成本低素质劳动力与低技术耦合格局急需调整。三是中国城市化迅速推进，但可用土地有限，加上房地产行业快速发展，增加工业用地供给余地有限，工业用地成本过高。四是改革开放 40 年来，中国生态环保领域积累了不少矛盾和问题，与社会公众利益形成冲突。中国近几年环保执法趋于严格，"三高一低"产能面临调整。五是经过长期产能扩张，一些行业的产能过剩问题比较突出，在调整压缩过剩产能的同时，需要更加注重产品附加值提升，这不仅需要推进技术创新和升级，也需要劳动力队伍相应提升素质。

这些国内外环境的重要变化趋势，对中国经济的增长方式产生决定性影响。其中，劳动力是关键因素，中国劳动力的成本优势在明显淡化。

表 1.1　　人均毛收入国际比较　　单位：美元

排名	2000 年		2006 年		2015 年	
	国家和地区	人均 GNI	国家和地区	人均 GNI	国家和地区	人均 GNI
1	瑞士	43490	挪威	69980	挪威	93820
2	挪威	36560	瑞士	63900	瑞士	84180
3	美国	36070	丹麦	53520	中国澳门	76300
4	日本	34980	冰岛	53490	澳大利亚	60070
5	丹麦	32660	瑞典	48650	丹麦	58590
6	冰岛	31540	爱尔兰	48590	瑞典	57810
7	瑞典	31220	美国	48080	美国	54960
8	荷兰	28560	荷兰	46080	新加坡	52090
9	英国	27400	英国	43480	冰岛	49730
10	中国香港	26930	芬兰	42740	荷兰	48940
11	奥地利	26690	奥地利	41260	加拿大	47500
12	芬兰	26420	比利时	40030	奥地利	47120
13	德国	26210	日本	38570	爱尔兰	46680
14	比利时	26040	德国	38370	芬兰	46360
15	法国	25150	法国	37960	德国	45790
16	爱尔兰	24200	加拿大	37640	比利时	44360
17	新加坡	23670	意大利	34210	英国	43340
18	加拿大	22520	澳大利亚	34140	中国香港	41000
19	意大利	21820	新加坡	32080	法国	40580
20	澳大利亚	21110	中国香港	30290	新西兰	40080
21	以色列	18800	西班牙	27970	日本	36680
22	西班牙	15900	中国澳门	27080	以色列	35440
23	中国澳门	14640	新西兰	26380	意大利	32790
24	新西兰	14070	希腊	24510	西班牙	28520
25	希腊	13310	以色列	22060	韩国	27440
26	葡萄牙	12140	韩国	19980	斯洛文尼亚	22610
27	斯洛文尼亚	11350	斯洛文尼亚	19950	葡萄牙	20530
28	韩国	10750	葡萄牙	19330	希腊	20290

续表

排名	2000 年		2006 年		2015 年	
	国家和地区	人均 GNI	国家和地区	人均 GNI	国家和地区	人均 GNI
29	阿根廷	7440	捷克	13920	爱沙尼亚	18480
30	捷克	6320	斯洛伐克	12850	捷克	18050
31	墨西哥	5750	爱沙尼亚	11500	斯洛伐克	17310
32	斯洛伐克	5520	匈牙利	11290	立陶宛	15000
33	克罗地亚	5290	克罗地亚	10990	拉脱维亚	14900
34	智利	5020	拉脱维亚	8850	智利	14060
35	波兰	4690	立陶宛	8800	阿根廷	13640
36	匈牙利	4660	波兰	8420	波兰	13370
37	土耳其	4200	墨西哥	8280	匈牙利	12990
38	爱沙尼亚	4150	土耳其	7520	克罗地亚	12690
39	委内瑞拉	4070	智利	7360	委内瑞拉	11780
40	巴西	3840	阿根廷	6150	哈萨克斯坦	11580
41	马来西亚	3420	委内瑞拉	6050	俄罗斯联邦	11400
42	拉脱维亚	3310	马来西亚	5830	马来西亚	10570
43	立陶宛	3220	俄罗斯联邦	5800	土耳其	9950
44	古巴	2620	罗马尼亚	4960	巴西	9850
45	泰国	1990	巴西	4710	墨西哥	9710
46	秘鲁	1970	古巴	4520	罗马尼亚	9500
47	伊朗	1760	保加利亚	4230	中国	7820
48	罗马尼亚	1720	哈萨克斯坦	3860	土库曼斯坦	7510
49	俄罗斯联邦	1710	白俄罗斯	3520	保加利亚	7220
50	保加利亚	1660	伊朗	3390	阿塞拜疆	6560
51	白俄罗斯	1380	泰国	3080	伊朗	6550
52	哈萨克斯坦	1260	秘鲁	2790	白俄罗斯	6460
53	菲律宾	1220	中国	2050	秘鲁	6200
54	中国	930	亚美尼亚	1990	古巴	5880
55	洪都拉斯	920	土库曼斯坦	1960	泰国	5620
56	斯里兰卡	880	乌克兰	1950	格鲁吉亚	4160

续表

排名	2000年		2006年		2015年	
	国家和地区	人均GNI	国家和地区	人均GNI	国家和地区	人均GNI
57	格鲁吉亚	750	阿塞拜疆	1890	亚美尼亚	3880
58	乌克兰	700	格鲁吉亚	1790	斯里兰卡	3800
59	亚美尼亚	660	菲律宾	1650	菲律宾	3540
60	阿塞拜疆	610	洪都拉斯	1470	印度尼西亚	3440
61	土库曼斯坦	600	印度尼西亚	1380	乌克兰	2620
62	印度尼西亚	560	斯里兰卡	1370	洪都拉斯	2270
63	巴基斯坦	490	巴基斯坦	820	越南	1980
64	印度	450	印度	810	老挝	1730
65	孟加拉国	420	越南	760	印度	1590
66	越南	400	孟加拉国	560	巴基斯坦	1440
67	柬埔寨	300	柬埔寨	520	塔吉克斯坦	1240
68	老挝	280	老挝	510	孟加拉国	1190
69	吉尔吉斯斯坦	280	吉尔吉斯斯坦	500	吉尔吉斯斯坦	1170
70	尼泊尔	230	塔吉克斯坦	370	柬埔寨	1070
71	塔吉克斯坦	170	尼泊尔	340	尼泊尔	730

资料来源：世界银行数据库（http：//databank. shihang. org/data/reports. aspx? source = 2&type = metadata&series = NY. GNP. PCAP. CD）。

人均国民毛收入GNI可以在相当程度上反映出各国劳动力成本。根据表1.1，从2000年开始，可以看出中国劳动力成本明显相对上升。2000年，中国人均GNI是老挝的3.3倍，柬埔寨的3.1倍，越南的2.3倍，印度的2倍，巴基斯坦的1.9倍，印尼的1.6倍，菲律宾的0.76倍，泰国的0.47倍，马来西亚的0.27倍，巴西的0.24倍，土耳其的0.22倍，墨西哥的0.16倍，德国的0.035倍，日本的0.027倍，美国的0.026倍。到2006年，相关比例分别为4、3.9、2.7、2.53、2.5、1.5、1.24、0.67、0.35、0.44、0.27、0.25、0.053、0.053、0.043，从这一年开始中国超过菲律宾，是菲律宾的1.24倍。到2015年，相关比例进一步演变为4.5、7.3、3.9、4.9、5.4、2.3、2.2、

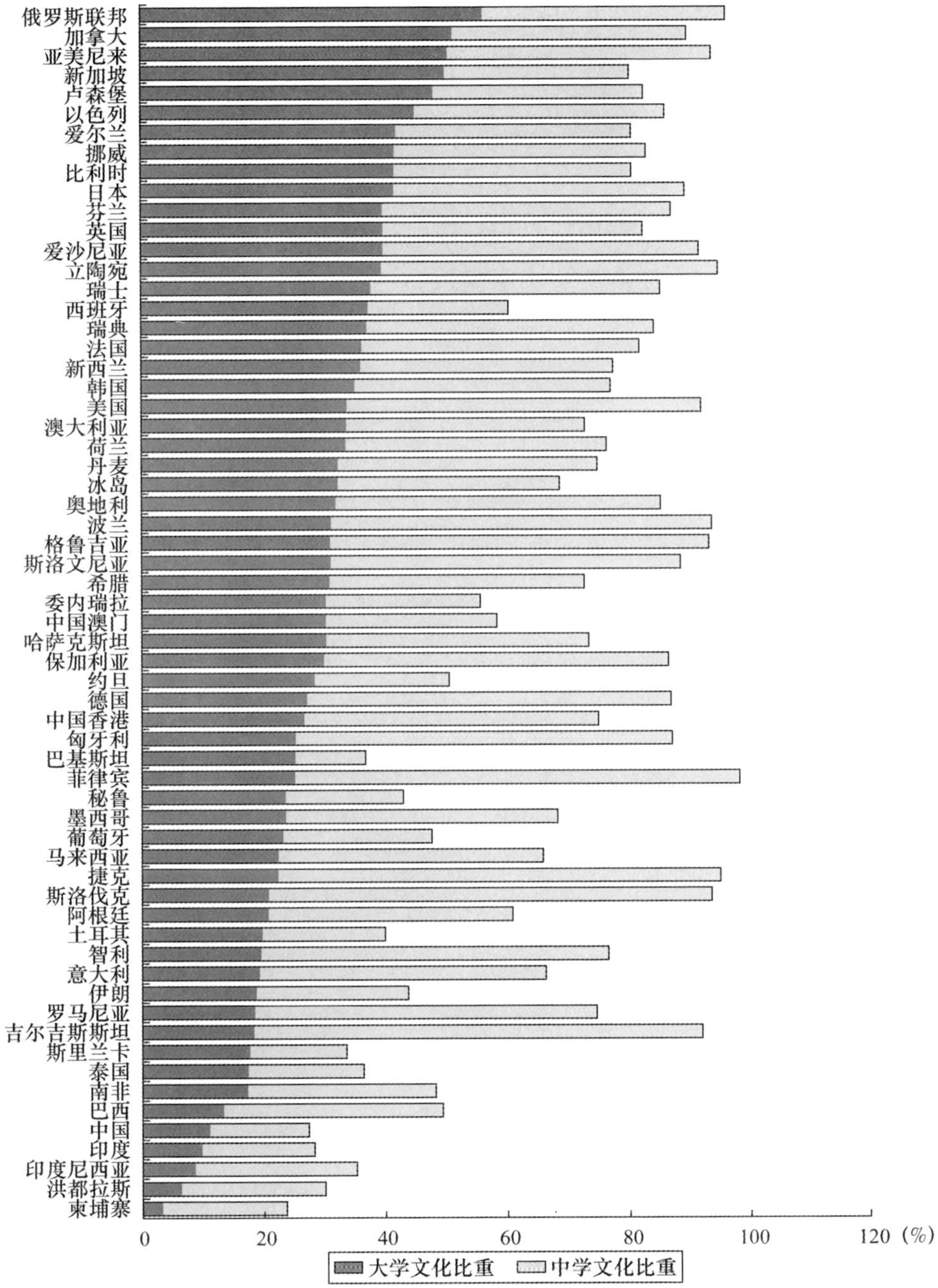

图 1.1　各国（地区）劳动力素质（大学及高中）比较（2014 年）

资料来源：世界银行数据库。

1.4、0.74、0.79、0.79、0.8、0.17、0.21、0.14，意味着这时劳动力成本已经超过泰国，且逼近马来西亚、巴西、土耳其、墨西哥，而这4个国家在10多年前的劳动力成本是中国的4~5倍。在未来10年，随着中国经济发展与人均GDP水平持续提高，以及国民收入倍增计划全面落实，中国的劳动力成本将超过上述国家，且与韩国、日本、德国、美国等制造业强国的差距也将进一步缩小。这是中国经济持续快速成长的结果，但客观上对劳动力素质提出了更高要求。

与劳动力成本快速上升形成对比的是，中国的劳动力素质在上述比较国家中排名靠后，大学生比例仅为11%，落后于发达国家，也落后于诸多发展中国家，仅略领先于印度、印尼、柬埔寨等地，在金砖五国中处于末位；在发达国家中，德国的大学生比例为27%，美国为34%，韩国为35%，日本为41%。中国的大学文化人口仅占11%，高中文化人口仅占16%，明显低于发达国家以及诸多发展中国家（见图1.1）。这一格局与中国经济的持续快速发展形成明显反差，主要原因是中国已经就业的劳动力当中，初中及以下劳动力占了绝大多数。

这些表明，随着中国经济持续快速发展，为顺应国民收入的持续增加趋势，提高劳动力队伍素质已成为一项紧迫任务。

支撑传统竞争优势的条件发生重大变化，意味着传统发展方式必须作出根本调整，否则面临的挑战将更加严峻。

（二）中国社会投资积极性下降

随着国际次贷危机和欧债危机先后爆发，从2011年开始，中国制造业投资增速进入下行阶段，这一趋势自2013年以来进一步得到加强。

在此之前，中国制造业投资长期保持较快增长速度，制造业改建固定资产投资的增速连续多年保持在20%以上（见图1.2）。但从2014年开始，制造业改建固定资产投资增速低于20%，下滑趋势比较明显（见图1.3）。

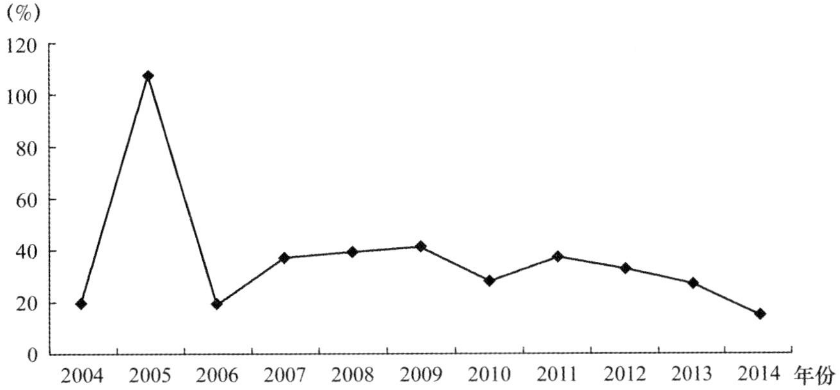

图 1.2　历年制造业改建固定资产投资增长（不含农户）

资料来源：国家统计局网站。

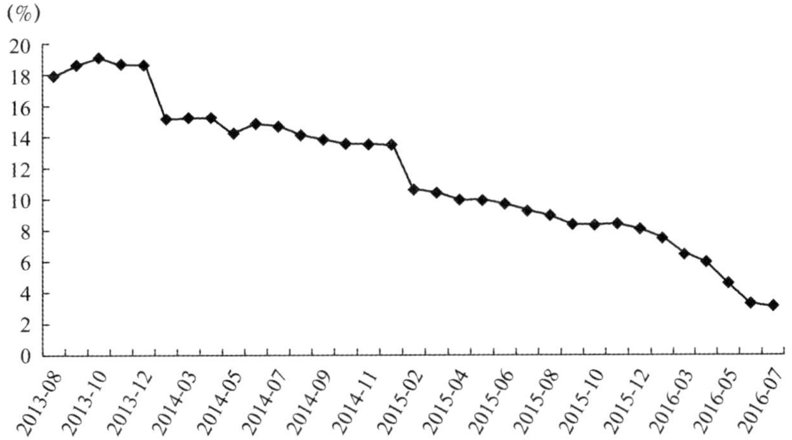

图 1.3　制造业固定资产投资增长月度数据

资料来源：国家统计局网站。

从 2013 年中开始比较制造业固定资产投资的月度增长数据，这一趋势更加明显。到 2015 年中，月度增速只有个位数。这一格局有多方面成因，一是中国积极主动推动经济结构转型升级，大力调整压缩落后过剩产能，不可避免地影响到制造业投资总量规模。如果分行业比较，采矿业及其配套加工行业固定资产投资规模的基数较大，在最近几年的投资规模下滑明显，其负增长对整体影响较大。但调整压缩“三高一低”落后产能和部分行业过剩产能是中国战略方针，是推动经济转型升级的必经环节。二是制造业利润下滑。民间资本投资制造业的积极性取决于相关行业投资回报。在 2011 年之前，中国工业企业利润总额曾长期保持两位数增长。但从 2012 年开始，中国工业企业利润总额增速下滑的势头明显。2012 年增长不到 1%，2014 年为负增长 -0.3%。具体如图 1.4 所示。

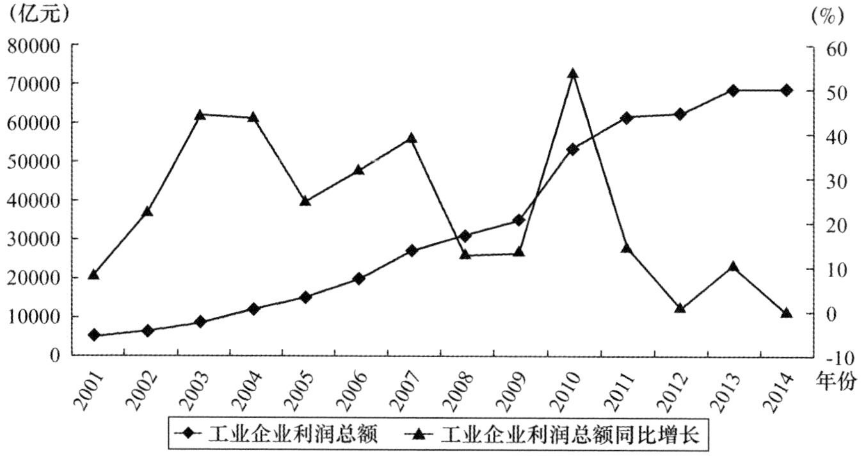

图 1.4　工业企业利润情况

资料来源：国家统计局网站。

出现这种局面，一方面反映出企业经营综合成本偏高，另一方面反映出企业的销售收入增长缓慢，产业竞争力亟待进一步提高。

企业综合经营成本涉及多方面因素，涉及销售、管理、财务等费用。财务费用主要与利息支出有关，后者占利润总额的 1/5 左右。利息支出与企业信贷问题直接相关，不但涉及经营成本，更事关资金链的稳定性。利息支出过快增长背后，潜藏着资金链的安全问题，事关企业经营风险乃至可持续性。国务院一直高度重视解决企业特别是中小微企业的融资难、融资贵问题，先后出台了一系列政策措施。同时，还从清费减税、简化政府管理、下放政府权力等方面降低企业负担，改善经营环境。这些政策机制自 2015 年初开始取得明显效果，到下半年财务费用同比下降，工业企业利润总额恢复增长。

从统计局公布的指标可以看出（见图1.5），从2014年7月开始，中国工业企业的利润总额增速开始快速下滑，到2015年2月开始负增长，并一直延续到2015年底。之后国务院加大了降低企业经营成本的工作力度。实线部分表示利息支出增幅。利息支出增速从2015年2月开始明显下行并一直持续。到2015年9月，企业的利息支出已开始负增长，意味着企业的利息支出压力开始减轻；到2016年2月，利息支出同比下降7.8%。这不仅意味着企业的财务成本得到明显降低，更意味着企业相关的隐形成本和风险得到化解。如果企业得不到银行贷款，或面临银行抽贷，只能借入利率过高的短期贷款来弥补长期资金不足，但这意味着饮鸩止渴，风险极大。企业利息支出明显下行意味着信贷环境趋于宽松，这方面的风险得到一定程度的化解。

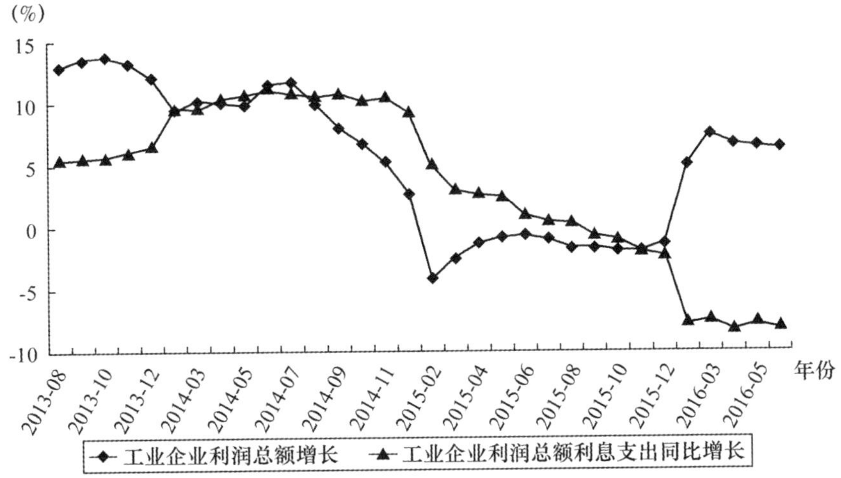

图1.5　工业企业利润总额与利息支出同比增长情况

资料来源：国家统计局网站。

比较工业企业财务成本与主营成本、主营收入的增速，可以看到在2015年底之前，中国工业企业的主营业务成本与收入存在持续增速倒挂现象，主营业务成本的增速高于收入增速，经营压力不断增大。2013年底至2014年底财务费用快速增长，侵蚀企业的利润增长空间。到2015年底，随着财务成本的持续下降，工业企业财务成本与收入的增速持续倒挂现象得到扭转，收入增幅开始大于成本增速（见图 1.6）。这反映出国务院推动利率市场化等金融改革一揽子措施取得成效。

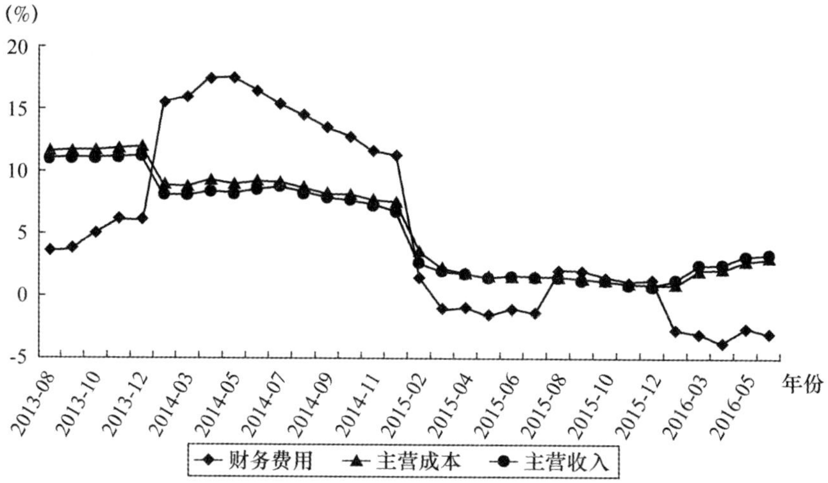

图 1.6　工业企业财务成本、主营成本、主营收入增速比较

资料来源：国家统计局网站。

工业企业经营效益根本取决于竞争力提升。控制融资成本可以在一定程度上减缓企业的经营压力，但难以成为企业竞争力的核心支撑因素，只有从技术创新突破角度进行努力，才有可能打开新的成长空间。

随着与发达国家经济发展差距逐步缩小，特别是人均 GDP 差距逐步缩小，中国在产业竞争核心领域将面临发达国家的压力，特别是工业强国的技术竞争，劳动力素质成为关键因素。中国需要一大批技术领军人才，更需要能够推动先进技术产业化的高素质专业化劳动力发挥中坚作用，尤其需要大批高技能、善学习、会分析、懂沟通、知创新的新型高素质劳动者。

（三）结论

当前诸多问题与劳动力的比较优势密切相关。中国经济之所以保持 30 多年持续快速增长，农村转移劳动力是基础因素。而对外开放政策为接受国际资本、技术转移创造了条件，使中国农村劳动力的比较优势得以发挥出来。

未来要塑造新的竞争优势，切入点要从数量转向质量。

改革开放之后的30年，中国与国际市场、资本、技术建立衔接渠道，大量劳动力从农业领域向制造业领域转移。此间经济发展具有以下特点，一是劳动力投入方式主要表现为绝对数量增加，即大量农村沉淀劳动力得到充分利用。二是通过推进工业化进程，建立起与劳动力技能素质相适应的外向型产业体系，相关技术水平与劳动力素质相互适应，这种低成本、低技术的耦合格局显现出竞争力。三是以丰富廉价劳动力为基础形成了产业竞争国际比较优势。四是国内技术水平与国际主流技术存在较大落差，国内劳动力生产率存在较大提升空间。五是资本是稀缺因素，投资驱动发挥作用，地方政府把发展经济的切入点放在招商引资上。六是国际市场容量相对较大，产能扩张可推动产出快速增长，从而支撑地方经济较快发展。

2008年是重要分水岭，一方面，正值中国改革30年，传统发展模式已演绎到极致。表现为，一是中国经济在此前后面临刘易斯拐点，依靠大量新增劳动力推动产能扩张、进而拉动经济增长的发展方式难以为继。二是传统的产能扩张模式建立在技术水平适应劳动力素质的前提下，意味着技术升级受制于劳动力素质。三是传统劳动密集型发展模式的产品附加值不高，利润增长靠产能提升。随着综合生产成本不断上升，廉价劳动力支撑产业竞争模式缺乏可持续性。四是随着国际产业竞争日趋激烈，对产品功能、品质更趋重视，必须通过持续的技术升级提升生产效率，提升产品附加值，从而塑造竞争新优势，但这些受制于劳动力队伍的整体素质。

另一方面，2008年次贷危机导致国际经济、金融秩序不稳定，先后发生了欧洲债务危机、全球贸易增长停滞等现象，全球经济复苏之路十分曲折。由此，中国经济发展的外部环境发生变化，一是国际市场容量增长空间有限，中国产业体系产能已非常庞大，通过产能扩张推动外向型经济发展的模式需要调整。二是相关发展中国家，如孟加拉国、越南、印度、印尼等国的劳动力成本优势开始显现，吸引了大量国际制造业投资，包括来自中国的产业转移，对中国大陆制造业形成直接竞争。

这一格局意味着中国经济面临的挑战存在结构性原因。要更好应对外部挑战，必须从练好内功入手，而劳动力素质竞争力是诸多基础条件中的重中之重。

第二章

劳动力素质偏低是中国的战略短板

从技术、资本和劳动力这三方面因素看，经过改革开放30多年快速发展，中国资本短缺阶段已经成为过去，技术研发能力也在逐步提升，但劳动力素质与发达国家乃至诸多发展中国家的差距仍然十分明显，成为关键不足，是制约产业转型升级的瓶颈。

劳动力素质整体偏低影响科技创新成果产业化，影响吸收和扩散先进技术，制约产业转型升级。新技术很难在缺乏高素质劳动力的情况下大规模应用推广。从增强中国制造业竞争优势的角度看，这是亟须克服的关键障碍。劳动力整体素质长期偏低反映出中国的人力资本投资积累不足，滞后于经济发展要求，其中存在体制机制问题。这种体制机制问题对经济社会发展产生深远影响。

一、中国竞争力关键因素的国际比较

中国现代化进程是逐步缩小与发达国家发展差距的过程，涉及国家能力、基础建设、技术创新、劳动力素质等方面，与国际竞争力相关。进一步分析这些领域的差距，有助于更好地甄别中国现代化进程的战略短板。分析结合世界经济论坛的《全球竞争力报告2017－2018》（*The Global Competitiveness Report* 2017－2018）（共比较137个国家和地区）、《全球人力资本报告2017》

（*WEF Global Human Capital Report* 2017）（130 个国家和地区）、《2018“制造业的未来”准备状况报告》（100 个国家和地区）、世界产权组织《2016 全球创新指数》（128 个国家和地区）、洛桑国际管理学院《2017 世界数字竞争力排名》（*IMD World Digital Competitiveness Ranking* 2017）（63 个国家和地区），以及世界银行《变化中的各国财富 2018》（*The Changing Wealth of Nations* 2018，*Building a Sustainable Future*）（142 个国家和地区）和世界银行数据库数据。

（一）决定国家竞争力的关键因素

1. 产业竞争力是核心

产业竞争力构成国家竞争的核心内容，生产力是其中的决定因素。哈佛大学的迈克尔·波特（Michael E. Porter）教授在《国家竞争优势》一书中强调，产业生产率提升将带动国家生产率提升，提升出口竞争力，促进国家竞争优势形成，为此需要关注生产率的决定因素。高科技以及高水平的劳动力，正是推动国家生产力持续增长或激发高生产力潜能的两大因素，这些是生产要素的关键组成部分。同时，他认为需求条件，相关产业与支持性产业，企业战略、企业结构、同业竞争，政府政策，生产要素，构成影响企业竞争优势的“钻石体系”。这些因素相互作用，决定国家的竞争优势。

2. 持续创新决定竞争优势

从迈克尔·波特教授的视角看，包括技术创新、管理创新在内，持续的创新活动是持续塑造国家竞争优势的决定性因素，但通常情况下企业只有在面对不利要素条件或激烈竞争的情况下才会持续推动创新，以改变劣势格局。生产要素有初级和高级之分，初级要素包括原材料、低技能廉价劳动力等，高级生产要素包括技术和高水平的人力资源等因素，初级生产要素配置不足会促使企业发展基于高级生产要素的创新活动，从而转劣势为优势。永续的竞争优势有赖于对资源优势的层级提升和扩张，并基于价值链和集群效应转化为形态上的优势，其核心是专业化整合促进对创新的持续投入，形成很强的行业忠诚度，避免了短期财务逐利导致偏离主业的盲目多元化，避免削弱长期竞争优势的根本基础。

根据这一原理，他系统分析了瑞士、德国、瑞典、美国、英国、日本、韩国等地产业竞争力的影响因素，解释了这些国家竞争优势的具体结构，有针对性地提出改进国家竞争优势的思路。

他认为瑞士繁荣根本取决于发展高级制造业和服务业，让所有人都拥有高薪工作。作为欧洲贸易、商业和金融中心，瑞士完善的基础设施和高学历、技术性人力资源是产业生产率的基础保障，包括学徒制在内的教育制度则是高层次生产要素的创造机制，年轻人具有持续发展个人专业能力的渠道。企业投入大量资源用于员工培训，使普通员工成为准技术人员而非“蓝领”工人，加上企业的高管大多具有技术背景并且重视研发工作，保障了竞争优势的基础支撑。

德国的情况类似，基于学徒制的产官学合作机制和重视技能的教育理念提供了高质量人力资源，加上严格的质量标准，形成了世界级产业集群，奠定了国家竞争优势的基础。其中，专业化是竞争力的决定性因素。

美国除了汇集全球顶尖人才，高质量的教育体系和政府一度对研发的高强度持续投入、本土市场的激烈竞争、高效率的资本市场，推动了企业创新活动始终处于活跃状态，而庞大的本土市场又促进了规模效应形成。但到了20世纪80年代，美国联邦政府对研发的投入下降，加上企业追求短期财务回报、人力资源素质变差，主要是蓝领工人职业能力建设滞后、工人的培训体制缺乏竞争优势，且缺乏配套的支撑产业体系，导致美国制造业资本外流严重，引发了一系列严重问题，影响至今。

日本、韩国作为20世纪70～80年代迅速发展的新兴国家，人力资源在竞争中发挥了决定性作用，扭转了自然资源匮乏等初级要素的不利格局。积极培训人力资源、不遗余力追求技术、重视合作研究方式、促进信息广泛传播、形成系统的产业支撑体系，是提升日韩产业国际竞争力的根本保障，对这些领域的持续投资为日韩在一些产业塑造持续竞争优势提供了基础。

3. 劳动力是基础因素

产业的国际竞争力决定国家繁荣兴衰，而劳动力是所有要素中的基础性因素，对劳动生产率具有根本影响。要通过持续创新塑造永续的竞争优势，就必须整体建设高层次的劳动力队伍，使劳动力的高素质与高收入相匹配，与产业的高层次、高技术相匹配。这需要高效率、高质量的教育体系，全面普及高等教育和职业教育培训，培养高水平、高层次劳动力，使之能岗相适、一专多能，具备专业化优势。德国和瑞士等地长期保持竞争优势，而美国制造业整体逐步衰落，高素质专业化技术工人的培训体制发挥了决定性影响。美国重视大学教育，但忽视了学徒制等职业知识、诀窍、技能的传承和养成体制，忽视了制造业国际竞争力的基础地位。

（二）相关因素的国际比较

总体而言，基础设施作为阻碍经济发展的关键瓶颈问题已经得到有效缓解；相对而言，初中及以下文化劳动力作为中国劳动阶层主力，其专业化核心能力的相对不足已经成为日趋紧迫的现实问题，成为制约经济转型升级的关键瓶颈。

1. 基础设施瓶颈问题得到缓解

基础设施建设决定资源配置的实际效率，也是推进国家现代化的重要前提。中国一直高度重视基础设施建设，列入优先议事日程。自从 20 世纪 90 年代开始，经过 20 多年建设投资，已经整体改变了落后状况，在一些领域处于发展前列。公路、铁路、港口、航空基础设施的总体质量得到很大改善。根据世界经济论坛对全球 137 个国家分项排名，2015 年中国的航空运力、铁路发展质量分别列全球第 2、第 14 位，公路、港口、航空基础设施的发展质量分别列全球第 39、第 43、第 49 位，电力供应质量列全球第 56 位。从创新发展视角看，除了物流，环境保护和生态可持续的重要性日趋突出，单位GDP能耗、通过ISO1400环境认证的增加值所占比重成为衡量创新型经济发展的重要指标。中国在这方面发展潜力很大，任务压力也很大。

在技术设施方面，通讯设施投资规模、手机普及率、手机话费、计算机使用、计算机普及率、互联网普及率及网速、信息技术技能普及率、合格工程师数量、企业之间技术合作情况、技术发展基金可用性、技术监管、高技术出口额及所占比重、互联网安全等属于关键指标。中国在这些方面的投资规模很大，取得较大进步，但发展空间仍然很大。涉及创新的信息通信技术（ICT）普及率及利用率、政府网络服务和电子参与等方面，在新技术推动下有了快速发展，但在深度整合利用资源方面存在很大的拓展空间，与发达国家相比仍存在较大改进空间。根据《2016全球创新指数》，中国信息通信技术（ICT）、ICT普及率、ICT利用率、ICT商业模式创造在全球128个国家中，分别列第53、第75、第64、第48位。

2. 政府治理能力提升明显

决策公开、服务企业、反腐败、打击犯罪、反恐怖等涉及企业的经营环境和安全性。除了打击犯罪、反恐工作，中央政府在推动决策公开、服务企业方面落实有力举措，营商环境持续改善。在依法监管方面，投资者利益保护、董事会效能、信息披露是关键因素，这几方面相互影响。在证券投资等领域，对信息披露的要求、违规处罚力度明显提高。

财政支出效率、政府为改善企业表现提供的服务是经济发展的关键因素。党的十八大以来，在政府消费支出管理、反腐败方面的管控力度进一步加大，制定严格规章制度，严厉查处了一大批贪污腐化官员。政府治理的核心要素还与高素质干部队伍有关。10多年来，中国政府各级干部的工作经验、知识结构、综合素质整体上明显改善。根据世界经济论坛排名，政府监管负担、政府支出效率、对政府官员决策满意度则分别在全球137个国家中列第18、第19、第20位。

从创新政策环境看，公共行政服务、政策制定实施等方面是关键因素。中国政府近年来对于推动创新发展高度重视，启动以互联网为载体的创新发展战略以及制造业转型升级发展战略，推进了一系列配套改革。世界经济论坛2016年的经理人意见调查显示，对政策稳定性期待和要求较高，紧随融资问题之后。基层政府对政策的尺度把握和相关人员裁量权是关键因素。

根据世界经济论坛的2016年数据，中国宏观经济环境总体列第17位，国家信用评级在全球排名第26位，通胀比率、总储蓄率则分别列全球第1、第2位，相对靠前。而按照中国财政部公布的数据，2016年末中国中央和地方政府债务余额为27.33万亿元，按照国家统计局公布的2016年GDP核算数计算，负债率为36.7%。与国际相比，总体而言中国政府的债务水平整体可控。中国经济风险处于可控范围，存在风险缓冲空间。

3. 公司治理机制有待完善

世界经济论坛提供的数据排名显示，在137个国家中，中国的机构治理机制列第41位，主要不足包括：公司董事会效率列第126位，投资保护列第102位，审计强度及审计报告列第79位，这些亟待改进。这些反映出公司的机构治理机制亟待改进，存在很大提升空间。

商品市场效率总体列第46位。总税收利润比、进口依存度、设立公司所需天数、设立公司所需环节分别列第132、第128、第116、第104位，排名靠后。客户导向程度列第69位，也有待大力提升。

金融市场发展总体列第48位。银行机制、证券交易监管、金融服务有效性分别列第82、第80、第54位，需要着力加以改善。

4. 人力资本亟待改进

根据世界经济论坛排名，中国卫生与初级教育状况列第40位，艾滋病预防、小学入学率居全球第1位，疟疾防控居第14位；肺结核发病率及其商业影响等指标仍排名靠后，分别列第82、第102位，有待改进。人均预期寿命、婴儿死亡率分别列第53、第56位，存在提升空间。

中学入学率为94.3%，列第66位；高等教育毛入学率为43.4%，列第67位。当地专业化培训的可用性列第55位。数学与科学教学质量、管理学院教学质量均列第50位。这些方面发展情况与历史相比有了很大进步，但与全球领先国家相比，还需要奋起直追。

在劳动力市场效率方面，解雇成本列全球第112位，确定工资的灵活性列第89位，对专业化管理的信赖度列第53位，劳资合作关系列第50位。

世界经济论坛与科尔尼管理咨询公司合作撰写的深度报告《2018年“制造业的未来”准备状况报告》，对全球100个国家的制造业结构和驱动因素进行了分析排名。其中，中国的制造业结构列全球第5位，其中市场规模列全球第1位，制造业复杂性列全球第27位；制造业驱动因素列全球第25位，其中，技术平台列第43位，创新能力列第20位，人力资本列第40位，未来劳动力列第31位，可持续资源列第66位。从排名看，技术平台、人力资本仅列中游；未来劳动力也不乐观。总体看，劳动力一方面与技术平台排名相近，反映出创新能力并没有充分带动技术平台水平提升，需要重视劳动力短板的影响；另一方面，人力资本也是制造业驱动因素的短板。从具体指标看，当前劳动力平均教育年限列第79位、制造业就业人口比重列第69位，女性劳动力人口比重列第55位，学校教育期望年限列第58位、数学和科学教育质量列第43位。这些反映出人力资本教育短板问题十分突出，质量亟待提高。就发展趋势而言，未来制造业竞争力的关键支撑在于技术创新、人力资本。中国的人力资本短板已经成为现实制约。

5. 人力资本积累不足影响创新能力

根据世界经济论坛排名，中国的商业成熟度列第33位。其中市场化程度、当地供应质量和数量分别列第57、第56、第52位，有待改进。这些间接与当地劳动力素质相关。簇群化发展、竞争优势、国际配送管理分别列第30、第29、第29位，具备相对优势。从创新角度看，总体列全球第28位。其中，创新能力、科学研究机构质量分别列第44、第36位。公司研发投入、产学研合作、科技实用性分别列第21、第28、第29位。

根据《2016年全球创新指数》①，在全球128个国家中，中国的全球创新指数总排名第25位。从分项指标看，排名靠前指标主要包括：一是商业成熟度，具体表现为企业研发活跃，企业研发资金占GDP比重上升，企业研究人才比重上升，高新技术进口增加。资本形成总额在GDP中的占比列全球第4位，这反映出中国仍处于投资驱动阶段，有待向创新驱动发展模式转型。二是知识和技术产出部分指标表现为商标申请量、专利申请量、高技术出口规模位居前列，引用文献指数、高端和中高端技术生产占比、ISO9000质量认证比重等指标向领先国家靠拢。但知识和技术产出大类中也有两项指标靠后，分别是信息和通信技术（ICT）服务出口在贸易总额中占比（第85位）、知识产权收入在贸易总额中占比（第72位）。

创新指数排名靠后指标还包括：易于创业的指标列全球第103位，GDP/能耗单位列第102位，ICT服务进口占贸易总额比例为0.5%，列第98位。小额信贷总量在GDP中占比、易于获得信贷的排名分别为第75、第69位。文化与创意服务出口在贸易总额中占比列第71位；通用顶级域TLD/千人口（15~69岁）列第74位，国家代码顶级域/千人口（15~69岁）列第50位；科技论文/十亿购买力平价美元为13.9，列第50位，全职研究人员/百万人口列第46位。根据联合国教科文组织2013年比较数据，中国每百万人口专职研究人员数为1089人，而全球同业平均为2852人。

同总体排名相近的其余指标包括：一是知识产出、知识影响相关的指标。PCT专利申请/十亿购买力平价美元为1.5，列第25位；引用文献H指数为495.0，列第16位。购买力平价美元GDP增长率/工人为3.4%，列第20位，计算机软件支出占GDP比重/十亿购买力平价美元为0.4%，列第23位；

① 苏米特拉·杜塔（Soumitra Dutta）、布吕诺·朗万（Bruno Lanvin）、萨沙·温施-樊尚（Sacha Wunsch-Vincent）编著。

ISO9001 质量认证/十亿购买力平价美元 GDP 为 19%，列第 20 位。高端和中高端技术生产占比为43.1%，列第18 位。ICT 和商业组织创造列第30 位。二是研究与创新应用相关的指标。企业实施 GERD 研发占 GDP 比重为 1.6%，列第 13 位。产学研合作列第 31 位，产业集群发展情况列第 23 位，在两个以上专利局申请的同族专利/十亿购买力平价美元 GDP 为 0.9，列第 26 位，知识产权支付在贸易总额的占比为 1%，列第 30 位。

上述指标国际比较表明，中国创新研究投入持续加强，但研发机制尚未充分转化为产业竞争力。中国科技创新能力处于发展提升过程中，但潜力有待进一步发挥。转化成产业竞争优势的关键，是通过应用转化实现规模化生产，但有赖于当地产业生态，尤其是高素质的专业化劳动力队伍供给情况，既包括高素质的研发人员，也包括高素质专业化技术工人和服务业员工。其中，以互联网应用为基础的信息通信技术（ICT）对未来经济、社会发展具有基础性支撑作用。从生产到服务业，都需要从业人员掌握相关应用技术。但近年情况表明，这方面的深化应用还有待加强，尤其是要将创新成果通过应用转化来提升产业竞争力，需要高素质的员工队伍，包括熟悉 ICT 应用的专业化技术工人队伍。

考虑到数字技术对未来经济社会发展的巨大影响，为深入分析中国劳动力在数字技术方面的竞争力，这里引用瑞士洛桑国际管理学院的《2017 年世界数字竞争力排名》（*IMD World Digital Competitiveness Ranking* 2017）的相关数据。中国在该排名分析的 63 个经济体中名列第 31 位，反映出数字技术竞争力处于中游，亟待发展提升。

从分项指标看，中国知识诀窍列第 23 位，发展环境列第 36 位，基础水平列第 34 位。其中，知识诀窍相关的教育培训仅列第 53 位，科学集中度列第 3 位，显示职业教育培训不足明显影响知识和技能诀窍的发展和传播，也影响了研究创新的转化应用。在发展环境方面，监管框架列第 32 位，资本列第 22 位，技术框架列第 47 位，反映出监管框架有待进一步发展完善，而技术框架更是亟待发展提升。在基础水平方面，适应态度列第 32 位，商业灵敏性列第 24 位，但 IT 整合列第 44 位，有待改善提升。这些与《全球创新指数》的相关指标排名情况是一致的。

（三）劳动力素质具体比较

劳动力素质涉及健康状况、知识、技能以及发现并解决问题的能力，后者涉及社交、组织管理以及自我认知、精神状态等方面。为了便于比较，这里使用人力资本的概念。

1. 人力资本的关键因素比较

为便于比较，世界经济论坛的《全球人力资本报告 2017》把人力资本分为基本能力、应用程度、发展情况、技能诀窍四个方面，对全球 130 个国家的人力资本分布进行了分析。其中，基本能力包括语文数学能力、小学文化比例、中学文化比例、大学文化比例；应用程度包括劳动力参与率、就业性别差距、失业率、不充分就业率；发展情况包括小学入学率、小学教育质量、初中入学率、初中入学性别差距、职业教育入学率、高等教育入学率、毕业生技能多样性、教育体系质量、职员培训程度；在技能诀窍方面，包括高技能就业份额、中等技能就业份额、技能型雇员可得性。

从比较结果看，中国总体列第 34 位。基本能力列第 62 位（25 ~ 54 岁年龄段的基本能力列第 53 位），反映出劳动力队伍的整体素质亟待提升。其中 25 ~ 54 岁的劳动力中，初中及以上文化占 77.3%，说明小学及以下文化劳动力占 22.7%，大学以上文化仅占 8.4%。根据世界银行提供的调查数据，2015 年中国 20 ~ 64 岁人口中，文盲、小学、初中、高中、大学的比例[①]分为别 4:20:48:17:11。其中，40 ~ 64 岁年龄段的比例为6:29:45:14:7，20 ~ 39 岁年龄段的比例为1:9:53:20:16。这意味着现阶段中国劳动力以初中文化为主，

---

① 不考虑四舍五入进位产生的误差。

高中及以上文化劳动力所占比重总体上不到30%，而发达国家一般超过75%，日本等地超过80%，对这一格局引起的诸多问题应予以充分重视，对相应影响应有充分估计。

应用程度列第19位，反映出中国劳动力参与程度高，就业充分，失业率低。中国劳动力发展情况列第47位，这同样不令人乐观，差距主要体现在高等教育入学率、雇员培训程度等方面。在15~24岁年龄段人口中，职业教育入学率为42.1%，列第36位；高等教育入学率为43.4%，列第61位。雇员培训程度列第40位。

技能诀窍列第44位，充分反映中国技能型人才不足的基本格局。这一问题实际上由来已久，早在21世纪初，东部地区就强烈反映技工短缺，技师更是如此。其中，高技能员工的就业份额为11.9%，列第97位；中等技能员工就业份额列第45位，技能型员工可得性列第41位；但经济复杂性列第18位，反映出高技能员工短缺格局不能适应经济发展要求，已经成为制约中国发展的关键软肋。

为直观比较中国与发达国家差距，这里选择德国、日本、瑞典、挪威、芬兰、美国、英国的关键指标进行比较，比较对象主要是25~54岁劳动力，其中入学率的比较对象为适龄人口。

从表2.1可以看出，中国劳动人口的大学以上文化比例与发达国家差距非常大，不到德国的1/3，不到芬兰的1/5；高等教育毛入学率与发达国家存在较大差距，不到韩国、芬兰的1/2。

在职业教育培训方面，美国及欧洲国家的高技能员工比例普遍在40%以上，部分超过50%，中国高技能员工所占比例约为这些国家的1/4~1/5。这对于中国制造业和服务业的未来具有决定性影响。表格中发达国家的技能诀窍排名与经济复杂性排名基本上相适应，经济发展可持续性强的德国和瑞典、芬兰等北欧国家尤其如此。而对技能诀窍的掌握程度又根本取决于员工的培训程度，从表2.1可以看出，那些技能诀窍掌握名列前茅的国家，其企业员工培训程度同样名列前茅，例如瑞士、瑞典、挪威、芬兰。中国不改变员工培训条件，必然会因为企业技能诀窍掌握不足影响产业竞争力和可持续发展能力。

表 2.1　　中国与全球技术领先国家的相关指标排名

	中国	德国	日本	瑞典	瑞士	挪威	芬兰	韩国	美国	英国
基本能力排名	62	29	9	31	28	13	8	26	22	54
大学以上文化人口比例（%）	8.4	26.4	50.7	27.9	28.1	35.9	43.8	43.9	31.5	32.6
劳动力发展情况排名	47	40	23	18	2	6	1	58	4	17
职业教育入学率（%）	42.1	46.8	22.9	43.7	65.7	50.1	71.3	17.7		42.7
高等教育毛入学率（%）	43.4	68.3	63.4	62.4	57.2	76.7	87.3	95.4	85.8	56.5
雇员培训程度排名	40	12	10	4	1	2	7	36	15	20
技能诀窍排名	44	7	19	3	1	6	2	25	13	10
高技能员工就业份额（%）	11.9	43.9	25.2	49.9	52.2	51.5	45.4	21.4	42.2	47.8
技能型员工可得性排名	41	12	29	20	7	1	2	28	5	23
经济复杂性排名	18	2	1	5	3	31	8	4	14	10

资料来源：世界经济论坛：《全球人力资本报告 2017》。

另一个值得高度关注的现象是，不少欧洲国家年轻人在接受大学教育之前，有相当比例先接受职业培训。例如，芬兰职业教育入学率为 71.3%，而高等教育入学率为 87.3%，这两者之间重叠范围很大，挪威、瑞士、德国、瑞典也是如此。这得益于这些国家的职业教育融入了整体教育体系，与各类工程技术学院、职业技术学院及成人继续教育系统有机衔接。这一方面为年轻人职业能力培养奠定了良好基础，尤其是对于掌握技能诀窍具有关键意义；可以看到，重叠程度高的国家，技能诀窍排名、雇员培训程度也排在前列。另一方面，由于存在继续学习提升空间，同时促进就业效果明显，职业教育对年轻人保持了良好的吸引力，这是相关国家职业教育体系得以健康、高效发展的关键原因。相比之下，韩国大学毛入学率位居全球前列，但职业技术教育覆盖面窄，导致高技能员工供给不足，加上员工培训程度落后于欧洲制造业强国，以及教育体系质量不理想（列全球第 68 位），由此形成了韩国与欧洲制造业强国的关键差距。这也是中国需要吸取的教训。

2. 中国教育的历史欠账过重

在中国劳动力构成中，初中及以下劳动力占绝对主体，2010 年比例高达 72%。初中及以下文化劳动力缺乏必要的在校专业能力教育，难以适应高科技背景的专业化岗位要求。

根据 2010 年第六次全国人口普查数据，在 15～60 周岁人口中，大专及以上文化占 10%，其中大专占 6%；本科及以上占 4%，其中研究生占 0.37%；高中文化占 18%，初中文化占 46%，小学文化占 23%，未上过学的占 3%（见图 2.1）。

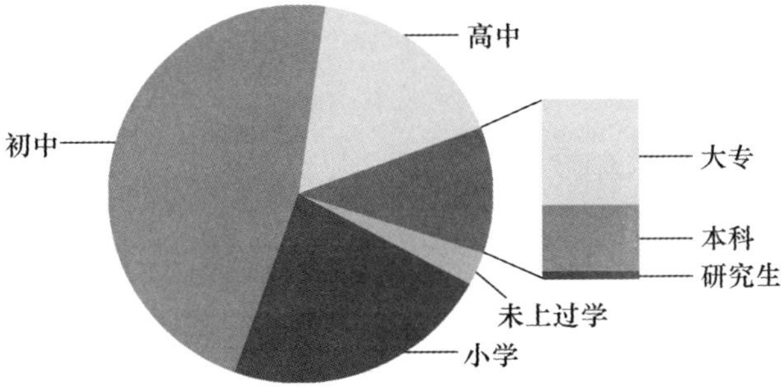

图 2.1　中国劳动力文化程度结构

资料来源：国家统计局网站第六次人口普查公布资料。

目前中国劳动力文化程度的分布格局表明，小学和初中文化劳动力所占比重过高，连同未上学人口合计占 72%，初中及以下文化劳动力占绝对主体地位，与发达国家以高中和大学文化为主体的分布结构形成反差。

在中国 2.6 亿城镇劳动者中，技工约占总数的 1/3，多数为初级工，其中技师和高级技师的比例仅为 4%，而德国、瑞士、北欧国家高技能员工比重超过 50%，属于典型的技师大国。早在 2004 年，中国东部沿海地区就已经发生“技工荒”，这说明劳动力素质与制造业需求脱节问题由来已久。缺乏高级技工和技师意味着研发创新成果的产业化应用缺乏关键支撑，导致科研成果的产业化应用程度低，产学研脱节，影响制造业的技术更新，制约产业结构升级。

发达国家的初中及以下劳动力所占比重普遍在25%以内，高中文化及以上文化占75%以上，大学及以上文化占30%以上，形成高中及以上劳动者占主体的劳动力分布结构。2014年，人均受教育年限较多的发达国家有：加拿大为14.6年，澳大利亚为14.4年，英国为14年，芬兰为13.5年，美国为13.4年，法国为13.1年，日本为11.1年，中国为9.1年。

总体而言，中国各地平均受教育年限处于较低水平。在大陆31个省市区中，截至2013年平均受教育年限超过10年的只有北京（12.03）、上海（10.56）、天津（10.54）、辽宁（10.11）。

从区域分布看，东部地区省份人均受教育年限高于中西部地区，但差距不大，总体较低。这种结构客观上有利于推动低技能要求的劳动密集型技术传播扩散，但对原创性的技术研发及其产业化应用缺乏支撑作用。人力资本通过影响全要素生产率TFP的增长率来影响经济增长，具体通过促进TFP的收敛效应实现，而技术进步的带动作用受此制约。

中国于1986年开始实行九年制义务教育，覆盖初中阶段，为之后的工业化进程发挥了基础作用，也决定了现阶段人均受教育年限基础。在30年之后的今天，九年制义务教育与经济发展要求的不适应性日趋突出，需尽快完善。

发达国家的主流劳动力普遍具有高中及以上文化程度，大学生蓝领工人日趋普遍。从全球教育发展趋势看，加强人力资本投资推动教育发展已成为诸多国家的重要共识，不但发达国家的大学毛入学率继续攀升，诸多发展中国家也在加大教育投入，并取得显著成效（见表2.2）。

表2.2　各国大学毛入学率变化

国家和地区	1990年	2014年	国家和地区	1990年	2014年
美国	70.8	95.3	匈牙利	14.7	60.3
韩国	36.9	95.3	瑞士	25.5	56.3
芬兰	44.5	93.1	罗马尼亚	8.4	55.6

续表

国家和地区	1990 年	2014 年	国家和地区	1990 年	2014 年
加拿大	90.1	90.4	泰国	15.9	52.1
白俄罗斯	48.8	88.9	哥伦比亚	13.9	51.3
西班牙	35.6	88.3	哈萨克斯坦	39.4	48.5
澳大利亚	35.1	87.6	吉尔吉斯斯坦	26.9	46.7
丹麦	34.1	83.5	亚美尼亚	23.2	46.6
乌克兰	48.7	82.3	秘鲁	30.1	42.5
新西兰	39.4	81.2	古巴	21.1	41
土耳其	13.2	80.3	马来西亚	7.2	39.5
荷兰	35.1	80.2	菲律宾	24.6	35.8
奥地利	32.6	80	中国	3	32.6
委内瑞拉	26.8	78.5	印度尼西亚	8.4	31.3
俄罗斯联邦	55.1	78.2	墨西哥	15.1	30.6
爱沙尼亚	24.8	74.5	越南	2.8	30.5
比利时	38.4	73.3	塔吉克斯坦	22.1	24.5
爱尔兰	27.4	73.3	印度	5.9	24.2
波兰	20.4	72.3	阿塞拜疆	23.3	23.2
保加利亚	26.2	70.9	洪都拉斯	8.9	21.2
中国澳门	29.5	69.4	南非	11.9	20.2
葡萄牙	20	68.6	柬埔寨	0.6	18.9
瑞典	30.7	68.1	老挝	1.1	17.3
以色列	33.6	66.3	尼泊尔	5.2	15.8
捷克	16.2	65.4	缅甸	5	15.6
法国	36.9	63.2	孟加拉国	4.1	13.4
日本	29.7	62.3	巴基斯坦	3.1	10.4
英国	26.5	60.3	土库曼斯坦	12.2	8

资料来源：根据世界银行网站公布的数据整理。

从表 2.2 可知，1990～2014 年，中国的大学毛入学率提高了 29.6 个百分点，发达国家、欧洲、南美、东南亚等地发展中国家的高等教育事业也在迅速发展。例如，土耳其提高了约67个百分点，委内瑞拉提高了近51个百分点，泰国提高了约36个百分点，乌克兰提高了约34个百分点，越南提高了约28个百分点。在发达国家中，韩国提高了约58个百分点，西班牙提高了约52个百分点，葡萄牙提高了约48个百分点，瑞士提高了约37个百分点。

中国自2000年前后大力推动高等教育发展，2013年之后开始提速，2014年的大学毛入学率为33%，接近世界平均水平；2017年达到43.4%，与领先国家相比，差距仍然非常大。发达国家大学生毛入学率多数在60%以上，芬兰、美国等地已经超过90%，韩国早在2010年就达到99.6%，中国与之差距仍然非常大。这些意味着未来劳动力素质差距。

3. 发展趋势仍不乐观

按现有趋势递推估计，到2035年中国基本实现现代化，中国20~64岁人口的小学、初中、高中、大学的比例预计为10∶46∶24∶20，意味着初中及以下文化劳动力仍占半数以上，与发达国家差距仍然非常大；到2050年，中国预期建成社会主义现代化强国，但按现有趋势递推，中国20~64岁人口的小学、初中、高中、大学的比例预计为7∶37∶29∶27，初中及以下文化比例仍接近半数，大学文化比例过低。根据世界银行的趋势递推分析，到2035年及2050年，多数发达国家20~64岁人口的大学文化比例将超过45%、55%。中国如果维持现有劳动力发展格局，则与领先国家的差距会进一步扩大。具体见表2.3。

表2.3　相关国家20~64岁人口大学生占比发展趋势

国家	2015年	2035年	2050年	国家	2015年	2035年	2050年
新加坡	62	84	87	马来西亚	22	37	48
韩国	44	68	77	秘鲁	26	34	41
爱尔兰	52	67	75	丹麦	26	34	39
日本	50	64	74	瑞士	25	33	40
比利时	42	56	64	波兰	23	31	36
瑞典	40	52	58	以色列	31	30	33

续表

国家	2015 年	2035 年	2050 年	国家	2015 年	2035 年	2050 年
挪威	36	49	55	智利	18	27	35
法国	32	48	58	泰国	16	27	37
芬兰	43	47	50	俄罗斯联邦	22	25	30
沙特阿拉伯	30	46	58	葡萄牙	16	24	31
菲律宾	35	46	54	墨西哥	17	22	30
新西兰	37	45	51	缅甸	13	22	30
美国	37	44	49	阿根廷	15	22	28
德国	34	44	51	意大利	14	21	28
英国	31	42	49	中国	11	19	27
奥地利	30	42	51	罗马尼亚	15	18	20
荷兰	30	39	45	印度	11	16	21
西班牙	26	38	49	巴西	12	16	21
希腊	26	37	47				

资料来源：根据世界银行网站公开数据整理。

加强人力资本投资是全球发展趋势，各国普遍重视推行义务教育，并完善职业教育培训体系。中国劳动力素质落后是长期现象，若只是亦步亦趋，而不实行有针对性的追赶战略，这种落后局面还将存在很长时间，制约中国经济竞争力提升。

（四）综合判断及结论

1. 劳动力素质重要性日益凸显

从前面比较分析可以看出，中国经济社会经过改革开放 40 年的持续发展，经济总量及市场规模已经取得长足发展，带动了综合经济实力提升，由此促进了基础设施建设和研发投入，改变了这两个领域的长期落后格局。与此同时，政府治理能力得到持续提升。综合比较技术、资本和劳动力在经济增长中的关键作用，需要高度重视劳动力素质的战略意义。

2. 低素质劳动力是比较劣势

中国在人力资本发展水平落后的格局下启动改革开放，迅速推进乡镇工业化和外向产业发展，但受制于国家财政能力，对教育体系投入相对有限。从1986年实行九年义务教育至今，中国劳动力供给格局由此形成，内在惯性较强。加上中国的企业在职培训缺乏规范学徒制模式，导致初中毕业的年轻人进入工作岗位之后缺乏职业能力提升保障。初中文化劳动力缺乏职业教育，在国际上属低素质劳动力。这导致中国劳动力队伍结构长期落后，高中以上劳动力严重不足，尤其缺乏专业化高能力的员工，严重影响了产业转型升级。

3. 存在基于低素质劳动力的内生风险

尤其需要重视的问题是，经济的长期可持续发展建立在生产项目效益的基础上，而低素质低能力劳动力会与低技术形成均衡，不但影响产业竞争力，更影响投资效益。在工资、土地、能源等生产要素成本上升的情况下，企业的生存压力必然加大，只能依靠加大投资力度促进经济增长，造成负债攀升，必然形成低效益和高投资、高负债、高风险的内在循环。

4. 不适应创新发展要求

根据国家的现代化路径，从最初的依靠资源要素驱动经济增长，到投资驱动经济增长，再到创新驱动，需要劳动力队伍及时提升整体素质，以适应经济增长方式的转变。初中及以下文化劳动力占主体的劳动力结构，与创新型国家以大学文化为主流的要求存在着巨大差异，很难发展成为创新型国家，为此必须采取切实措施扎实有效改善劳动力结构。尤其值得警醒的是，按照中国发展预期，中国将在2035年初步实现现代化，到2050年前后建成现代化强国，但按现有劳动力培养体制，初中及以下文化占主体格局仍将继续维持，劳动力总体素质将在很长时间内继续成为现代化发展的战略短板。

二、劳动力素质短板形成战略瓶颈

劳动力是推动经济发展的基础条件。持续提升劳动力素质是经济长期可持续增长的必要条件。在全球普遍提升劳动力素质的趋势下，这一问题显得尤为关键。回顾过去 30 多年历史，国民教育发展滞后的国家，包括菲律宾、墨西哥、南非、印度、洪都拉斯、印度尼西亚、缅甸、孟加拉国、巴基斯坦、越南、老挝等国，其经济发展速度明显滞后。作为必要条件，仅仅依靠提升劳动力素质未必能够保证经济持续繁荣稳定；但不着力持续提升劳动力素质，则必然难以维持经济的持续增长。

在中国的人力资本分布结构中，由于小学和初中文化的劳动力占大多数，对经济存在长期性的不利影响，缺乏经济增长所急需的高素质劳动力，甚至缺乏技工。中国劳动力的总体素质及结构分布对经济持续快速发展支撑不足，制约了产业结构转型升级，对经济发展存在基础性负面影响；若无根本性措施，其影响将日趋加深。

中国在经济发展水平、劳动生产率、技术研发、劳动力素质等方面与北欧、德国、英国、美国、日本等现代化发达国家存在较大差距。除了制造业，在现代服务业尤其是生产服务领域也存在较大差距。根据国际货币基金组织 2017 年统计，中国人均 GDP 为 8643 美元，列全球各国第 69 位，不到瑞士的 1/9，相当于美国的 1/7、德国的 1/5。根据国际劳工组织数据，按 2005 年不变价，中国 2015 年单位劳动产出为 7318 美元/人，而世界平均为 18487 美元/人，美国、日本、欧元区的该数值分别是 98990/人、76068/人、68631/人，中国比发达国家落后一个数量级。根据联合国教科文组织公布的 2013 年数据，中国每百万人中的科研人员数量为 1089 人，全球平均为 2852 人，韩国为 6457 人，日本为 5201 人，德国为 4472 人，英国为 4055 人，美国为 4019 人，这方面的差距也相当大。

低素质劳动力占主体导致了低素质劳动力与低技术的耦合格局，使相关加工制造业处于价值链分工的低端，与发达国家的技术差距较大。新一轮技术革命对劳动力素质提出了更高要求，但中国的低素质劳动力并不能很好地适应新形势要求，制约技术进步和产业升级，成为战略瓶颈。

（一）中国低素质劳动力处于价值链分工的低端

1. 低素质劳动力与低技术制造业的低端耦合

在中国，虽然新增劳动力以高中以上文化为主，但小学和初中文化劳动力在数量上仍然超过70%，占据绝对主体地位。在过去30多年的改革开放中，中国已经形成了从事低技能劳动密集型产业的整体布局，地方层面的产业布局也逐步与之相应。

同时，全球化的垂直分工和生产流程细化、生产环节整合，导致技术密集型、资本密集型行业形成大量技能要求不高的劳动密集型加工组装环节。例如，苹果手机的加工组装环节。这类普通劳动力需求与中国现有基于大量低技能劳动供给的社会化生产体制相契合，也导致中国在参与全球垂直分工过程中，形成对中低素质劳动力的大量需求。

尽管各界对转变经济发展方式早已形成共识，但过去10多年里进展并不顺利，原因在于经济发展模式存在很强的内在惯性。中国的低技能廉价人力资源优势在改革开放的最初30多年成为推动经济持续增长的巨大动力，对经济发展模式的影响渗透到各个层面，多数行业主体部分与现有劳动力素质相关，形成相互依赖关系。这种格局存在自我强化趋势，低素质廉价劳动力的充裕供给成为人力资源禀赋优势之后，使产业演进更加依赖低素质廉价劳动力。这种产业发展模式缺乏长期可持续发展能力，也缺乏持久的国际竞争优势，在劳动力成本上升之后尤其如此。如果不及时提升劳动力素质，产业国际竞争弱化为势所必然。

2. 代工模式依赖技术转让

在改革开放启动之后的20多年，来料加工在一些南方沿海省份占出口比例曾一度高达80%左右。由于发达国家跨国企业控制关键核心技术，这类企业处于价值链低端。在宏观层面，随着国际贸易份额扩大，我们曾期望提升出口产品在国内加工制造环节的增值比例，包括发展自主核心技术，在国际分工中形成新的比较优势；希望出口领域从劳动密集型产品向技术和资本密集型产品转型，通过产业持续升级，推动国际分工地位向全球价值链高端环节提升。但能否通过参与国际分工获得先进知识和技术，能否通过技术溢出和学习、吸收、转化推进模仿和自主创新，能否实现关键知识积累、核心技术创新和实现产业升级，都取决于生产加工企业的技术创新能力。

缺乏自主核心技术的来料加工企业容易陷入低端锁定。这类企业因缺乏自主核心技术及研发基础，在全球分工中处于被动地位，在价值链低端从事低附加值的加工制造环节，仅能获得微薄利润。跨国公司则以收益最大化为导向，凭借在产品研发、设计、营销等环节的优势地位，在全球价值链占据高端地位，控制生产分工，决定价格。生产加工企业因缺乏核心技术和营销网络，只能被动面对跨国企业的核心技术封锁和隔离。

这类企业要提升自身在价值链中的地位，面临诸多现实障碍。原因在于：首先，跨国企业倾向于封锁核心技术，维持与加工企业技术落差，维护自身在价值链中的高端地位。其次，加工企业的技术创新能力不足，摆脱代工模式的难度很大。再次，随着相关行业的技术交叉集成趋势强化，技术创新已成为系统行为，需要外部创新环境和行业生态基础。最后，在全球分工模式下，代工企业越来越集中在少数生产环节，通过规模经营获利，很难进入价值链高端的终端产品贸易环节。总之，加工企业要通过技术进步提升在价值链中的地位并非易事。

不掌握核心技术，加上劳动力素质偏低、产品增值有限，导致缺乏谈判能力，低端加工制造业务只能获得较低回报，在跨国公司控制的价值链中处于弱势地位。这种低端锁定状态下生产加工企业的利润微薄，只能通过持续推进产能扩张实现利润增长，风险很大；从长远看存在战略危机。随着劳动力成本逐步上升，基于低素质劳动力的薄利多销竞争模式存在不可持续性。

总之，基于廉价劳动力的生产加工缺乏自主核心技术支持，很难形成可持续竞争优势，面临多种不利因素挑战，不适合作为长期战略。

3. 面临发展中国家的同类竞争

中国在过去30多年依靠充裕的劳动力供给形成了庞大的加工制造业体系，然而这种状况存在长期不确定性。中国出口企业多数从事劳动密集型的加工制造环节，因不掌握核心技术，不控制整体生产、销售进程，以接受生产订单为主，处于价值链低端。相关发展中国家的配套生产体系正在逐步形成，中国加工制造环节面临向其他发展中国家转移的趋势。事实上，中国自改革开放之后形成配套生产体系只花了20多年。自2000年后大量新兴国家正在复制中国的开放模式，这种产业转移趋势已持续多年而且在逐步强化，对此要引起足够重视。

印度、越南、印尼等一些人口基数较大的发展中国家在消费品生产领域具有劳动力成本优势。随着中国劳动力成本逐步上升，若劳动力素质得不到有效提升，则中国消费品出口将面临来自大批发展中国家的有力挑战。中国出口的重点领域在消费品行业，这种挑战带有根本性。在资本品领域，中国若不能形成基于自主核心技术创新的技术进步机制，则不但与发达国家的竞争面临被动格局，与发展较快的发展中国家竞争也将面对诸多不确定性。

（二）中国与世界制造业强国的差距仍然较大

1. 出口优势主要与劳动力密集型行业相关

中国制造业国际比较优势集中在消费品领域。资本品的出口优势反映在家具办公、通讯设备、金属制品等行业，但机械设备、精密仪器等行业国际竞争优势有待增强，核心零部件环节竞争力有待提升。按技术层次划分，中国半成品出口优势集中在低技术产品领域，制造加工的附加值低，零部件出口优势依托资源型和低技术。中国高技术产业出口基于外资企业参与和核心零部件进口，竞争优势并非广泛建立在自主核心技术基础上，获取的附加值也相对有限。中国在资本品和消费品领域形成的竞争力有相当部分来自外资企业贡献。外资企业更具技术和国际营销渠道优势，往往是跨国集团的有机组成部分，受总部控制，技术溢出与扩散模式与本土企业不同，与本土企业的技术关联小。

这些情况均表明，中国制造业的国际竞争优势主要与劳动密集型产业相关，集中在附加值较低的最终消费品阶段；高技术产业比较优势从整体上看不明显，在附加值较高的零部件制造行业缺乏优势，关键零部件严重依赖进口，直接抬高制造成本，削弱了利润。

2. 与全球领先国家的结构性差距较大

图2.3表明，自从加入WTO之后，中国出口快速增长。2014年与2000年相比较，工业制成品出口增长7.8倍，其中高新技术产品出口增长12.53倍，初级产品增长9.53倍。高新技术产品占工业制成品出口的比重从22.3%提高到34.2%。但从结构看，中国与制造业强国之间存在较大差距。发达国家中间产品、资本品国际竞争力较强，属于高附加值领域。韩国、日本、德国大部分初级产品依赖进口，资本品、零部件类中间产品的净出口比重较大。这反映了发达国家在制造业领域的技术优势。

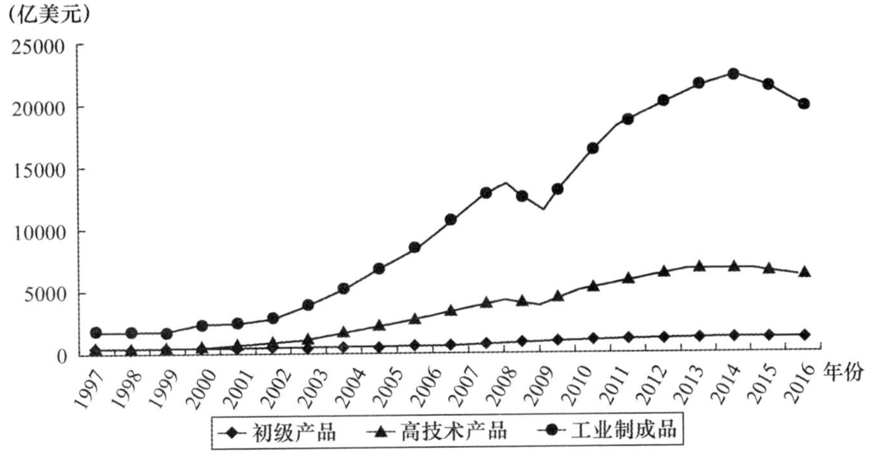

图2.3 中国历年出口产品结构比较

资料来源：《中国统计年鉴2017》。

就制造业整体而言，中国在全球价值链的地位有所上升，但中间产品零部件领域与德国、日本等制造业强国的差距明显，这是问题所在。发达国家在零部件领域的优势与掌握核心技术有关，相关制造能力和水平反映了核心技术水平。

关键零部件生产的附加值最高，处于价值链高端，但需要以掌握核心技术为基础。中国资本品出口竞争力与德国、日本、韩国等的差距在缩小，但仍有很长的路要走。

（三）低素质劳动力制约技术进步与产业升级

1. 低素质人力资本影响技术进步效应发挥

人力资本导致经济发展差距。郭庆旺等（2005）发现中国各省份 1979 ~ 2003 年间，全要素生产率增长和技术进步率整体较低。东部地区全要素生产率增长和技术进步显著，效率提升不明显；中、西部地区的全要素生产率增长、技术进步和效率提升均不明显。相关实证研究表明，中国东部地区的高等教育人力资本对生产率增长产生显著促进作用，初等教育和中等教育人力资本的促进作用不显著。中部地区中等教育的影响力度最大。不同教育水平人力资本对技术进步影响类似。

劳动力资源存在结构性问题，即受教育程度低、缺乏专业技能的初中及以下劳动力占绝大多数，企业急需的高技能劳动力长期短缺，制约了产业结构优化，影响投资效率改善。

根据统计数据，中国推进产业结构转型从 1995 年开始的最初 10 年里，高新技术产业的技术进步效应并不明显，在通信设备、计算机等领域也是如此。原因在于这个阶段中国相关行业技术进步主要依靠模仿引进，而非自主研发，研发投入占销售收入比重整体低于发达国家水平，缺乏自主核心技术支撑，专利费用透支生产厂家利润，诸多生产厂家赚取微薄的加工组装利润。这种格局又进一步削弱了厂家研发投入能力，过度偏重近期效益，基础研究、技术创新整体偏少，整体缺乏长期竞争力。

在信息设备市场，国产设备的核心元器件如 CPU、内存等至今依赖进口。从出口结构看，高新技术产业领域多数出口厂商从事组装加工业务，处于价值链低端。一方面行业的销售规模快速增长，另一方面行业利润率偏低，效率增长滞后，行业规模扩张主要来自于新增劳动力的贡献。

由于缺乏自主核心技术支撑，关键技术缺乏竞争优势，中国高新技术产业的总量指标特别是出口指标，很难代表中国高新技术的技术进步和产业地位，多数中国企业缺乏基于自主创新、自主核心技术的竞争优势。新技术产业化同样缺乏高素质技术工人支撑。这意味着双重困境：一方面导致局限于低附加值组装加工领域，另一方面导致难以推进新技术产业化。

推动技术密集型产业发展的关键在于加强人力资本投资、支持本土厂商的研发工作。其中，推动中国技术密集型产业发展的关键动力在于人力资本投资，包括高素质的科技研发人才和专业技术工人。这是推进技术创新、实现技术突破、发展自主核心技术的关键。技术投入将产生乘数效应，使科技成果能渗透到生产环节各方面，优化生产方式，提升产品的附加值。但整体而言，实现这一过程需要在转化应用环节提供足够的专业化高技能人才，例如各类技师特别是高级技师。

2015 年中国研发经费投入强度（研发经费与 GDP 之比）为 2. 10%，在总量上超过了日本、德国，仅次于美国，在基础研究领域取得了一系列突破性进展。规模以上全部工业企业研发经费占工业总产值的 0. 85%。从图 2. 4 可以看出，中国研发投入占 GDP 比重已经超过了金砖五国的其他国家，也超过荷兰、挪威、加拿大、英国、爱尔兰、新西兰、葡萄牙、意大利、西班牙等西方发达国家，但与韩国、以色列、日本、芬兰、瑞典、丹麦、瑞士、德国、奥地利、美国等高科技产业支撑的发达国家相比，差距还很明显，比例不到韩国、以色列的一半。主要原因在于企业特别是高新技术企业研究与发展经费占总产值的比重偏低。上述技术领先国家高技术产业研发经费占产值的比重普遍在 10% 以上。其核心问题在于高技术研发成果的产业化水平。

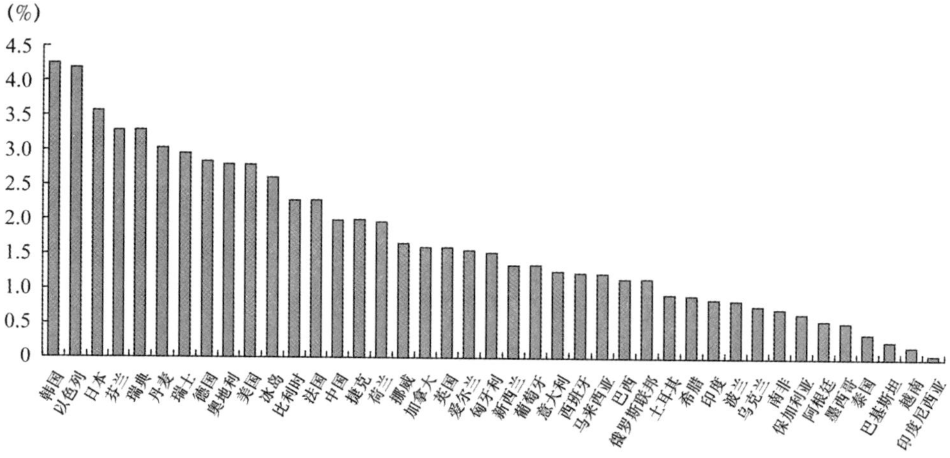

图 2.4　各国研究与发展（R&D）投入占 GDP 比重

资料来源：世界银行网站数据库。

中国劳动力结构的落后格局得不到根本改变，高新技术的产业化会面临诸多障碍。没有高技能的专业化技术工人，先进技术发明和创造很难应用到具体的生产工艺流程，难以转化为实际产能，也很难转化为高品质产品。以医药化工为例，新的技术配方不经过小试、中试环节，不可能实现规模化生产；没有高能力专业技术工人支持，仅靠科学家很难完成这些过程。

2. 技术转移受劳动力素质影响

国内一直努力推动经济发达省份的劳动密集型产业向欠发达地区转移，促使落后地区提高生产率，以实现追赶发达地区的目标。但是，承接技术转移和扩散并不等于自身发展能力得到加强。经济落后地区通过产业转移，实现对发达地区低成本技术模仿，从而推动经济发展，其具体效果取决于当地人力资本水平。

从地区差异看，区域经济发展差距拉大的原因在于人力资本差距。蔡昉等（2002）发现①，人力资本存量高的地区经济增速较快，人力资本对长期

① 蔡昉、德文、都阳、王美艳：“技术效率、配置效率与劳动力市场扭曲——解释经济增长差异的制度因素”，《经济学动态》2002 年第 8 期，第 32 ~ 37 页。

经济增长起重要作用。增加教育投资是缩小地区差距的重要举措。邹薇（2003）的内生经济增长模型表明[①]，人力资本差异是导致不同国家和地区经济增长差异的重要原因之一，也是导致中国在改革开放不同阶段投资率、经济增长率差异的重要原因。

外资技术水平也受制于当地劳动力素质。在宏观层面，颜鹏飞和王兵（2004）发现[②]，为发挥外资对全要素生产率和技术进步的促进作用，需要提高教育水平，增加人力资本。赖明勇等（2002）发现[③]，中国引入的劳动密集型外资主要与较低的人力资本存量相适应，但从长远看，较低的人力资本存量又制约了外商投资产业的结构调整升级。王艳丽和刘传哲（2006）[④]、林可全和周怀峰（2011）[⑤] 证实，外资与中等教育人力资本耦合，人力资本水平决定技术的溢出程度，涉及技术溢出速度、渠道、吸收能力等方面。林可全发现，在外国直接投资全面发展阶段，单纯依靠增加物质资本投资已不能实现经济可持续增长，中等教育对经济增长的贡献程度在下降，需要发挥高等教育对经济增长的重要贡献。

在不少资本密集型行业，本土企业处于主导地位，但要素投入的效益不高，外资对相关行业技术进步的推进作用不明显。关键原因是在一些竞争充分的行业，由于规模门槛较高、资本回报低，对外资缺乏吸引力。外资引入先进技术和工艺、设备的投资风险较大，而且与本土企业相比不占优势。

外商有技术优势的行业，对提升当地行业的技术水平的实际帮助有限。

---

① 邹薇、代谦："技术模仿、人力资本积累与经济赶超"，《中国社会科学》2003 年第 5 期，第 26 ~ 38 页。

② 颜鹏飞、王兵："技术效率、技术进步与生产率增长：基于 DEA 的实证分析"，《经济研究》2004 年第 12 期，第 55 ~ 65 页。

③ 赖明勇、包群、阳小晓："外商直接投资的吸收能力：理论及中国的实证研究"，《上海经济研究》2002 年第 6 期。

④ 王艳丽、刘传哲："人力资本与 FDI 技术溢出——来自中国的证据"，《统计与决策》2006 年第 17 期，第 86 ~ 87 页。

⑤ 林可全、周怀峰："人力资本结构差异、技术吸收能力与广东经济增长——基于转轨过程中外资政策转变的视角"，《中央财经大学学报》2011 年第 2 期。

相反，容易形成技术垄断，挤占本土厂商发展空间。原因在于，外资厂商的目的在于实现效益最大化，而非技术高级化。在当地劳动力素质整体偏低的情况下，出于成本效益考虑只会选择与劳动力素质匹配的技术，而非选择最先进技术，在跨国企业的全球生产布局中被锁定在中低端。没有劳动力素质的整体提升，期望外资厂商持续升级技术或者带动本土厂商实现技术进步都不现实。

3. 劳动密集型制造业转型升级滞后

随着产业结构调整，中国制造业的重心向资本品和耐用消费品转移，加工程度不断提高，资本和技术成为产业升级的重要推动力，技术密集型制造业更具吸引力，并集聚更多资源，人力资本的作用日显重要。

在劳动密集型制造业的内部结构中，纺织服装、食品饮料、木材家具等典型劳动密集型行业市场趋于饱和，低端领域的产能过剩，对市场资源吸引力下降，转向通过兼并重组等方式进行结构调整。

在技术进步推动下，劳动密集型制造业的竞争依托由廉价劳动力转向高素质的专业化劳动力，但中国长期存在“技工荒”现象。随着劳动力成本整体持续上升，初中及以下低技能劳动力成本优势不复存在。这些导致低技能要求的劳动密集型制造业失去竞争力，高技能要求的劳动密集型制造业受制于劳动力供给不足。

由于中国劳动力存量巨大，进一步发展提升劳动密集型产业仍然是不可回避的历史任务，但不能再依赖低技能劳动力支撑廉价竞争模式，这已失去国际比较优势，因而需要发展高技能劳动密集型制造业或其他存在高技能需求的服务业，形成新的国际竞争优势。

但在现实中，要实现上述转型并非易事。外资企业的技术水平整体高于内资，但外商投资的目的是利用当地低素质劳动力，因此投入的是低增值的低端生产环节及其设备，技术转移、扩散的实际效果有限，也难以通过“干中学”培养出专业化的熟练技术工人。

从技术演进角度看，就本土企业整体而言，受自身技术水平制约，大多处于充分竞争行业，处于价值链低端环节，利润有限，难以支撑大规模持续研发投入。在此格局之下，往往依赖追加物质资本投入推动产能扩张。这种模式难以改变在国际分工的低端地位，向高附加值分工环节拓展的难度很大，由此阻碍结构调整。随着中国劳动力廉价优势丧失，对劳动技能要求低的加工制造业必然向更具廉价劳动力优势的国家转移，潜在冲击不可忽视。

在具体行业，中国技术密集型制造业在最近几年的发展领先于纺织、服装、鞋类等传统劳动密集型行业，但发展并不平衡。医药、传统设备制造等行业发展相对滞后，石油化学、电气机械和计算机通信等行业发展较快（见图2.5）。消费结构升级推动了对IT产品需求的快速增长，加上传统产业的信息化改造，形成对信息技术和信息产品的巨大需求，刺激各类资本进入信息科技领域。信息设备产业已成为引领技术密集型制造业发展的关键行业，对经济发展具有重要拉动作用，刺激了对高端制造和高技术消费品生产的产能需求，推动制造业结构积极变化。在高端精密机械设备制造行业，高技能技术工人发挥关键作用，但高技能人才严重短缺。

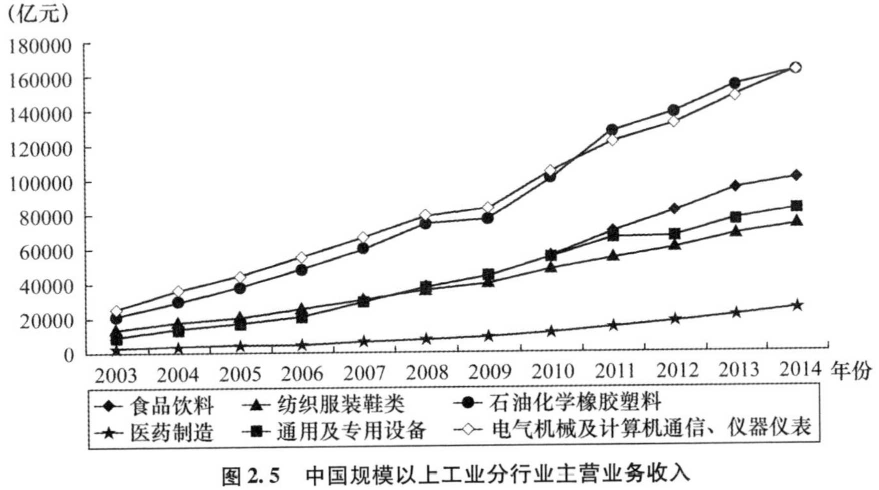

图2.5　中国规模以上工业分行业主营业务收入

资料来源：国家统计局网站公布的年度数据。

第三章

推进现代化需要高素质专业化劳动力

一、劳动力素质影响技术进步

一般而言，后发国家的技术进步将会经历引进模仿、局部创新、自主研发这几个阶段。其技术进步成效与人力资本积累水平直接相关。劳动力素质直接影响技术进步成效，涉及技术模仿、吸收、创新、扩散能力。

在经济全球化过程中，经济可持续发展的动力来自于持续的技术进步。提升劳动力整体素质是顺利推进技术进步和产业结构升级的必要条件，是关键基础。高素质专业化劳动力对技术选择、技术升级路径、技术创新能力、技术扩散效果等方面产生决定性影响。

在技术领先国家，由于高素质劳动力供给得到保障，技术进步是利润激励的结果，因而技术进步和经济增长是内生现象。人力资本积累水平低的国家和低素质劳动力占主体的国家，在引进模仿、局部创新阶段面临诸多困难，在自主研发技术产业化应用转化环节更会面临障碍。原因在于技术模仿、吸收、创新、扩散都需要高素质劳动力发挥基础作用。除了需要接受过高等教育的人才在研发环节发挥核心作用，也需要具有较高专业化职业能力的技术工人在生产环节发挥基础支撑作用。人力资本积累水平高的国家，每万人拥有大学生、技师等数量多的国家，在局部创新、自主研发方面具有优势。

从高素质劳动力的组成看，既包括大学以上学历人员，也包括具有较高专业能力的中等学历人员，例如职业技术学校毕业生等。一般而言，普通高中毕业生经过职业教育培训，容易形成较高专业职业技能。初中文化的普通工人，经过系统的在职培训，获得中级以上职业等级证书，也可以在此基础上培养较高的专业职业技能；但不经过培训则是低素质劳动力。

（一）技术选择

从动态角度看，技术进步与劳动力素质的整体提升之间存在相互影响的机制。在这种影响机制之下，有可能形成“高技术－高素质劳动力”的均衡，也可能形成“低技术－低素质劳动力”的均衡，劳动力整体素质起关键作用。在劳动力与技术水平、投资之间，存在综合均衡机制。对企业而言最优方案并不是最先进技术，而是劳动力能适应的技术。低技术意味着利润有限，为满足资本回报率要求，会倾向于通过高负债扩大产能规模。这意味着更高的财务风险，在市场竞争加剧阶段尤其如此。

1. 劳动力低素质导致低技术定位

一个国家缺乏高素质劳动力，高专业技能人员所占比重偏低，则对厂商而言，选择适合低技能劳动力的技术更能获得成功。选择生产设施时，厂商会选择适合低技能劳动力的生产线。厂商一旦选择对员工职业技能要求较高的生产设施，则必然面临高素质专业技术工人招聘难问题，影响正常生产。高素质专业技术工人属于稀缺资源，是同行争取对象，流动性较大，厂商面临如何稳定技术工人队伍的问题。如果厂商选择对工人技能要求高的技术，则生产成本和风险将偏高，面临两难处境：若企业自行培训生产工人，将面临工人的流动性问题，培训投入会随着工人流动而出现损失；若从社会上招聘，在劳动力市场难以招到足够多的符合要求的工人，工资成本偏高，导致企业经营模式缺乏竞争力。因此厂商在高技能劳动力供给不足的情况下，倾向于选择适合低技能劳动力的技术和设施。

不改变劳动力供给结构，这种情况必然具有普遍性，意味着劳动力队伍的技能整体偏低，阻碍技术升级，通过技术扩散促进经济增长面临内生制约。原因是低素质劳动力对生产规范和要求缺乏适应能力，对技术原理和生产规律的理解能力不足。即使国家鼓励企业引进先进技术和生产设施，若不能根本上解决高素质专业技术工人的供给不足问题，生产情况也将难以达到预期效果，导致经营风险上升。

2. 人力资本积累不足与低技术相互强化

在劳动力素质整体偏低的条件下，企业倾向于通过模仿形成生产能力。基于低素质劳动力的“干中学”存在低技术固化倾向，效果有限，反而强化技术进步的障碍。通过模仿易于形成生产能力，但难以掌握关键技术。在技术模仿过程中，企业倾向于引进成熟工艺和设备，以降低风险和成本；倾向于迅速形成生产能力，不求掌握关键技术。

在此基础上的研发创新需要高素质专业技术工人。由于工人的知识技能更新需要具备诸多条件，并非一蹴而就；同时，在缺乏足够多掌握新知识、新技能的高素质专业技术工人的情况下，基于先进技术的自主技术创新活动缺乏必要支撑，使技术创新进程面临障碍。因此人力资本积累不足导致技术升级缓慢，成为制约技术能力的关键障碍。

如果缺乏足够的政策干预，这种人力资本低积累和技术进步缓慢推进的格局将表现出相互强化的趋势，即人力资本积累不足导致技术进步缓慢，选择低技术的生产制造业成为理性选择；而低技术生产制造的广泛推行，形成对低素质人力资本的需求，雇佣低素质劳动力即能满足生产需求，更能够控制工资成本。

（二）技术升级路径

人力资本积累水平存在“门槛效应”。人力资本积累水平达到一定程度，企业自主研发能实现投资效益的最大化；人力资本积累小于特定水平时，“干中学”是现实选择。在发展中国家还表现为，只有人力资本积累达到一定水平之后，才能有效吸收国外先进技术。

1. 技术进步要求增加高素质劳动力供给

经济发展是技术、资本、劳动力综合作用的结果。经济发展伴随着技术进步。经济发展早期阶段对技术层次的要求不高，相应的对劳动力素质要求不高，低技术和低技能劳动力形成耦合。随着经济发展，技术进步伴随着资本积累，导致生产环节对高技术工人的需求增加，先进生产设施对工人的技能提出更高要求，只有高素质专业技术工人与先进生产设施形成最优组合，才能实现生产效率的最大化。例如随着生产自动化程度提高，先进生产设施中隐含大量技术信息，对工人技能要求提高，机器对低技能劳动力替代程度逐步提高。在人力成本上升因素作用下，常规操作环节的工人逐步被自动化机器设备替代，导致企业内部低技术的重复性工作岗位大量减少。自动化程度越高，低技能岗位越少。这是现代化进程中的常见现象。如果高素质专业化劳动力供给不足，必然会制约技术进步。

技术进步和资本积累要求形成先进技术与技术密集型的投资模式、高素质劳动力这三者的均衡。在经济发展到一定阶段后，需要将全社会劳动者素质提升到新水平，使高技能劳动力占绝大多数，以提高投资回报率。

以工业化进程为例，工业化发展和高素质劳动力彼此相生。在工业化初期，通过简单工业技术吸收农村低技能廉价劳动力；在工业化中后期和城市化过程中，对劳动力受教育水平和人力资本积累的要求不断提高。

如果高技能劳动力占主体，则厂商会选择具有较高职业技能要求的先进生产技术。原因在于：一方面，选择先进生产技术意味着更高的产品品质，有助于提升产品内在价值。另一方面，在高素质技术工人数量充足的情况下，厂商之间无需大量互挖熟练技术工人，其流动性不高；即使出现关键岗位技术工人流失，也很容易通过内部调配或通过劳动力市场及时补充，技术工人流失风险可得到有效控制。技术工人数量较多，意味着优质劳动力供给充沛，其平均工资成本与高技能劳动力供给不足的情况相比，相对较低。

2. 较高人力资本积累水平决定技术进步的技能偏向

较高的人力资本积累水平与技术进步的技能偏向相互强化。企业技术水平是机器和高素质专业技术工人的综合体现。其中，技能偏向的技术进步（SBTC）假说得到普遍认同，也得到实证研究支持。该假说认为，技术进步和新技术的应用增加了对高素质劳动力的相对需求，只有劳动力具有更高素质水平和教育程度，才能应用新型技术设备进行生产。过去60年里存在明显的技能偏向的技术进步。自20世纪70年代起对高素质劳动力的需求加速，在信息技术领域表现得尤为典型，导致80年代中期以来美国等发达国家高素质工人和低技能工人工资差距拉大。技能偏向的技术进步是80年代后期以来，发达国家对高素质劳动力的需求普遍增加的主要原因。信息技术和组织变革结合时，对劳动力需求影响更大，不利于低技能工人。

随着IT技术向各领域渗透，对劳动者综合素质及学习能力提出更高要求。如果新技术对原有技术的继承程度很小，则劳动者面临人力资本贬值，产生退化效应，包括学校教育形成人力资本的退化，也包括在职培训积累人力资本的退化。人力资本的专用性越强，退化效应越明显，同时人力资本的退化速度与技术进步速度明显相关。这就意味着技术进步越快，对人力资本投入要求越高。快速技术进步对年轻人更有利，所需时间随教育程度提高而递减。较高的教育程度有助于提高劳动者对技术进步的适应能力，缓解技术快速进步导致的人力资本折旧问题。技术变化快意味着需要向即时培训等新型方式转型。

（三）技术创新能力

高素质专业技术工人是成功创新的支撑因素，在局部创新、自主创新、全面追赶等环节发挥关键作用。

1. 对本国局部技术创新的影响

局部创新是一个国家从技术模仿向自主创新转型的关键环节。与财税政策等激励机制相比，提升劳动力整体素质的推动作用更为全面和深远，是发达国家的普遍做法。

在局部创新阶段，重点是对所引进的技术和产品进行改造或重新设计。为此，企业必须充分理解掌握技术原理和工艺诀窍，掌握隐性的关键技术和原理。这就需要企业具备较好的研发能力基础，理解掌握所引进技术的隐性知识。这需要实践经验丰富、熟悉专业知识、分析能力强的技术工人队伍。专业技术工人的专业知识、经验积累是企业技术知识的关键组成，与研发人员所掌握的知识和技术共同构成企业的知识体系。企业技术吸收能力取决于这些人员掌握的知识诀窍。

技术工人对于充分理解所引进技术的原理和诀窍、掌握隐性关键技术，具有不可替代的作用。一线专业技术工人提供的信息和判断有助于研发人员尽快理解掌握技术原理和工艺特点，对生产过程的关键诀窍和规律形成看法和判断。企业在新技术应用过程中，需要健全完善内部交流机制，加强员工对隐性知识的交流和整合，尽快完成对技术原理、生产工艺的理解和掌握，查找分析关键问题和薄弱环节，研究探索解决方案，以使技术改进和创新成为现实。

在局部创新过程中，模仿有利于促进企业理解先进技术的基本原理，但不能促使企业获得隐性技术，关键技术知识难以通过模仿来掌握，仿制产品性能往往存在关键差距。

合作开发有助于提升研发能力。在合作过程中，由于双方存在技术交流机制，技术输入方可加深对技术原理和技术诀窍的理解。基于对技术原理学习和理解，通过学习和探索逐步掌握关键技术，结合具体情况探寻更有效的技术解决方案，从而为实现渐进性的自主技术创新奠定基础。

这种渐进性自主创新虽以引进外来技术为基础，但需要逐步推进技术创新。连续推进创新需要专项能力基础。这种专项能力是技术突破的根本支撑，其形成过程与技术学习相关，包括“研发中学”“模仿中学”以及“合作中学”等。

研发人员未完全掌握原理、诀窍以及隐性知识，使探索创新带有不确定性，需要高素质技术工人协助和配合。后者擅长提出一些实用的操作方案来快捷解决问题，使研发人员的创新设想能有效地转为生产方案，实现对原有技术的完善。原因在于高素质专业技术工人掌握现场信息，可以提出创新思路，配合过程测试，是设计方案转为生产流程的关键辅助力量，并能促使创新成果持续完善。

就长期发展而言，人力资本投资需要持续进行，为技术更新及时提供高素质劳动力。因而，高素质专业技术工人也需要纳入终身学习体系。

2. 对企业自主研发创新的影响

在自主创新研发过程中，无论是整合原有技术、引入新技术，或是自主研发，都需要发展自主核心技术，建立新的技术平台，整合知识和技术资源，形成可行的技术方案，转化为生产流程。在此过程中需要充分整合内部研发能力，并通过合作网络、技术联盟等渠道利用外部技术资源，包括上下游企业和配套厂商，以及高校、研究机构等渠道的资源。通过共享研发技术资源，促进行业技术溢出和扩散，促进产品兼容和技术通用化、产品标准化，降低企业的研发风险和生产成本，促使联盟成员产品更有竞争力。

高素质专业技术工人的需要与研发人员形成合理比例。技术领先国家的高能力工人占50%以上，承担生产组织、执行任务，将技术设计方案转化为生产过程。专业技术工人的创新协同能力来自知识和经验积累，特别是长期训练和“干中学”，他们是把创新优势通过产业化应用转化为竞争优势的关键力量。

从模仿引进、局部创新一直到自主研发，高素质专业技术工人是生产企业在各创新阶段的重要依托，是创新型人力资本的重要组成。随着企业研发能力提高，向自主创新模式转型以后，内部的技术创新活动日趋频繁，各生产岗位的新技术应用日趋增加，内部技术传播和扩散活动日趋活跃，对员工技术知识和操作能力提出更高要求，对高素质专业技术工人的需求量增大，远远超过模仿引进或局部创新阶段所需的数量。

如果大量采用先进技术，特别是对传统生产制造工艺进行重大改造的技术，则对高素质专业技术工人需求量会更大。新兴产业的蓬勃发展，也会产生对新型技术工人的广泛需求，形成大量相关的新型岗位。技术进步与高素质技术工人的需求之间存在互为促进关系。

劳动力队伍的整体素质不能得到及时提高，则将对生产企业的技术创新形成不利影响，会成为经济发展战略瓶颈。提升劳动力整体素质重在补齐薄弱环节，具有更强的边际效应，投资回报不仅高于物质资本，也高于人力资本投资平均回报。

3. 对后发国家技术追赶成效的影响

后发国家在工业化初期，国内劳动力素质和生产加工体系的基础较弱，缺乏实施自主技术创新的积累和能力基础，此时采取引进模仿策略较切合起步条件。这期间的主要任务是形成生产能力，充分利用劳动力资源，经济发展更多依靠劳动力资源和自然资源，竞争优势在于成本，与发达国家处于不同发展阶段，主导产业之间竞争程度低，容易形成分工合作关系。

随着经济持续发展，当工业化进入中后期阶段，发展中国家产能快速提升，继续通过产能扩张实现经济增长的空间有限，通过产品数量增长维持利润增长的模式需要转换，提高产品附加值成为必然选择。技术含量、设计水平对产品性能和价值起决定作用。生产企业需要对产品进行改造，提升功能和品质，甚至研发全新产品，技术进步模式从模仿引进向局部创新乃至自主创新转型。随着人均 GDP 逐步提高，当经济发展接近发达阶段时，基于模仿和学习的技术追赶对提高生产率意义不大，此时需要加强国内技术创新，掌握自主核心技术。这些取决于人力资本积累水平。

（四）技术扩散效果

1. 技术扩散存在人力资本的门槛效应

技术扩散也存在人力资本积累水平的“门槛效应”。技术扩散一般在生产分工协作、直接投资等过程中发生。在与当地配套协作企业存在分工合作的情况下，跨国公司出于生产、营销等活动需要，会向协作企业提供必要的技术支持，但对过程进行控制，防止关键技术外溢削弱自身竞争力。技术外溢程度和效果取决于当地企业的消化吸收和学习模仿能力，与当地人力资本积累水平有关。如果具备足够数量的研发人才和高素质专业技术工人，有一定技术积累和研发基础，则容易学习消化吸收先进技术。发达国家间的直接投资普遍存在技术外溢效应；而对发展中国家投资的技术外溢有限，往往依赖一定条件。人力资本积累水平是主要条件。

在技术进步过程中，高素质专业技术工人在降低生产成本、提高生产效率、促进新技术传播扩散方面发挥积极作用，能更快更好地掌握并运用新技术，更能适应新的生产要求，这有利于提高产品质量，控制废品比例，充分发挥产能潜力。随着高技能专业技术工人数量增长，企业内部的新技术传播扩散速度会显著加快。

在人力资本积累水平较低、与发达国家技术差距较大的情况下，发展中国家的技术学习和技术模仿效果较差。

2. 劳动力专业能力决定技术学习效果

技术引入方除了硬件设备功能的技术知识①，还需要重视相关隐性知识。要掌握隐性知识，必须依靠高素质技术工人。隐性知识是输出方研发人员和技术工人所掌握的生产诀窍、经验等知识，需要技术引入方职工在生产中学习掌握。只有掌握隐性知识，企业生产能力才有可能最大化，引进生产能力的过程才算完成。

---

① 包括专利、图纸、规程、培训等相关的显性技术知识。

高素质专业技术工人在此过程中发挥关键作用。操作诀窍、过程优化等隐性知识通过“干中学”“用中学”等方式探索积累。高素质专业技术工人的探索、积累、传播诀窍和经验，是学习掌握隐性技术的重要载体。在生产能力引进阶段，专业技术工人的经验和技能积累发挥重要作用，有助于协助解决设备安装、生产、操作问题和技术故障，提出建议，和研发人员形成互补。

高素质专业技术工人所具有的知识和技能是学习理解能力的基础。扩散传播隐性技术知识需要以实践积累为基础，包括以人力资本积累为基础。以“干中学”为例，专业技术工人具有理解、领悟、积累隐性知识的良好基础。职业能力越强，越有利于促进技术消化吸收。人员越多，通过“干中学”传播扩散技术效果越好。专业技术工人掌握隐性知识后，可向其他员工传授技术知识和技能，从学习主体转型成为传播主体，形成技术溢出效应，加快技术进步。

提高人力资本积累水平有助于促进技术学习和技术传播、扩散，有助于促进研发活动和技术创新。

二、提高劳动力整体素质是经济现代化的必经之路

提高劳动整体素质，需要投资于人力资本，促进人力资本财富积累，意味着提高劳动力素质不仅是推进技术进步的必经之路，还是促进社会财富积累的重要途径。人力资本财富是社会财富的主要构成，提高劳动力整体素质是授之以渔和藏“富”于民的有效途径，是经济包容可持续发展的必经之路，符合现代化发展趋势。

（一）人力资本在经济发展中具有核心地位

1. 经济增长理论模型演变

专业化人力资本具有特殊作用和外部效应，促使经济增长速度加快。贝

克尔、卢卡斯、罗默等经济学家通过引入专业化人力资本变量，从内在机理上解释人力资本对经济增长贡献，并建立了新经济增长模型。舒尔茨（Schultz，1961）提出人力资本概念，指出人力资本依赖于对教育、健康、培训投资，包括围绕就业的迁移活动，为将来带来收益。阿罗（Arrow，1962）提出内生技术进步模型，把技术进步视为投资产物，厂商通过投资促进知识经验的积累和传播，提高劳动生产率，并通过溢出效应带动提高其他厂商的生产率。阿罗对经济增长的索洛模型进行了发展。索罗模型认为技术进步是外生因素决定，难以解释长期经济增长机制。针对这一问题，阿罗认为“干中学”是推动技术进步和人力资本积累的重要途径。罗默（Paul M. Romer，1986）发展完善“干中学”理论基础，提出了基于知识溢出机制的内生经济增长理论，指出通过知识和经验的普及传播，可形成推动长期增长的内生动力，解决了传统资本投资模式的边际效益下降问题。卢卡斯（Robert E. Lucas，1988）提出基于专业化人力资本积累的经济增长模型，认为人力资本积累是经济持续增长的决定性因素，是产业发展的内在源泉，学校教育基础决定“干中学”的效果。卢卡斯认为人力资本投资具有递增外部收益，高质量经济增长主要来源于人力资本存量。新－新古典增长（New-neoclassical Growth）理论（1995）认为，人力资本是开放型经济体的增长动力，人力资本积累推动物质资本积累，导致国家之间发展差距。由于经济增长依赖技术创新以及技术的吸收扩散，人力资本积累水平能提高工作效率，也提高员工理解分析能力，能促进生产技术研发和扩散，因而对经济增长起关键影响。

上述人力资本理论体系提到的“干中学”过程隐含协同效应。原因在于，通过共享复制经验、知识等要素资源，促进生产流程相互衔接整合，有助于降低成本和风险，并增加产出。

2. 由新增长理论引出的观点

新经济增长理论基于道格拉斯生产函数，对人力资本投资的作用机制进行了深化分析，可以依此得出以下观点。

一是人力资本积累决定着经济长期增长。根据道格拉斯生产函数模型，经济增长取决于技术、资本、劳动力的投入。在劳动力素质不变的情况下，依赖产能扩张带动的增长面临边际收益递减问题，大量资源被配置到低收益部门必然导致长期经济风险攀升，形成隐患；而人力资本投资则可形成长期增长动力。因此，加强人力资本积累有其必然性。

二是人力资本积累需重视能岗匹配问题。需要相关人员具备足够专业化能力，不仅适应本岗位要求，而且具有相关岗位知识、识别并组织协调解决问题的能力。只有这样，才能适应形势迅速变化带来的挑战。要具备足够基于实际岗位的专业化能力，除了教育基础，还需要实际工作能力，包括通过“干中学”习得技能、接受技术经验传承。

三是人力资本积累与技术进步本质相关。在校学习教育环节是对技术原理及主要应用的熟悉过程，岗位锻炼的“干中学”是对技术诀窍等专业化能力的养成过程。技术转化应用推广阶段也需要大批各类专业化人才参与到相关环节，包括专业化的产业技术工人队伍。

四是人力资本积累效果取决于外部干预。由于知识经验的外溢性，加上员工的流动性，人力资本积累的投资回报难以全部被企业所获得。除了完善市场机制，更要发挥政府调节作用，发挥法律的推动作用。例如，发挥政府的投入保障作用，明确企业的相关义务。总之，需要组织化、制度化、系统化的保障。

五是如何促进利益相关方共同参与是关键。具体涉及企业、员工、行业协会、培训机构、监管机构等组织，需要形成有效的运作机制。政府主导容易脱离实际需求而效果不佳，市场主导则难以全面推行。相对比较成功的德国等地经验表明，职业培训体制需要结合当地文化传统，发挥行业协会等组织作用，并完善配套的法律保障机制，形成参与面广、程序规范、验收严格、成本分担的工作机制。

3. 人力资本对发展中国家经济增长的支撑作用

发展中国家随着经济发展水平提高，劳动力的收入水平必然随之逐步提高，成本优势淡化势所必然，必须寻求对经济长期增长起支撑作用的内在动力机制。发达国家经验表明，推动基于创新应用的技术进步是必经之路。而国际教训表明，缺乏可持续、系统化技术进步路线，很难有效完成现代化进程，也很难实现经济的长期稳定增长。

但是，技术进步的基础在于人力资本积累，不仅取决于技术研发的人才体系，更取决于劳动力队伍的整体素质提高。只有劳动力队伍的整体人力资本积累水平得到提高，发展中国家低技术、低工资的耦合格局才能得到扭转。高素质劳动力队伍一方面支持生产、服务环节引入新技术，并推动国际分工向价值链中端乃至高端拓展，另一方面为工资增长提供劳动的价值基础支撑，维持劳动力的竞争力。只有持续推动人力资本积累，使之与技术进步要求动态匹配，才能形成经济长期可持续增长的内在支撑。

发展中国家在现代化进程中要缩小与发达国家的差距，必须使国民教育水平、职业能力与发达国家缩小差距，在专业化能力方面形成自身优势。

人力资本在赶超阶段的作用表现为，一是研发人才等高端领军人才在技术创新突破等方面形成相对优势，形成局部的技术领先地位；二是在重要技术领域缩小与领先国家的技术差距，在产业化、商业化应用推广过程中持续创新，并深耕产业和市场，形成市场化竞争优势；三是使资本、技术、劳动力配置结构得到优化，促进投资回报得到改善，形成可持续的增长机制。

4. 补齐劳动力短板将强化经济发展长期动力

长期经济增长取决于技术、资本、劳动力资源的优化配置。在资本短缺得到缓解、技术壁垒初步突破之后，生产力布局必然要从劳动密集型向资本密集型、技术密集型转变，技术升级则是必经之路。劳动力能否适应技术升级要求，会成为关键考验。若劳动力素质没有得到根本改善，则劳动力与技术水平的均衡机制必然导致技术升级缓慢甚至止步不前，不但从劳动密集型向技术密集型转型困难，而且经济发展方式从投资驱动向创新驱动转型更难。这意味着占主流的低素质劳动力将导致技术应用锁定在中低端，即使加大投资激励力度，也只会刺激低水平的生产规模扩张，这种投资项目本身缺乏技术优势，主要依靠规模盈利，投资回报偏低，潜在投资风险必然持续积累，不具有长期可持续性。

若能针对主流劳动力素质偏低形成的战略短板，从优化资源配置结构角度对低素质劳动力加大人力资本投入，必然有助于优化生产要素配置，并有效提升生产效率，这部分的人力资本投资必然会带来良好的经济效益。由于这种劳动力素质与资本、技术的不适应由来已久，这种优化将带来生产效率的持续改进和提升，从而整体改善微观层面的经济效益，形成推动经济发展的长期动力。这不仅带来企业和个人收入上升，更能通过改善投资回报，从根本上化解系统性金融风险。

5. 主要启迪

人力资本理论使经济增长理论观察劳动力的视角从数量拓展到质量，对中国等发展中国家具有重要启迪。

首先，劳动力数量优势、成本优势不具有长期意义，到赶超阶段须转换思路和理念。如果试图继续维持成本优势，则一方面会阻碍技术进步和产业结构转型升级，另一方面导致把规模、负债扩张作为维持经济增长的手段，导致潜在风险隐患。加大对人力资本投入，促进人力资本积累，使技术进步和产业结构转型升级得以顺利推进，是必经之路。

其次，劳动者同时也是消费者，加强人力资本投资，必然从供给侧和需求侧同时改善宏观经济结构，从资产结构和负债结构同时改善微观财务状况。这对于改善长期增长质量具有决定性意义。由于人力资本投资需要一定的周期，企业和地方政府的人力资本投资收益难以充分收回，现有的培训以就业入门为主，或是企业的专用技能培训，力度有限。要扭转这一格局，需要从中央层面统筹推进。

再次，针对中低端群体加强能力建设，是缩小收入差距的根本途径。从发达国家经验看，这也是有效的。德国、英国以及北欧国家围绕人力资本积累将经济政策和社会政策融合，形成了以提高弱势群体专业技术能力为导向的政策机制，取得较好成效。发展中国家不能全面提升低素质劳动力的技能等级，就很难根本上解决贫富分化问题，也很难顺利完成现代化进程。

最后，国际竞争以及经济、产业领域的国际分工，最终取决于人力资本基础。发展中国家不持续投资人力资本，就很难缩小与发达国家之间的人力资本鸿沟，也很难缩小经济发展的质量差距，由此在现代化进程的关键阶段将面临不确定性。在南美、东南亚等地有不少教训，需引以为戒。

（二）加强人力资本投资是推动有效增长的关键切入点

1. 人力资本投资促进经济增长

罗默（1990）的经济增长模型表明经济增长与人力资本密切相关。人力资本存量大的国家经济增长快，人力资本存量小的国家经济增长较低。在一定限度内，人力资本占社会总投资比例越高，经济增长率越高。

德鲁克（1985）认为投资于人力资本就是投资于未来。马歇尔的《经济学原理》强调，人力资本投资是所有投资中最有价值的投资。提升劳动力素质不仅促进技术进步，还优化投资结构，促进对先进生产设备的投资。

在劳动力素质偏低的情况下，实施物质资本优先的投资战略会导致技术进步和经济增长势头难以为继，面临拉美国家的现代化陷阱。转变战略思路，从重点推动固定资产存量增长转向更加重视推动人力资本存量增长，可为技术进步奠定基础，形成可持续的经济增长动力。

投资绩效与经济可持续发展的动力机制密切相关，加强对高回报领域投资是根本切入点。由于人力资本投资存在多重效应，一方面为劳动者带来较高的回报，另一方面通过外溢效应产生积极的社会效益，包括促进行业技术进步，提高社会全要素生产率等等。人力资本投资不仅促进资本品投资结构优化，自身属高回报的投资领域。投资教育培训是获取高投资回报的切入点，能有效改善劳动生产率。

2. 经验案例

国际经验表明，人力资本积累水平较高的国家会向较高的劳动生产率收敛。人力资本通过影响潜在全要素生产率水平，对全要素生产率动态增长路径起决定作用。这是造成各国经济差异的基础性因素。人力资本积累推动技术进步，进而促进全要素生产率增长，提供经济发展的长期动力。美国对英国的超越过程具有典型意义。19 世纪上叶，英国的发明与创新总量超过全球的 1/4，超过美国；19 世纪下叶，美国超越英国成为世界技术创新中心，对全要素生产率增长趋势产生巨大影响。从 19 世纪末到 20 世纪中叶，美国技术创新一直领先于英国、日本，并在 20 世纪下叶保持了这一势头，稳居世界技术创新中心地位。技术进步之所以成为美国经济发展赶超的根本支撑，关键在于劳动力素质得到有效提高。

德国是世界上最早实行义务教育的国家，魏玛公国早在 1619 年就实行义务教育，1717 年普鲁士国王威廉一世推行小学义务教育。东西德统一之后实行 12 年义务教育。义务教育优先战略在近现代为德国成为世界性强国发挥了关键支撑作用。美国、韩国、德国等地除了全面普及高中段教育，实际上已经把全面普及高等教育作为基本国策。北欧等处于竞争力顶层的发达国家已全面推广职业教育，全面普及高等教育多年，社会贫富差距小、凝聚力强，已进入高水平现代化国家行列，为全球现代化进程提供了诸多借鉴和启示。

二战之后日本经济腾飞也得益于人力资本投资。日本从 20 世纪 50 年代初到 70 年代中期，政府教育投入增加 20 倍。1968 年日本初等教育普及率接近 100%，1971 年高中生和大学生超过适龄人口的 80% 和 20%，企业职工有 70% 以上是从高中以上学校毕业，企业中层以上干部 80% 具有大学以上文化程度。到 1970 年，日本产业结构高度化完成。在 20 年内，日本通过教育培训体系打造高素质的劳动力队伍，实现了产业结构转型升级。

3. 主要启示

从劳动力体系分析这些国家经验，可以得出的重要启示是：劳动力队伍是国家财富的根本；整体提升劳动力队伍素质，通过教育培训缩小劳动力队伍的个体能力差距，既是在宏观层面保持经济持续增长、走在现代化进程前列的根本保证，也是在微观层面保持企业活力、缩小收入分配差距、增强社会凝聚力的核心支撑。总之，是解决诸多根本问题的共同切入点，这是由劳动力的多重属性所决定的。因为劳动力既是生产者，又是消费者，同时是社会行为主体，发挥好他们的财富创造潜力，是解决种种问题的关键。

在生产制造领域，高素质劳动力有利于推进技术升级，形成知识和技能偏向的技术进步模式，促使社会资本投向知识技术密集型产业。只有在劳动力素质与知识、技术密集型产业匹配的情况下，才能吸引大量社会投资，成为新经济增长点。整体素质偏低的劳动力不支持资本向知识技术密集型行业集中。若社会资本大量投向低技能要求的劳动密集型行业，则产业竞争力会随着生产成本上升而弱化，面临不可持续性问题，积累潜在投资风险。在劳动力素质整体偏低情况下，传统行业产能过剩，社会资本选择余地有限，难免出现民间投资积极性不高等现象。

因此，在劳动力资源的数量优势得到充分发挥之后，应尽快建立劳动力素质的持续提升体制，职业教育培训体系是重要基础。需要重视建立社会各方参与、具有市场化可持续发展机制的职业教育培训体制。

发展中国家在劳动力素质整体偏低并制约技术升级的情况下，随着经济发展带动劳动力成本上升，容易陷入规模扩张依赖，出现低水平产能过剩。从长远看，维持低效率、高负债投资模式的代价和风险都很大。

通过教育培训进行人力资本投资形成的经济增长不增加物质资本、劳动力和生产性土地的数量，其收益表现为私人额外收入，也表现为社会劳动生产率提高。人力资本投资收益在个体层面表现为知识技能和健康水平提高，在组织层面表现为劳动生产率和获利水平提高，在社会层面表现为整个社会收益水平的提高①。

三、劳动力转型是中国现代化转型的基础

在全球现代化进程中，哲学层面的挑战是如何解决现代性的自反性、自毁性问题，防止现代化带来生态恶化、不平等加剧、人的异化等问题，需具体处理好人与自然、人与资本、科技与发展的关系，核心是解决好人的自由全面发展问题，改善广大人民的生产生活条件，避免科技成为负面工具，以实现人类社会可持续发展。原因在于，在现代化进程中，过度着眼于资本的短期利益回报，被资本所驾驭，就会陷入现代性的自反性、自毁性陷阱。其中的根本问题在于人的异化，人连同科技一道，成为资本获取回报的工具；在此背景下，人事实上被科技所困，成为科技体系中的工具。这与国际社会推进现代化的初衷背道而驰，更会导致对自然生态的无情破坏，危及人类文明的可持续发展。实现人的更好发展，不仅是哲学命题，也是政治经济社会领域的现实要求。

走中国特色社会主义道路的重要原则是以人民为中心，实现人的全面发展。社会政策需要发挥人的主观能动性、创造性，通过职业能力建设实现共同发展、共享现代化成果。人的全面发展包括健康素质、知识结构、职业能力、社会公平等方面。实现人的全面发展，关键在于有效推进人力资本积累，核心是整体提升成年劳动力的职业能力，缩小能力差距，这是根本缓解收入分化、促进社会公平的必经之路。通过持续投资人力资本，重点提升初中及以下劳动力的职业能力，提升专业化竞争力，可以从促进就业、提升收入、

① Fredrick Muyia Nafukho, Nancy R. Hairston and Kit Brooks (2004): 'Human capital theory: implications for human resource development', *Human Resource Development nternational*. pp. 545 ~ 551.

产业转型、社会稳定等多方面推动经济社会发展，有效缓解现代性困境。

劳动力要素的贡献不仅与数量有关，更取决于质量。高质量的劳动力队伍是现代化的推动力，而落后于形势的低素质劳动力不仅成为经济结构中的“短板”，而且导致自身困境，如高失业率、低收入水平，对经济、社会政策形成压力。这些在发达国家具有典型性，也为中国现代化发展提供重要启示：必须从积极角度处理技术、资本、劳动力关系。建立深度关联、促进融合，是解决问题的重要方法，例如加强人力资本投资、提高劳动者专业化能力。

（一）中国现代化需基于人的全面发展

根据规划，中国将在 2035 年基本实现社会主义现代化，在 21 世纪中叶建成富强民主文明和谐美丽的社会主义现代化强国。中国作为社会主义国家，在现代化发展过程中，不仅要实现经济长期可持续高质量增长，而且要推进政治、经济、社会、文化、生态“五位一体”全面发展，其关键要义在于以人民为中心，实现人的全面发展。这是对世界现代化进程中面临的现代性困境的针对性回应。不以资本回报为中心，而是以人民为中心，推进人的全面发展，这是中国现代化演进的根本特点，也是社会主义制度的特有机制。

1. 中国现代化发展的目标是共同富裕

中共十九大报告明确指出，中国全面建设社会主义现代化国家分两个阶段来安排：第一个阶段为 2020 年到 2035 年，在全面建成小康社会的基础上，基本实现社会主义现代化。经济相关的特征体现为：经济实力、科技实力大幅跃升，人民生活更为宽裕，中等收入群体比例明显提高，城乡区域发展差距和居民生活水平差距显著缩小，全体人民共同富裕迈出坚实步伐。

第二个阶段为 2035 年到 21 世纪中叶，在基本实现现代化的基础上，把中国建设成为富强民主文明和谐美丽的社会主义现代化强国，实现物质文明、政治文明、精神文明、社会文明、生态文明的全面提升。主要体现为：实现国家治理体系和治理能力现代化，成为综合国力领先国家，全体人民共同富裕基本实现。

根据两个阶段的目标要求，提升中低收入群体的生活水平是实现共同富裕的关键；整体提升低素质劳动力的职业能力，缩小人的能力差距，是实现人的共同发展基础。只有如此，才能从根本上改善一次分配结构，切实解决收入两极分化问题，为实现共同富裕奠定坚实基础。通过持续大力投资于人力资本，缩小能力差距，实现人的全面发展、共同发展，走上共同富裕型现代化的中国道路。这是在第一阶段需要扎实推进、有效落实的工作。在此基础上，第二阶段的“富强民主文明和谐美丽”目标才具有稳定可靠的经济社会基础，国家治理体系和治理能力现代化建设才具有更强的实践意义。

2. 劳动力转型是深化改革开放的基础

中国实施改革开放的政策导向是通过解放和发展生产力，推进现代化进程，需要有效克服传统现代化模式带来的生态污染、收入分化、人的工具化等问题。

在人的发展层面，始终坚持社会主义道路，强调人民群众利益的核心地位，把有利于提高人民群众生活水平作为建设有中国特色社会主义的核心标准之一。从实际成效看，作为改革开放重中之重，国民经济在数十年里持续快速增长；这表明坚持以经济建设为中心的改革开放战略发挥了根本作用。但随着市场化竞争机制逐步健全，收入分化趋势逐步凸显，表现为基尼系数趋高，低收入群体面临的生活压力增大。这对经济和社会政策提出更高要求，涉及社会公正，也涉及人的全面发展问题。发达国家经验教训显示，如果单纯从社会政策角度考虑，针对弱势群体通过二次分配进行调节，并不能根本解决其职业竞争力的弱势地位，同时也会导致社会保障的财政支出压力增大。随着收入分化问题不断积累强化，财富不断向少数群体集中，会导致更多人陷入困境，最终导致财政支出不堪重负。如果针对弱势群体能力建设推动政府与社会共同投入，促进人力资本积累，针对弱势群体授之以渔，则有助于推动国民经济走上高质量增长之路。

在环境保护方面，明确坚持不走西方发达国家的先污染后治理的老路，抑制“三高一低”产能发展，强调科技是第一生产力，充分发挥科技进步对经济发展的推动作用，借助现代科技逐步恢复改善生态环境；另一方面，也要求及时启动并推进生态保护工作，改善环境。从生态发展的角度看，要走绿色可持续发展道路，关键在于经济发展模式的转型，根本摆脱“三高一低”产能影响。这既取决于技术进步，也取决于人力资本结构。要发展新技术、新业态、新模式，推动经济增长方式转型，高素质的劳动力队伍是根本动力。如果劳动力队伍整体素质不能实现转型提升，则必然制约产业转型升级。

3. 依靠高素质劳动力实现创新发展

从中国现代化进程的动力机制看，中国从改革开放之初到现在，先后经历了资源驱动、投资驱动，正面临向创新驱动的发展阶段转换。

在改革开放之初，中国依托劳动力、土地等资源的成本优势，通过跨行业、跨部门整合并优化配置劳动力等资源，实行对外开放政策，吸引国际资本和技术资源，使国民经济的增长潜力得到充分发挥。随着劳动力和土地成本不断上升，中国逐步向投资驱动的发展机制转型，投资对国民经济的增长拉动作用日益显著。但由此也带来了较大的潜在风险和问题。

在高储蓄率的支撑下，投资领域高速增长一直是中国经济发展的重要特征，中国的投资率与全球多数国家相比明显偏高，更高于发达国家。但值得注意的是，投资对中国经济 GDP 增长的带动效应在逐步减弱，表现为投资效率逐步下降。自 21 世纪初以来，固定资产投资与 GDP 的比例从 35% 上升到 2017 年的 76. 7% 。投资占 GDP 的比重升高与投资效率下降直接相关。资金向低效率的资本密集型行业集中提高了投资水平，拉动 GDP 增长，但投资效率过低导致潜在风险积累，也不利于支持产业结构转型升级。

原因在于，社会投资的积极性取决于项目收益，而房地产行业持续上升阶段由于投资高回报预期强烈，吸引了过多的社会资金，并引发过度投机炒作，形成泡沫和风险；同时，公共投资项目集中在基础设施领域，这些领域项目投资规模偏大，效益总体偏低，导致还本付息压力很大；长期积累，必然会形成债务风险压力，以及对实体经济生产加工企业融资的挤出效应、政府债务风险。

当前，中国已经明确提出要转向创新驱动模式，提出了“中国制造2025”“互联网+”等一系列配套战略，为未来发展指明了方向。

转入创新驱动模式，知识经济在其中发挥关键作用。知识、经验的传播学习成为人力资本积累的关键环节。这意味着创新增长不仅需要吸引集聚研发领域的高端领军人才，需要加大研发投入；更需要通过教育培训和在岗的“干中学”，促使劳动力队伍的雇员能岗相适，并具有一专多能和围绕问题识别、解决的组织协调沟通能力，即具有必要的能力储备和冗余。高素质专业化劳动力是创新发展的驱动力，为此需要加大人力资本投资力度，提高人力资本积累水平。

除了提高整体教育水平，在职教育培训活动是人力资本积累的最重要途径。国际经验表明，由于就业岗位在知识经济时代面临广泛、迅速、深刻的变化，劳动力队伍要适应这一新形势、新变化、新挑战的要求，就必须增强自身的适应能力，提高职业竞争力。这种职业竞争力不仅体现在适应岗位要求，更是一种职业精神和修养，能够把能力发挥到最佳水平，使工作成效远远超出岗位标准。从传统手工艺人角度，就是培养工匠精神和大师气质。因此，这种人力资本积累不仅包括传统的知识技能传授，而且包括基于人生观、价值观的职业文化养成，促使雇员认同自身职业地位，专注于立足岗位发挥自身潜能。社会上也需要相应的文化氛围。德国、瑞士、北欧等国家之所以能够持续保持较强的经济竞争力，与其人力资本积累机制和文化氛围有关。

（二）劳动力转型为中国提供现代化动力

人力资本投资回收期长、受益面广，收益具有外溢性，可以为发展方式转型和现代化发展提供战略动力，是提升经济长期增长质量的关键因素。

1. 劳动力培训需求倒逼体制改革

人力资本的投资回报具有长期性。一方面，无论是职工本人还是所在企业，职业教育培训对于促进劳动生产率提升和职工收入增加具有长期效应，覆盖职工全部职业生涯。另一方面，适应经济转型升级要求，持续提升劳动力整体素质，可以在更高层级形成劳动力和技术水平的均衡；这种均衡层次可以随着技术进步而逐次提升。

由于劳动力本身具有流动性，而且劳动力培训的成本较高，企业积极性有限，需要国家统筹推进，包括通过法律、财政等途径综合促进，政府、企业、劳动者共同分担其中成本，持续投入；需要政府通过长期持续投入，发挥带动作用。这对改革形成倒逼机制，要求切实推进教育培训体制改革，为经济转型提供高素质专业化劳动力。

提升劳动力素质需要改革完善政策机制，以形成产业、教育之间的深度合作机制，涉及职业教育培训体系，也涉及重点产业，需要政府创造良好的协同环境，也需要高素质劳动力的供需双方之间建立信息沟通、工作协调、反馈激励机制。这类机制涉及经济、社会、文化交叉领域，需要根植于本国经济社会文化基础，通过试点探索，与现有制度文化有机衔接，不断发展完善。

2. 劳动力转型重塑竞争优势

在经济起飞初期，资本是稀缺资源，劳动力、土地则是廉价品，凭借劳动力和土地资源优势可以持续吸引国际产业资本，通过扩大产能形成规模经济效应，这时参与国际竞争主要基于成本优势。但在进入工业化中后期时，劳动力、土地不再是廉价品，资本也不再是稀缺资源，原有竞争模式应及时调整。随着劳动力、土地成本上升，投资成本上升、收益下降将促使投资者日趋谨慎，投资实体经济的积极性下降，导致政府刺激社会投资的难度增大。

高素质劳动力是技术进步支撑因素。缺乏足够的人力资本投资基础，则技术投资难以获得预期回报。通过政府投资带动，弥补高素质劳动力这一关键短板，完善劳动力、资本、技术之间的相互促进机制，促使社会投资向具有高增长潜力的领域集中，有助于发挥政府投资的杠杆效应，激活社会投资，强化发展后劲。

中国在改革开放早期阶段，根据劳动力资源数量和成本优势形成了出口导向的产业竞争优势。随着劳动力成本上升，通过改进政府管理、完善企业战略、发展配套产业，都不能根本上解决人力资源禀赋优势弱化所导致的产业竞争力下降问题，需要通过提升劳动力素质来完善动态比较优势。

动态比较优势涉及自然资源、劳动力、资本、技术，其中劳动力包括数量和质量。在新的历史条件下，应建立动态比较优势，而非追加投资扩大生产规模，否则难以有效提升全要素生产率。要形成动态比较优势，仍应重视劳动力因素。因为技术要素积累虽然取得进步，但尚不具备比较优势，与发达国家差距明显。劳动力素质提升之后，可以基于现有工资水平形成新的优势。如果中国将高中及以上文化劳动力所占比重从目前的26%提升到75%左右，重点把绝大部分初中文化劳动力的技能等级提升到中专或同等水平，把高中文化程度劳动力提升到技师水平，则中国劳动力素质可望接近发达国家水平，从而强化专业化的产业竞争机制。高素质劳动力不同于资金和技术，无法通过从国外引入来补充，教育培训过程不可或缺。

3. 投资人力资本带来综合效应

通过人力资本投资持续改善劳动力结构，重点投资对象是技能较弱的劳动力，如初中或小学文化劳动力。各国经验普遍表明，提高低技能劳动力的专业能力，对个人、企业和社会都可以起到积极作用，尤其是可以促进就业、增加弱势群体的个人收入，可以在初次分配环节缩小收入差距，效果优于二次分配调节。因此，加大对低收入低技能弱势群体的人力资本投资，有积极的经济效应和社会效应。事实上，英国、德国等欧洲国家21世纪来临前后，把针对弱势群体人力的资本投资作为一项积极的社会政策，取得了良好效果。无论是英国首相布莱尔推动的第三条道路模式，还是德国总理施罗德推行的

"哈茨计划"，其积极效应都超出社会政策范畴，启动了随后的经济繁荣进程。究其原因，在于人力资本投资存在多重回报，除了工资收入提升带来的职工个人回报，技能提升和技术升级带来的员工生产效率提升也有助于提高企业的生产力水平和效益，员工流动形成的人力资本回报溢出效应，会通过蔟群效应促进当地或行业发展。尤其在企业普遍参与培训活动的情况下，溢出效应和协同效应叠加，会促进技术扩散，形成区域经济的竞争优势。这种竞争优势的形成具有战略意义。

另一个值得注意的积极效应是，当低素质劳动力经过培训提升就业能力之后，会改善自我认知和自信心，发现自身的价值，形成更好的自我预期，有助于更加积极地融入社会。这种改变不但具有社会意义，还具有文化、政治层面的积极意义。这对于现代化发展的本质要求而言，也是题中应有之义，因为现代化的重要使命是要实现人的全面发展和自由解放，除了职业能力建设发展，基于工作重塑自信，发掘自身潜力，实现自我启迪，是人在心灵层面实现自由解放的重要基础。这种转变的积极意义超出战略层面，具有促进文明发展的历史价值。

（三）推进劳动力转型，促进包容可持续发展

1. 促进落实联合国 2030 可持续发展目标

联合国可持续发展目标（SDGs）又称全球目标，于 2016 年初生效。该目标在联合国新千年发展目标的基础上，针对气候变化、经济不平等、创新、可持续消费、和平公正等问题形成了 17 项分目标，旨在通过全球协同消除贫困，保护地球，形成可持续的和平与繁荣格局。具体目标如下：

（1）在全世界消除一切形式的贫穷；

（2）消除饥饿，实现粮食安全，改善营养和促进可持续农业；

（3）让不同年龄段的所有的人都过上健康的生活，促进他们的安康；

（4）提供包容和公平的优质教育，让全民终身享有学习机会；

（5）实现性别平等，增强所有妇女和女孩的权利和能力；

（6）为所有人提供水和环境卫生并对其进行可持续管理；

（7）每个人都能获得价廉、可靠和可持续的现代化能源；

（8）促进持久、包容性的可持续经济增长，促进充分的生产性就业，促进人人有体面的工作；

（9）建造有抵御灾害能力的基础设施，促进包容性的可持续工业化，推动创新；

（10）减少国家内部和国家之间的不平等；

（11）建设包容、安全、有抵御灾害能力的可持续城市和人类住区；

（12）采用可持续的消费和生产模式；

（13）采取紧急行动应对气候变化及其影响；

（14）保护和可持续利用海洋和海洋资源以促进可持续发展；

（15）保护、恢复和促进可持续利用陆地生态系统，可持续地管理森林，防治荒漠化，制止和扭转土地退化，阻止生物多样性的丧失；

（16）创建和平、包容的社会以促进可持续发展，让所有人都能诉诸司法，在各级建立有效、负责和包容的机构；

（17）加强执行手段，恢复可持续发展全球伙伴关系的活力。

劳动力转型能促进实现这一可持续发展目标。劳动者是人民的主体，劳动力素质提升是人民实现全面发展的重要组成内容，可以形成新的发展模式。就联合国的2030可持续发展目标而言，实现劳动者职业能力持续发展提升，缩小能力鸿沟，转变财富生产和社会消费方式，是解决诸多问题的共同切入点。原因有以下几点。

一是贫困问题本质上是能力建设和分配制度问题，通过缩小工作能力差距，可以缩小一次分配差距，促进公平分配，包括缩小性别差距，提升社会凝聚力，促进社会包容。

二是通过提升劳动力总体素质，推动传统能源行业的劳动力知识、技能转型，可以促进新能源技术普遍应用，解决因化石燃料使用引起的环境污染和气候变化问题。

三是通过推进雇员技能转型和消费模式转型，结合淘汰传统高能耗、高污染、高投入的产业，转变以大量消耗能源、原材料为代价的财富生产方式和消费方式，促进以教育、培训、服务为投入要素的人力资源财富生产，发展基于知识、技能、文化的消费方式。失业问题的本质是职业能力边缘化问题，现代财富积累的本质是人力资源的素质提升，现代消费的本质是满足人的精神需求。

四是发展生态恢复技术，培养相应的专业化应用人才队伍，培育相关的产业体系，通过改善生态环境提升人居环境价值，形成新的社会财富创造模式。

五是通过推广基于能力建设的财富生产和价值创造模式，减少全球因资源和能源导致的摩擦冲突，缩小全球劳动力的能力鸿沟，改善全球财富生产创造的价值链分工结构，实现全球共同发展，促进全球安全。

慈善组织乐施会2016年初报告显示，世界上最富有的62人掌握了全球一半财富，昭示着全球社会的严重不稳定。不平衡问题导致经济发展面临的障碍更大。实践表明，实现现代化发展的发达国家，人力资本积累水平普遍超过发展中国家。在大力投资人力资本阶段，伴随较快经济增长，社会收入差距缩小。

2. 促进“五位一体”协调发展

建设中国特色社会主义，根本宗旨是以人民为中心，总依据是社会主义初级阶段，总布局是经济建设、政治建设、文化建设、社会建设、生态文明建设“五位一体”，总任务是实现社会主义现代化和中华民族伟大复兴。根据这一宏伟蓝图，中国将于2035年基本实现社会主义现代化国家，中等收入群体比例明显提高，全体人民共同富裕迈出坚实步伐。到2050年前后，要实现国家治理体系和治理能力现代化，物质文明、政治文明、精神文明、社会文明、生态文明全面提升，全体人民共同富裕基本实现。

要实现这一目标，实现人的全面发展是根本。这既是出发点，也是落脚点，更是关键依靠。全面提升国民职业素质和工作能力是人的全面发展的基础内涵。正如上述分析，通过提升国民职业素质和工作能力，可以缩小收入分配，形成现代化的生产生活方式，包括消费方式，也可以全面提升物质文明、精神文明、生态文明发展水平和发展方式，增强社会凝聚力，夯实国家治理根本基础，促进政治文明发展。实现这一目标，既有理论依据，也有实践基础，北欧等部分现代化国家在经济和社会领域进行了积极探索，为人类文明发展提供了积极养分，可以作为借鉴吸收的基础。

3. 加快中国现代化进程

受国际金融危机余波影响，中国工业企业利润增速自 2011 年以来明显下行，此后连续在较低增速区间徘徊。同时，宏观经济增长进入新常态，增速逐步下行。当前需突破劳动力结构短板，加快完善人力资本积累体制，加大投入力度，重塑劳动力竞争优势，奠定创新发展基础。需要以劳动力转型为基础，为中国现代化发展提供关键动力，加快一二三次产业现代化进程，促进生态环境优化和人的全面发展。

一是从农业现代化视角看，需要借助农业技术、农机设施，结合市场化经营机制，提高生产效率，控制风险和成本，走产出高效、产品安全、资源节约、环境友好的发展道路。推进农业现代化，需要培养熟悉农业生产经营技术的现代职业农民，这是重要条件，也是当前的短板。从长期看，推动农业从业人员向现代职业农民转型，持续大力投资于人力资本积累，可以促使先进技术和装备设施应用到农业领域，并拓展加工、营销等高附加值领域，为第一产业高质量发展提供持续动力。

二是从加工制造业现代化视角看，制造业是现代化进程的支撑。中国围绕发展先进制造业，以缩小与发达国家技术代差为导向，形成了一系列激励机制。作为制造业现代化进程核心内容，技术进步需要推进创新研发和应用转化推广。除了研发环节，还需要在生产、销售环节提高一线人员的业务能力。从发达国家的现代化进程经验看，在这方面的人力资本积累具有决定性意义，决定产品质量和品质，决定产业的长期国际竞争力。

三是从服务业现代化视角看，服务业包括生产服务和生活服务，从业人员的专业素质更具有决定性意义。从中国服务业基本格局看，由于劳动力队伍结构中初中及以下文化占绝大多数，餐饮、交通运输等行业占主要就业比重，而咨询、设计、创意类等行业占较低比重。从中国改革开放以来的历史看，第二产业所占份额总体保持相对稳定，服务业在GDP所占比例持续上升，农业所占比重逐步下降。未来服务业发展需要优化结构，为制造业现代化进程提供关键服务，但目前受制于从业人员素质。通过投资于服务业人力资本积累，可以为服务业的现代化发展提供基础动力。

四是从人居与生态环境优化视角看，包括人居条件在内，整体改善生态环境是中国现代化发展的关键任务，也是推进政治、经济、社会、文化、生态“五位一体”全面发展的核心内容之一。改善生态环境，需要综合推进淘汰“三高一低”产能、发展绿色产业、推进节能减排等措施。加强人力资本积累，推进产业转型升级，可以加快转向可持续发展轨道。

第四章

尽快提高劳动力整体素质

一、推动中国劳动力转型的紧迫性

中国经济的持续高速增长机制与中国独特的劳动力资源密不可分。令人广为关注的问题是，未来中国经济增长的强劲动力从何而来?

事实上，当前中国经济增长面临一些挑战，除了国际市场环境不尽如人意，还与制造业等行业的竞争力有关。改善企业效益的根本切入点在于改善要素配置。自 2008 年次贷危机以来，中国为促进经济持续稳定增长推出了一系列政策措施。改善要素供给、降低企业成本是有效之举。在技术、资本、劳动力这些要素之中，改善劳动力要素的供给结构，增加高素质劳动力供给是过去 10 多年来企业界的共同呼声，例如“技工荒”问题已经延续了 10 多年，但并没有得到根本解决，已成为影响企业竞争力、制约经济成长的战略短板。进一步解放和发展生产力，关键是解除高素质劳动力供给不足所造成的制约和束缚。

推动劳动力转型是重塑发展动力的关键切入点，也是中国向现代国家转型的前提条件。人民群众是社会生产和社会活动的主体，也是现代国家的中坚力量。劳动力转型的重点是提升劳动力要素质量及其内在价值。

（一）中国低技术劳动力的低成本优势已成为历史

中国改革开放启动后的30年里保持持续快速增长，其动力在于与国际产业转移相适应、具有明显成本优势的劳动力队伍。但自2008年以来，国内外经济环境已经发生深刻变化，劳动力要素的低成本优势已经明显淡化。

中国自改革开放以来，借助全球产业转移和新技术发展浪潮，充分发挥劳动队伍的比较优势，实现了持续快速的经济增长。地方政府把招商引资作为切入点，改善商业环境，形成配套政策体系，全面推进工业化进程，为发挥劳动力的成本优势提供了制度保证，农业领域的大量过剩劳动力得以参与工业化进程，再加上逐步完善产业配套体系，使中国实现了从农业大国向工业大国转型。

中国自1986年开始实行九年制义务教育，确保新增劳动力具有初中文化程度，这一政策适应了国际产业转移对劳动力素质的基本要求，使中国劳动力的低成本优势得以发挥。从政策机制看，以下政策为农村劳动力转移发挥了积极作用。一是九年制义务教育政策保证了劳动力的基本素质，使之适应当时国际产业分工的基本要求。二是结合农村改革，打破经济体制对劳动力的束缚，鼓励劳动力向城市和工厂流动。三是以促进农村劳动力转移就业为导向，政府提供技能培训，使农村劳动力跨过就业门槛。

总体看，在改革开放的前30年，中国劳动力成本虽然逐步上升，但与发达国家存在很大落差，也明显低于很多发展中国家，与越南、印度拉开的差距也相对有限。由于中国在改革开放之初有大量的农村富余劳动力，形成2.7亿农民工队伍。年纪轻、工资低、工作纪律强、数量庞大成为这支劳动力队伍的特点，对国际产业资本形成很强的吸引力，使中国得以快速完善制造业体系，并形成自身的比较优势。

但是，其他发展中国家也正在效仿这一模式，形成明显的成本优势，努力从中国引入劳动密集型产业资本。目前，中国劳动力素质与不少发展中国家相比并无明显优势，但工资成本明显高于这些国家。总体看，中国劳动力低成本优势已经成为历史。

（二）当前中国劳动力结构不适应未来竞争要求

1. 全球劳动力职业能力面临新要求

与20世纪70年代初自动化技术革命相比，信息技术革命带来更为广泛和深远的影响。与此同时，促进包容可持续发展成为全球共识。

根据世界经济论坛对全球大型企业的问卷调查，在一些技术领域的影响尤为明显，包括移动互联网与云技术、计算能力发展与大数据、新能源技术、互联网事物、众包（crowdsourcing）与共享经济、先进机器人及自动运输，人工智能与机器学习、先进制造与3D打印、先进材料与生物基因技术等方面，对未来的就业岗位要求产生深刻影响。

在经济社会领域，工作环境变化与弹性工作安排、中产阶层成为新兴市场、对生态环保日益重视、政治地缘冲突、消费者对道德与隐私问题更加敏感、社会老龄化、年轻一代消费市场形成、快速城镇化等趋势也将对全球就业岗位产生重要影响。

在此背景下，传统的能力和知识结构难以适应形势要求，学习提升职业能力成为当务之急，包括发展完善基于信息化技术的合作能力。

就工作所需的核心技能而言，不仅需要操作能力和技术知识，更需要学习推理、沟通协调和问题处置能力，对劳动力素质和技能的要求更为综合全面。

就具体而言，素质能力涉及认知、推理、创造性、灵活性、形象化思维等，也涉及体能协调和动手能力、动作精确等方面。在技能方面，包括设备管理维修、操控，问题解决，质量控制、人员和时间管理等职业技能，既涉及阅读、学习、表达、理解、倾听、思考、监督以及信息技术基础知识等基础技能，也涉及协调、谈判、说服、服务、培训、教育等社交能力，以及分析、判断和决策能力。

在不同行业，对相关素质和能力的要求有所区别，例如制造业和服务行业的侧重点不同。但就根本而言，对劳动力素质要求的发展趋势已经清楚表明，传统以岗位操作为核心的技能结构已经不适应时代趋势。新技术革命对劳动力提出了更高的学习分析、沟通服务等要求，意味着劳动者需要与时俱进，提升素质能力，以适应更复杂的工作环境。

如果劳动力不能适应新形势要求，则一方面劳动者自身在就业市场面临障碍，在工作岗位面临不适应，另一方面企业在品质控制、技术升级、产品研发、市场推广、售后服务等环节效率偏低，难以实现预期目标。在宏观层面，经济增长、产业转型升级会面临诸多现实障碍。

2. 中国劳动力结构不适应发展趋势

重视提高劳动力队伍素质是国际趋势。从发达国家到发展中国家，加强人力资本投入已经成为普遍行为。但从每百万人口拥有研发人员数量等关键指标看，发达国家与发展中国家的差距非常大，发展中国家之间差异也非常大。正如前面在战略差距分析中所指出，发达国家的指标大多在4000人以上，丹麦、芬兰、瑞典等北欧富国的指标在6450～7200人之间，以色列超过8500人，韩国也超过6000人，而中国仅为1089人（见图4.1）。中国与发达国家的劳动力素质差距不仅影响生产加工和贸易销售，更影响到研发设计，对产业竞争力的制约影响十分深刻。

当前，中国的新增劳动力供给以高中及以上文化为主，大学文化劳动力比重在逐步上升，但初中及小学文化劳动力仍然占据了主体地位。中国与发达国家之间存在双重差距。

一方面，从现实基础看中国在岗劳动力中以初中及以下劳动力为主。每百万人中从事研发活动的人数与发达国家仍然存在较大差距，发达国家指标值是中国的4～8倍。中国技工、高级技工占全部劳动力的比重也显著低于制造业强国，高级技工所占比重严重偏低。据中国人社部2014年统计，中国2.25亿第二产业就业人员中，技能劳动者总量仅1.19亿人，高技能人才约

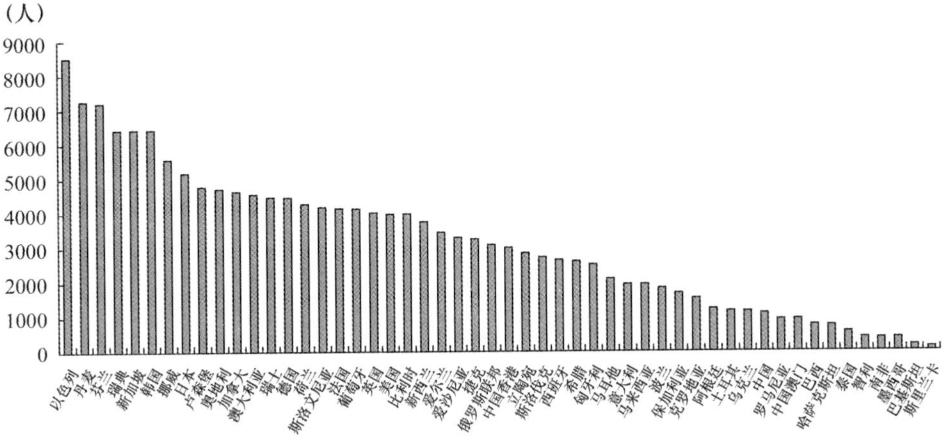

图 4.1　各国每百万人中 R&D 研究人员数量（2013 年）

资料来源：世界银行网站。

3117 万人，严重缺乏，仅制造业高级技工缺口就达 400 余万人。同时，中国现有劳动力不仅在技能等级结构方面与发达国家存在差距，在适应技术创新趋势、具备综合技能素质方面也存在很大不适应性，例如信息技术基础知识和理解推理、沟通协调、分析判断等技能缺乏专门训练，而这些能力对于创新发展至关重要。

另一方面，发达国家尤其是工业强国在人才战略方面更具雄心。一是表现为大幅提高大学生占全部人口比重。除了提高大学入学率，还通过各类社区学院、技术学院等途径为低学历劳动力提供在职培训机会。根据美国、韩国等相关战略，在大学入学率接近 100% 的情况下，将着力提高在职劳动力的素质和能力。二是针对新技术发展趋势、现代社会对劳动力新要求，从政府到企业均高度重视通过学习培训提高劳动力的综合素质，涉及信息技术、人际交流、分析判断等方面。发达国家各界之所以高度重视对人力资本投入，强化在人力资本领域的优势地位，关键在于人力资本在投资回报、竞争优势、技术创新等方面具有不可替代的作用。

总体看，中国劳动力队伍的整体素质和技能结构与发达国家存在较大差距。中国与发达国家之间很可能继续保持较大差距，有些指标有可能进一步扩大，例如大学生占劳动力人口比重。这种差距将成为影响中国未来经济竞争力的关键因素，必然对中国经济发展动力造成不利影响，补齐这一重大战略短板已刻不容缓。

3. 中国产业资本外流已持续多年

星岛环球网于2008年7月11日以《珠三角企业转飞东南亚》为题，报道珠三角产业向东南亚转移现象：珠三角地区产业转移由之前向北边内陆地区转移，开始向南边的越南、印度尼西亚、新加坡等东南亚国家转移。自2015年来，这种势头在增强。这些国家在土地、劳动力价格方面优势明显。从外贸看，中国出口产品经常受到欧盟和美国的反倾销压力，而东南亚国家情况不同。进入2018年，硬盘制造等高科技制造业的外资也开始向东南亚转移。例如美国希捷公司关闭在中国的制造工厂，转而在泰国扩大生产基地。

2013年1月9日，中国品牌服装网以《外贸纺织服装业产业转移东南亚成为最佳跳板》为题，强调这种产业转移趋势在加强，即服装行业主要靠劳动力支撑，迁移产业链是一种市场需求，主要原因在于劳动力成本上升。如孟加拉国一个工人每月工资仅需100美元，而在国内起码要两三千元人民币。

《人民日报》2013年6月4日以《中国成衣生产出现向东南亚转移趋势》为题进行了分析。由于东南亚人工成本较低，中国成衣制造业出现向东南亚转移趋势，一些服装配套产业也考虑向该地区转移。转移企业主要面向欧美订单生产。中国服装纺织企业青睐柬埔寨的主要原因，一是柬埔寨月工资最低标准只有80美元，二是该国的厂房租赁成本只相当于中国的1/5，三是在柬埔寨生产的服装产品享有对欧盟免税出口优惠待遇。中国服装业应加快高新技术研发。未来中国服装制造业需要向面料功能化和款式时尚化发展，加快高新技术研发，向高端产业链升级，这对劳动力的要求更高。

（三）当前中国急需推进劳动力转型

过去40年改革开放的重点在于推动农村劳动力向城市转移。现阶段大部分农村劳动力已向城镇转移，农业劳动力非农化转移潜力已基本释放。农村劳动力转移战略对经济成长的拉动空间有限。未来经济成长路径要从提高劳动力利用率转向提高劳动力内在价值。

中国经济面临的挑战是劳动力素质制约全社会劳动生产率的提升，工业企业总体效益增长不尽如人意，缺乏技术优势是关键问题。技术优势不仅依靠研究开发，更离不开高素质专业化产业工人。技术研发人员和技师各有所长，有经验技师能协助解决研发中的技术设施问题，促使技术成果转化为生产流程，在提高良品率、扩大产能等环节发挥关键作用。

从人力资本投入产出看，与单纯增加劳动力投入数量相比，对中国农村劳动力的人力资本投资能获得更好的效果，投资潜力很大。

1. 传统增长模式不可持续

人力资本存量决定经济增长潜力，包括可持续增长能力。人力资本积累不足，则提高生产率的难度很大。例如巴西、墨西哥实行物质资本投资优先，人力资本投资不足，形成偏重物质的资本结构，推动资本密集型产品生产。这种发展理念对于可持续发展能力形成负面影响，导致产业缺乏长期竞争力。

在技术水平较低的情况下，若勉强维持较高经济增长速度，必然以较低生产率为代价，资源浪费、产能过剩、生态破坏难以避免。这种发展模式很难形成新的比较优势。随着工资、土地等要素成本攀升，传统低技术劳动密集型产业的国际竞争优势趋于弱化，同时知识、技术密集型产业的发展又受制于劳动力素质整体偏低，这意味着产业升级路径面临障碍。

自改革开放以来，中国经济经历了40年持续快速增长，这种持续快速增长在前期得益于廉价农村劳动力持续向城镇转移，推动城镇加工制造业产能扩张，带动经济增长。这种高增长需要廉价劳动力数量、国际市场容量、生态环境承载能力等条件提供支持。但随着中国经济规模由小而大经历巨大变化，客观条件已难以支撑中国经济的传统增长模式。

从劳动力供给看，中国大部分农村青壮年劳动力已向城镇转移就业，农村的剩余劳动力大部分缺乏进城就业条件。同时，随着劳动力成本上升，中国劳动力成本的国际比较优势弱化。与越南、老挝、缅甸等东南亚发展中国家相比，中国劳动力的工资水平明显偏高。因此，中国廉价劳动力供给充沛的时代已经过去。

目前从国际市场看，其总体容量有限，中国在出口基数相对庞大的情况下，再通过出口行业的产能扩张推动出口增长面临多重制约。既有劳动力成本制约，也有市场容量制约，因而推动出口行业转型升级势在必行。

从生态环境看，中国生态环境对传统发展模式的承受能力已接近极限。在 21 世纪最初 10 年，华北地区雾霾天气增多，空气污染严重，主要污染物与使用化石燃料相关，同时土壤、水体污染问题在沿海发达地区也日趋突出。污染物中，除了种植业相关的化肥农药残留物，还包括重金属等元素。如果维持低层次加工制造业产能大规模扩张，则将对生态环境造成更大的损害。

因此，现阶段条件难以支撑传统快速增长模式。如果不转变传统的发展模式，不但难以保持原有增长势头，其内在的结构性矛盾也会进一步积累，使经济增长面临诸多挑战，突出表现为保持原有增长模式的资源、环境代价过高。

2. 经济发展面临低技术陷阱的风险

在社会劳动力素质整体偏低的情况下，企业的技术升级受到高素质熟练工人不足的制约。企业通常会对员工进行专用职业能力培训，而不是通用技能培训。中小企业条件有限，缺乏规模效应，培训员工积极性不高。即使对大企业而言，员工在培训之后辞职造成的损失较大，加上中国农村转移劳动力的流动性大，员工培训的人力资本投资风险也很大。因而大部分企业只能选择对工人技能要求不高的技术，形成低技术生产模式。由此形成低素质劳动力和低技术生产模式的低水平均衡。

这种格局对经济发展存在很大的负面影响。一是维持低技术生产方式意味着生产效率难以提高，产品性能和品质难以改进，市场竞争力难以持续提升。二是政府面临两难处境。如果政府出台扶持产业转型升级的政策，则企业难以跟进，产业政策收效不明显，表现为重点产业的转型升级进程缓慢，社会投资技术改造积极性不足。如果政府为防止经济下滑而扩大财政支出，则会导致投资效率降低，存在财政风险隐患。三是传统劳动密集型产业的国际竞争力不可避免地逐步下滑。中国沿海地区的工资水平与发展中国家相比，已缺乏优势，明显高于不少东南亚人口大国，已缺乏优势；与发达国家相比，中国劳动力工资的差距在明显缩小。加上土地成本、融资成本等因素，中国传统劳动密集型出口行业面临的挑战更大。

3. 高素质劳动力短缺问题长期积累

过去10多年来持续存在的高素质劳动力短缺现象，一方面反映出中国高素质劳动力所占比重偏低、培训机制不健全，另一方面反映出对高素质劳动力的需求上升。从中国的经济发展状况看，这种现象说明现有劳动力队伍已经不适应产业发展要求。在劳动力队伍整体素质缺乏有效提升的情况下，产业结构转型升级比预期慢有其必然性。在东部沿海地区，中国高素质技术工人短缺，但问题长期难以解决。

上述情况事实上早就存在。《新华日报》2009年2月12日以《苏北产业升级遭遇劳动力素质瓶颈》为题，报道了苏北8000个岗位只招到600人，关键问题在于技能不匹配。务工农民与企业“技”不对接现象，在当地频频出现。一边是企业需要大量的工人，一边是大量农民工依然找不到“饭碗”。随着产业结构调整，新增岗位大都为技能型，未经培训难以胜任。农民工技能与企业岗位要求不匹配的矛盾逐渐突出，“技工荒”凸显产业转型瓶颈。

与之类似，《中国工业报》2010年9月16日以《高素质劳动力奇缺，锻压产业升级受阻》为题，对传统锻压行业高素质劳动力不足制约产业升级情况作了相关报道。锻压产业奇缺高素质劳动力，一些锻压企业甚至都找不到合适的工人，生产线只能停工。山东通裕集团有限公司新上一台万吨级液压机，需要冶炼人才、锻造和热处理人才，但国内找不到，到国外也一时之间找不到合适的人选。类似情况非常多。当时上海一些锻造企业的生产线停工，并不是因为没有订单，而是因为没有产业工人。锻压行业高素质劳动力非常紧俏，自由锻工种月薪达到1万～1.7万元，模锻月薪达到7000～8000元，即便如此还是招不到。专家型人才拿到零件样品，能判断工艺步骤，但这类人才十分短缺。

4. 潜在收入分化压力较大

从微观经济基础看，劳动者的职业能力决定劳动价值和收入，职业能力差距决定收入差距。从宏观看，劳动力素质结构决定社会收入的分化程度，决定社会阶层分化程度。

拥有不同人力资本劳动者的相互竞争存在马太效应。小学文化甚至初中文化的劳动力并不适应高素质要求的专业化工作，多数从事简单重复的低技能工作。这类工作的竞争者众多，加上相关制造业存在向低收入发展中国家转移的趋势，这类劳动者与就业机会相比“僧多粥少”的局面将逐步凸显，市场竞争的内在趋势将促使高素质劳动者的工资上涨速度超过低技能劳动者。

通过政策干预，如提高最低工资标准，有利于提升低技能劳动者的收入水平，但这类政策并不能扭转不同技能水平劳动者收入拉大的内在趋势。通过产业分工和转移，同类素质的劳动力之间存在国际竞争。若某国初中文化的劳动力工资水平过高，制造业将会向低收入国家转移。即使生产基地留在本地，相关企业也会面临经营困难。

如果高素质劳动力是稀缺资源，不及时改善低技能劳动力素质，则劳动技能差异导致收入分配马太效应，推动社会分化和社会问题积累。缺乏社会政策支持，低素质劳动力自我发展难度很大，上述马太效应将起主导作用。

从中国劳动力素质结构的演进历史看，现阶段人力资本的分布结构有所改善，但2013年人均受教育年限为9.1年，总体仍处于库兹涅茨倒U形曲线的左侧，还未出现库兹涅茨倒 U 形曲线的拐点。国际经验表明，当人均受教育年限大约超过 11 年之后，收入差距会随着人均受教育年限增加而逐渐下降。从目前看，人力资本结构等对收入差距和经济发展产生显著影响。

劳动力整体素质偏低，决定了中国在目前难以形成以专业化高素质劳动者为主体的社会中坚力量。这一现状是形成稳定社会结构的根本制约。同时，劳动力素质整体偏低意味着中国落实国民收入倍增计划的基础亟待改善。

二、提升劳动力整体素质面临的问题

长期以来，侧重物质资本投入、劳动力投入相对不足的格局导致劳动力素质成为经济发展的关键瓶颈。主要存在以下问题。

（一）人力资本投入积累不足

1. 教育培训投入长期不足

中国早在 1993 年就提出要在 2000 年实现财政性教育经费占 GDP 的 4%，但一直到 2012 年才达到目标。在 2001 年之前，长期在 2.5% 附近徘徊，其中 1990～1995 年呈下降趋势，从 3.04% 下降到 2.41%，之后回升；但 2002～2004 年又从 3.41% 下降到 2.79%，之后才开始回升。2012 年以来，也在 4.2% 附近徘徊，处于世界不发达国家水平，明显低于中等收入国家 4.48% 的平均值，更低于高收入国家 5.66% 的平均值。中国人口数量大，人均 GDP 低，财政性教育经费投入比例又较低，所以人均教育经费投入更低。

从改革开放初期一直到 20 世纪末，中国财政资金紧张。尽管各界对加大教育投入早有共识，但实际可用资金有限，导致财政经费占 GDP 比重实际长期偏低，形成了支出结构的惯性。进入 21 世纪，尤其是 2007 年之后为应对国际金融危机推出了一系列扩张性财政政策，但与发达国家不同的是，中国偏重于基础设施投资，而发达国家早已转向人力资本投资，与社会保障政策高度结合。2017 年中国人类发展指数列全球第 91 位，挪威、澳大利亚、瑞士、丹麦等地位居前列。

2. 职业培训投入比重偏低

由于教育的历史欠账太多，中国现阶段劳动力中具有高中及以上文化的不到 1/3，而发达国家普遍占 2/3 以上；在中国初中及以下劳动力中，小学文化占 1/3。从国际经验看，在经济快速成长阶段，高能力员工供不应求，技师以及服务业专业人员短缺，应把相当比例财政资金用于成人培训，包括在岗培训，以适应形势需求。但在中国，由于长期存在的支出结构问题及其体制惯性，财政教育经费支出用途主要分为教育事业费、教育基建投资，主要面向各级学校，如高等教育、中等职业教育、中等教育、初等教育，中等职业教育所占比重不到 10%，且发展缓慢，而面向社会成人的培训经费投入更加不足。以东部某个经济发达省份为例，2011 年职业培训、职业技能鉴定、职业介绍、小额担保贴息等社会发展性项目支出为 2.78 亿元，而当年的财政预算教育拨款为 425.69 亿元。在中西部经济欠发达地区，成人职业培训的需求更旺，但经费更少。因此，中国财政支出结构亟待优化，需要更加重视职业培训相关的人力资本投入。

事实上，政府对职业培训普遍具有就业导向特点。中国现阶段的产业结构尚处于调整过程中，对低技能劳动力还具有一定的吸纳能力，由此导致的问题是职业培训等围绕职业能力发展的政府投入偏低。

文化程度相对较低的人群，包括初中、小学文化成年人，家庭收入一般处于中下层，养家糊口压力大。职业教育培训的直接成本、机会成本相对较高，在职人员缺乏自费参与培训条件。

3. 中国人力资本积累严重落后

根据世界银行估算①，2014 年全球财富总量中，人力资本占 64%，自然

---

① The Changing Wealth of Nations 2018，Building a Sustainable Future，World Bank.

资源占9%，生产形成的资本占27%。其中，人力资本所占比重在低收入国家为41%，中低收入国家为51%，中高收入国家为58%，高收入OECD国家为70%，中国为59%。1995～2014年，全球社会总财富年均增长4.25%，中高收入国家人力资本年均增长3.88%，增长最快，中低收入国家分别为2.64%、2.03%，高收入OECD国家为1.05%、1.37%。

从人均指标看，2014年中国人均人力资本为6.34万美元，列全球第48位，不到中上收入国家的平均值6.57万美元。作为参照，高收入OECD国家的平均值为49.84万美元。中国与美国（76.65万美元）、加拿大（73.08万美元）、澳大利亚（58.57万美元）、新西兰（51.65万美元）、瑞士（102.3万美元）、挪威（100.46万美元）、冰岛（73.36万美元）、瑞典（57.65万美元）、丹麦（53.89万美元）、芬兰（46.01万美元）、荷兰（51.65万美元）、英国（45.72万美元）、法国（41.59万美元）、爱尔兰（47.37万美元）、新加坡（46.61万美元）、日本（36.51万美元）等地差距十分明显，与韩国（29.17万美元）的差距也非常大。在发达国家阵营内部，人均人力资本存在较大差距，意大利（24.14万美元）、西班牙（21.56万美元）、葡萄牙（17.21万美元）、希腊（10.57万美元）明显落后，由此不难理解这些国家在2010年欧债危机期间的失业率高企问题；同时，北欧五国的人力资本优势也十分明显。人力资本积累解释了发达国家可持续发展潜力。

与金砖五国相比，中国与巴西（12.37万美元）、俄罗斯（9.08万美元）差距明显，仅高于南非（4.49万美元）、印度（0.88万美元）。与经济发展水平相当的马来西亚（18.07万美元）、智利（13.95万美元）、匈牙利（10.26万美元）差距更大。东亚及环太平洋中、低收入国家平均值为5.34万美元，中国与之相比并无明显优势。

发达国家的人力资本积累得益于长期重视投入。欧盟制定的《欧洲区域政策——对非成员国的激励》框架强调促进教育、培训，促使人力资本由第二产业向第三产业流动；发展高科技产业，淘汰高能耗、高污染产业。欧洲

2007～2013年的环境投资中，对人力资本的直接投资和间接投资占29.8%。

（二）劳动力培训体制不完善

1. 政策导向偏重就业入门培训

中国加强了对职业技能培训的政策导向，如《劳动法》和《职业教育法》都明确规定了企业对劳动者进行职业培训的法律义务，职业技能的培训经费按一定比例提取、税前列支。但多数企业按照全体职工的工资总额提取培训经费，实际用于职工培训的经费较少，技能培训不能满足需求。不少城市的市政府从衣食住行上逐一落实农民工的市民待遇，每年从财政列支数千万元用于农民工技能培训，但多数企业职教经费未达到国家规定标准，导致农民工素质缺乏根本改善。

据劳动和社会保障部2005年5月快速调查统计结果显示：2004年，农民工流动就业人口中文盲占2%，小学文化程度占16%，初中文化程度占65%，高中文化程度占12%，中专及以上文化程度占5%。农民工总体文化程度偏低，初中以下文化程度所占比例高达83%。从技能培训情况看，接受过技能培训的占28%，未接受过任何培训的仍占七成以上。与之相对比，2012年中国流动人口发展报告表明，农民工培训的普及面、培训层次、实际效果有所改善，但还需进一步提高。从2016年中国流动人口发展报告调查看，随着技术进步，迫切需要加强对流动务工人员的专业技能培训和理论知识教育。

虽然农民工有迫切要求，但客观上存在不少困难，包括自身文化素质起点低、工资收入低、劳动时间长、劳动强度大，缺乏足够的时间参加培训，也缺乏参加职业技能培训的经济实力。多数农民工缺乏稳定感，对难以短期见效的技能培训积极性不高。加上企业对农民工侧重于提高劳动强度增加产出，缺乏通过提高农民工职业技能来提高劳动产出的中长期思维。这些因素导致农民工的职业技能培训工作面临多种障碍。

技能水平是影响农民工就业的主要问题。在制造业从劳动密集型向资本技术密集型转型的关键阶段，职业教育培训政策导向亟须从就业促进转向技能提升。

2. 政策机制有待完善

从政策机制看，存在定位不明、措施不落实和服务不到位问题。从定位看，政府发挥农民工培训的决策、实施、监督等作用，自我监督导致实际效果不理想。一些培训机构同时负责培训和考核工作，职业技能鉴定的客观、公正难以保障。从措施落实看，不少地方存在应付行为，部门之间缺乏协调，部门办学管理存在条块分割、各自为政情况，教育、劳动人事部门以及各行业主管部门各自办培训；培训工作简单化，缺乏操作训练，部门缺乏协调合作。一些地方的农业主管部门负责农民文化普及以及农村实用文化技术培训、乡镇企业职工的培训，一些行业主管部门有职业技术培训基地；教育行政部门负责初、高中毕业生职业技术培训，审批、管理社会力量办培训相关事务；政府劳动就业部门负责农村劳动力培训、下岗职工再就业培训，以及职业技术等级的考核、鉴定、发证等工作，下属技工学校或就业培训中心负责相关培训工作。政府各部门力量缺乏应有整合，导致了公共培训体系重复建设，培训资源利用率低。

培训工作投入的人力、物力和财力多，如果培训费用、政府补贴标准有限，则难以在岗位操作阶段落实足够的培训量。据西部某省社会保障局测算，电焊工学习培训一般需要一个学期，4000 多元；如果学员基础差、接受慢，则成本更高。

就培训机构看，公立培训机构有稳定的财政资金来源，比较重视职业培训的软硬件投入，但教育资源利用率不高。农村民营职业培训机构一般设在中小城镇，包括一些大的村庄，开办保安、烹饪、服装、美容美发、家电维修、汽车摩托车维修等起点低、适应广的实用专业，学制、收费灵活，重视就业指导，通过租赁校舍和实习设备、减少后勤人员等方式控制成本。但有一些民营培训机构的教育培训条件差，质量不高，教育培训时间短、方式欠灵活，培训项目缺乏针对性，知识技能提升有限，甚至不具备办学条件，通过营销参与竞争。总体看，社会上各类培训机构办学水平、师资水平和培训质量需加强规范管理和引导。民办职业技术学校除税收优惠，其他财政支持少，难以获得银行贷款。

因此，政府与社会培训机构之间协同机制尚需要进一步完善，特别是社会化、市场化的职业技能培训体系还需要进一步建立健全。

3. 培训经费保障机制有待完善

从雇员角度看，在职人员自发进行人力资本投资面临诸多制约。在企业不安排相关培训的情况下，职工很难有时间接受外部培训。辞职参加系统性的职业技能培训并不现实，培训经费和机会成本是很大障碍。中老年工人收回人力资本投资的时间少，更缺乏动力投资职业培训。因此，需要政府支持和政策激励，也需要企业承担部分成本，以促进雇员职业技能等级提升。

因贫困家庭无法支付职业教育学费，各地探索教育券制度，发挥了一定作用。陕西和安徽在实践中实行不同于教育券的职业技术培训报账制度，由省级财政提供资金支持，解决了县级财政的资金不足问题。为加强资金管理，以项目管理方式拨款。陕西省扶贫办在培训完毕，经检查、评估和财务审核之后，予以培训费用。安徽省扶贫办的办法是，根据培训进展分期拨款。通过各级政府分担费用，下级政府只负担学费。

更理想的方式是允许培训对象选择职业培训学校，实行报账考核，凭结业证、资格证、就业安置合同来兑付教育券，可形成更有效的激励机制。从实际案例看，加强对职业学校的监测和评估，把就业率作为重要指标，加强学校财务审计，对社会效果进行必要评估，可以提高培训效果。

根据《国家新型城镇化规划（2014－2020）》和国务院农民工工作领导小组的要求，从2015年起施行“农民工职业技能提升计划”，每年培训2000万人以上。这有助于扩大培训覆盖面，但仍须高度重视培训质量、经费保障。

（三）低素质劳动力培训有待重点加强

从全球趋势看，低素质劳动力面临的挑战包括：一是与高素质工人工资差距扩大。高学历雇员同高中、初中毕业生之间的工资差距越来越大，在发达国家、中等收入国家都是如此。二是技能型岗位增长速度快于非技能型岗位。高素质劳动者就业机会高于低技能劳动者；低技能工人的失业风险增大，期望薪酬降低。三是知识型产业快速发展，高学历和高素质人才数量日趋增加，低素质劳动力已不能适应形势要求。

从有关人员的调查看①，有三类培训受农民工欢迎：一是易学易会的家政、餐饮、文秘类，二是就业面较广的建筑、运输、美容美发、服装、焊工、钳工类，三是预期收入较高的数控机床操作、营销、财会、通信、计算机类。多数农民工选择周末或工作之余正规培训，不到两成选择晚上正规培训，不到一成选择全天上课方式的培训。从培训方式看，希望是师傅传帮带、老师辅导、正规上课相结合。

从有关调查看，接受培训的农民工收入明显提高。职业培训对其增收的作用几乎等于正规教育；针对性越强，增收效应越明显。常规授课培训、“干中学”都能显著提升收入，“干中学”的学徒培训收入提升效果最好。多数农民工准备在三年内参加技能培训。

一般而言，企业规模越大，越难在市场上雇用到足够的高素质专业技术工人，倾向于对农民工进行培训，但中小企业培训员工的条件和动力不足。

目前，中国技工学校等资源集中在城市，在县以下地区的公立机构数量少，乡镇培训机构设施、设备过于简单，难以提供高质量的培训。

从对政府的服务要求看，及时提供用人单位要求、提供培训信息、给予培训补贴、规范培训机构成为农民工的强烈要求。从对培训机构的要求看，机构信誉、培训内容、培训费用、时间安排、工作安排成为农民工的关注

---

① 根据相关博士论文调查情况整理。

重点。

这些反映出我国职业教育培训的供需矛盾有待妥善解决，对农民工等低素质劳动力的职业教育培训工作有待完善和加强。

三、宜发挥政府对在职培训的促进作用

政府对存在外部效应的关键领域加强投资，有助于构筑经济发展的战略优势。这类产品和服务具有公共属性，企业往往不愿或不能投资。政府加强投资有助于提高经济运行的整体效率。

包括职业教育培训在内，围绕劳动力素质的人力资本投资具有一定的公共产品特征，是政府基本公共服务的一部分。这是因为，由于存在溢出效应，教育投资的经济收益分为私人收益和社会收益。教育投资有助于促进社会进步，加速技术变革，提高劳动生产率，促进社会收入分配平等，增强社会凝聚力，减少犯罪率。

（一）打破劳动力低素质与产业低技术均衡符合各方共同利益

1. 技术进步趋势导致现有低技术企业面临两难

在技术进步过程中，新技术设备的大规模应用需要从业人员掌握新的知识和技能，导致人力资本投资需求上升。为突破劳动力低素质和产业低技术的均衡，企业在应用新技术时，必须招聘高素质技术工人，或高强度地培训内部员工，这都意味着要进行大规模的人力资本投资。在社会劳动力素质整体偏低的情况下，由于高素质劳动力具有稀缺性，企业面临高素质员工流失问题，在培训完成之后，需要用高薪留人，人力成本显著上升，风险增大。这意味着企业独立向“高技术－高素质劳动力”均衡模式演进的成本和风险都很大；但在开放条件下，企业面临国际竞争，维持现有低技术、低素质格局又难以为继，实际面临两难格局。

2. 技术进步为高技能员工提供增收机会

根据多重均衡理论，雇主增加专用人力资本投资，有利于保持较低离职率。企业保持较低的人力资本投资水平，既不增加通用人力资本投资，也不增加专用人力资本投资，则会导致员工离职率保持较高水平，形成高离职率和培训低投入的均衡。一般均衡模型表明，技术进步导致不同技能工人的工资差距扩大，使用更多先进技术的厂商需要雇佣技能更高的工人，并能支付更高的工资。

新技术的大规模推广导致现存人力资本发生结构性贬值，劳动力就业竞争力发生变化，在工资上体现差异性，掌握新技术的工人收入上升。发达国家的技术进步伴随高素质劳动力需求上升，高素质工人技能价值提升。

（二）重点关注初中及以下文化劳动力

提升劳动力素质的途径除了职业学校学习，还包括在职培训、“干中学”、师徒传授等。在职培训（包括生产、“干中学”、协作方监督等）是专用技能的重要来源，是知识转移的重要机制，形成的大部分技能是隐形知识。通过在职培训，可以使隐性知识得到传承，促使品质、效率管理等特殊诀窍在内部传播扩散。

在职培训高素质工人是持续推进创新的基础，形成的技术能力具有系统稳固特点，有利于促进员工协同配合，推进高效分工。

中国现阶段劳动力结构存在的突出问题是初中及以下劳动力占全部劳动力的3/4，其中小学及以下文化劳动力占全部劳动力的1/4。这部分劳动力不经过专门培训，难以成为高素质专业化技术工人，成为技师的难度更大。由于基数大、比例高，依靠退休途径自然减员则非常漫长，必然形成长期瓶颈制约。

初中及以下劳动力是在职教育培训的重点。一个常见误区是把注意力集中在高端人才上，重视领军人才培养引进，忽视培养高素质技术工人，导致技术研发与产业化应用、商业化推广脱节，研究成果停留在实验阶段。通过职业技术培训、教育等各种手段，加强人力资本投入，尽快整体提高劳动力职业技能，重点补齐初中及以下劳动力素质的短板。

就具体目标而言，包括初中及以下劳动力在内，应考虑国际趋势和未来要求，形成分阶段、高目标的发展路径，避免被动应对。为此需要制定战略，形成教育培训相关的法规和政策措施，分步推进实施，确保在一定时期内消除劳动力素质与发达国家的差距。

（三）完善整合机制，促进各方共同参与

就具体投资主体而言，由于劳动力具有流动性，企业投资培训职工通用技能会随着职工跳槽而面临损失，因而培训积极性有限。特别是中小微企业内部资源有限，独立开展培训的效果不佳。妥善解决这些问题需要引入外部支持和干预，特别是政府的作用，整合各方力量共同参与。

1. 市场失灵需要政府干预

劳动力流动性导致企业人力资本投资的外部化效应。职工教育培训具有准公共物品特征，通用职业技能是劳动力市场外部性的重要来源。人力资本投资存在市场失灵问题，关键原因在于外溢效应导致人力资本投资收益不能完全被投资人回收。企业技术的进步策略关键取决于劳动力市场的供给结构。高素质劳动力供给越充足，企业越倾向于选择技能偏向型的技术进步策略，产业升级、技术进步的互动越明显。

随着信息化技术、自动化生产普及，适合普通工人的岗位将大量减少，但对高素质专业技术工人的需求相应上升，需求结构发生重要变化，带来结构性失业问题①和高素质专业技术工人供给不足问题。在技术快速进步的背景

① Griliches（1969）的资本与技能互补假说认为，低技能劳动岗位容易被包含先进技术的物质资本所替代。

下，专用技术领域的人力资本投资面临很大风险，可能会很快过时，劳动者会选择通用技术。劳动者投资人力资本需要以判断新技术普遍采用、带来足够增收为前提，其个人决策具有滞后性。往往在知识技能面临淘汰或者高素质工人的收入显著上升时，才会决定是否进行教育培训投资。

因此政府应实施必要干预，打破低技术和低素质劳动力均衡。加大财政投入，加强配套体系建设，促进在岗学习，是打破技术与劳动力低层次均衡的有效手段。把提高劳动力整体素质作为一项公共政策，使高素质劳动力占主流，则用工成本和风险随之降低，选择高技术成为实现投资回报最大化的最佳选择，使“低技术－低素质劳动力”均衡向“高技术－高素质劳动力”均衡演进。

从宏观看，针对劳动力素质的瓶颈问题，加大相关投资，将有助于提高经济体系效率以及产业竞争力。提高劳动力整体素质，是中国走向现代化的必要条件。此外，人的能力难以事前观察，而雇主的雇佣决策基于观察，面临两难，需发挥文凭的信号价值，文凭质量至关重要。

2. 整合利益相关方协同推进培训工作

缺乏有效的社会化培训体系，很难完成大规模的工人技能转型和提升过程。为此，提高劳动力整体素质需要由国家统筹推进，在战略规划、政策制定、统筹协调等方面发挥管理和促进作用，行业协会、企业、培训机构、受训工人等利益相关方共同配合。原因在于人力资本是中国经济转型的基础支撑，事关国家战略根本，但人力资本投资有外部效应，投资回报存在不确定性，主要与劳动力的流动性有关，故依靠市场机制难以解决劳动力培训的投入激励问题；同时，在实施过程中还涉及经济、社会、法律等方面综合问题。为此，需要国家加强顶层协调，统筹资源，理顺体制，明确利益相关方的权利和义务，调动各方积极性。

从国际经验看，人力资本投资往往以政府为推动，促使企业和劳动者参与，并吸引社会培训机构提供服务。从德国、美国、日本、新加坡、韩国等发达国家情况看，其现代化发展过程顺应了全球技术革命潮流，改造提升劳动力素质是核心环节。如在二战之后，美国等地体力劳动者占比不断下降，到20世纪60年代初低于脑力劳动者比重。在日本，自20世纪50年代中期开始，结合国民收入倍增计划，着力提升国民教育素质，把培养高中以上文化劳动力作为发展基础。新加坡、韩国在经济起飞过程中，高度重视夯实高素质劳动力基础。德国长期把学徒制与职业技术教育有机结合，形成富有特色的“双元”教育机制，为制造业输送高素质劳动力，奠定了德国制造业竞争优势的基础。在这些国家，教育培训相关战略被列为基本国策，配套法律发挥了保障作用；政府有效履行组织推进职责，促进了政策实施。

第五章

提升劳动力整体素质的国际经验

从全球发展趋势看，在科技进步和经济全球化叠加作用之下，各地劳动力在迅速变化的经济环境中需要得到外部支持，以提高职业能力，适应就业市场要求。其中农村人群尤其需要得到帮助，需要提高增收能力和自我雇佣能力，减少城乡经济社会差距。不以授之以渔、提高生产经营能力为前提，金融扶持等政策很难充分发挥作用。同时，随着劳动力流动性增强，尤其需要具有权威性的统一资质认证体系。但现实中，各国现有职业教育培训体制面临不同程度的不适应性。

针对这些需求，职业教育培训需要推进体制机制改革，形成一整套有机衔接、重点突出、作用有效、保障有力、体制灵活、全面覆盖、协同推进的服务体系。从宏观看，需要建立政策机制，培育持续的产出和就业增长机制。为此需进一步完善监管框架，鼓励人力资本投资，改革职业教育培训体制，评估劳动力市场的供需情况及相关政策的绩效。从微观看，培训工作面临资金不足、信息不透明、私营培训供给不足，以及培训体系碎片化、培训供需双方之间信息联系薄弱、培训机构能力不足等问题。

针对这些问题，发达国家人力资本投资政策可分为市场主导和政府推动两种典型。

市场主导型政策原理是，由于技能需求和培训服务的信息不对称，影响企业和个人的人力资本投资决策，使政策激励效果降低，故通过改善关于劳动力市场技能需求及相关教育培训的信息供给，降低信息不对称程度，可以使企业和个人对职业技能教育培训的成本和收益产生明确预期，从而可提高社会投资人力资本积极性。政府通过建立职业资质认证体系等措施，可促使企业和个人投资决策的基础信息更加有效，促使社会提高对人力资本的投入水平。技能等级认定等政策机制有助于促进企业增加对员工培训的投入。

政府推动型政策原理是，在市场机制不健全情况下，通过政府参与人力资本投资，提供经济资助，在不完全市场中为困难人群提供支持，带动人力资本投资。这种模式的特点是政府直接提供帮助，解决培训的投入问题。具体包括提供职业技术教育培训的资助或贷款，以及在解决弱势群体的培训成本方面发挥主导作用。另一种参与性投资促进政策是政府发挥财政支出杠杆效应，促使企业和个人投资于职业教育培训。这种做法的优点是政府支出只在职业技能教育培训的综合成本中占一部分，但需要相关个人有经济基础，需要企业参与投入。同时，通过税收激励等措施，促使企业增加人力资本投资。

由此，欧洲各国职业教育培训有三种“经典”模式：英国的自由市场经济模式，法国的国家主导模式，德国的校企合作双元学徒制模式。法国具有很强的中央监管、规划、控制特点，由国家提供资金，主要依靠学校提供职业教育培训体系。

相应的有两类职业技能培训渠道。一类是通过正规在校教育向劳动力市场输送有技能的员工，大多数 OECD 国家采用这种体系，如美国、英国、加拿大、法国、挪威和瑞典。这类模式的职业技能在学校获得，偏重于一般性的通用技能教育。另一类则偏重企业培训，典型代表是德国，丹麦和荷兰也采取这种模式。

世界银行对 105 个国家调查表明，技能培训和开发具体需要重视：一是通过市场机制，让年轻人学习到更多技能，使高素质工人相互进行学习，促进教育、培训机构相互竞争；二是建立国家职业资质体系，制定全国职业技能标准；三是改进设施与设备；四是施行产学研结合，确保学校提供行业所需技能，使企业与学校在培训资金、标准、实习等方面合作，促使学校按市场需求运行；五是注重培训实效，通过就业和实际工作表现检验培训效果。

根据全球领先国家的做法，整体提升本国劳动力素质的经验可总结如下。

一、促进职业技能等级体系与传统教育体制有机衔接

职业技能教育培训不同于常规教育，其成本较高。主要对象一般包括：一是基础素质一般的学生；二是劳动力市场以外的人员；三是准备培养成高能力雇员的企业在职人员。此外还包括为高中毕业生提供上岗前的技能培训，提供终身学习渠道或高中后专业培训。

在职业教育培训传授过程中，需要把工作场景融入学习环节，以保障学生在未来实际岗位中有出色表现。为更好地解决职业学校课程与工商界需求脱节问题，各国通过多种途径把职业教育和岗位工作相结合，例如鼓励企业、行业协会参与职业教育工作，鼓励学徒制模式。1994 年、1999 年欧洲理事会先后实施了两期“达芬奇教育培训计划”和“欧洲之路跨国培训计划”。欧盟委员会强调要同等看待物质投资和教育投资，加强企校结合，发展学徒制培训，着力培养厚基础、宽口径人才。1997 年德国制订职业教育改革计划，开发新职业培训领域，鼓励企业积极参与，等值承认职教、普教学历资质，增强职教吸引力。这种互认做法在全球具有普遍性。具体包括如下几点。

（一）统一职业能力鉴定标准

职业资质证书有助于解决劳动力市场的信息不对称问题。如果缺乏国家层面的职业能力统一鉴定标准，企业对生产一线员工的劳动价值难以进行客

观鉴定，企业与员工就工资定价达成共识的难度增大，由此带来员工频繁跳槽问题。单靠企业自身很难解决这些问题。同时，如果对培训结果的认证缺乏权威性和通用性，工人即使愿意参与职业技能培训，也不愿意过多投入，不愿在培训期间降低工资作为个人投入。这种格局将导致员工高流动性和企业低培训积极性，并伴随员工低技能和低收入。因此，作为职业技能教育培训成果验证，相关技能认证权威性、通用性非常重要，这是促使职业技能的教育培训投资产生市场价值的重要条件。

欧盟致力于完善培训激励机制，整合职业资质认证体系，加强职业技术教育培训的相互交流与合作，并建立相关的数据库，促进高素质劳动力流动。欧盟为促进成员国之间劳动力流动，将各国正规、非正规教育的学习结果纳入统一认证框架体系，适应终身学习目标要求。该框架整合普通教育、成人教育、职业教育、技能培训和高等教育，涵盖范围从义务教育到最高学位。为适应不同国家现状，欧盟认证框架包含多种认证方式，资质证书相互认可，学分可相互转换。

欧洲各国的国家资质框架（National Qualifications Framework，NQF）具有不同形式和功能，但全都有四个通用目标：一是建立学习产出的国家标准；二是通过监管教育培训服务的质量以促进发展；三是作为相关资质彼此关联途径；四是促进学习获得、学习传递、学习进步。

英国在20世纪80年代中期推行国家职业资质证书（National Vocational Qualifications，NVQ）和基础职业资质证书（General National Vocational Qualifications，GNVQ），涵盖工商各领域，围绕“任务”和“角色”所需职业能力，形成职业标准、评定方法、培训方案（学习计划）等一套解决方案。其核心目的是界定个人工作能力。澳大利亚的国家职业资质证书由认证实体颁发，以知识和技能的掌握运用为基础，以实际需求为导向。

德国职业资质鉴定机制包括：社区实践、准入机制、培训项目、考试系统、职业仲裁、准入标准、教育培训课程、监督评估和验证程序。这些使得德国职业教育培训文凭具有很强的公信力和可靠性。德国职业许可制度以通过考试检查作为在相关行业就业的重要条件。这种体制有几方面好处：一是职业鉴定迫使学徒学至培训期满，否则会因未参加考试而被边缘化。二是考试由公共管理部门组织，为学徒提供正式可预期的培训质量信息。如果某位技师有学徒未能通过考试，则他会难以招到新学徒。三是验证程序依官方培训标准，使培训者和学员都不能大意。四是公共考试检查迫使学徒认真学习。最后，由于培训点容纳诸多职业培训项目，培训机构之间存在相互竞争，通过提高培训质量来吸引学员。

资质鉴定证书可发挥指示器作用，用来验证知识和技能。但是，文凭对需要特定技能才能准入的工作而言，对证明能岗匹配的作用有限。

（二）资质证书与学历证书等价

从国际经验看，要提高职业教育培训对青少年人群的吸引力，促使职业教育培训体系与通用教育体系实现良好衔接是基础条件。这样有利于为学生继续接受教育提供更好机会。从发达国家的经验看，加强职业技术教育与高等教育体系的有机衔接，有助于推动职业技术教育开展。在许多国家，职业技术教育各级资质证书与普通教育的相关证书具有对等关系，职业技术教育可作为升入高等教育的基础。这样为参加职业技术教育的年轻人提供了更大的发展空间和舞台，有助于激励社会加大对初级、中级技能教育培训投入，调动青年人参加职业教育培训的积极性。

英国职业资质证书制度与职业教育体系配套，职业资质证书与普通学院教育文凭具有对等地位。英国 11 个行业 90% 岗位实行职业资质证书制度，国家资质框架体系（NQF）使教育管理体系和资质认证体系得到统一，相互对应关系明确，使劳动者在规划职业生涯时有了更多选择，提供了终身学习的丰富途径。在政府管理效率得到提高的同时，资质证书的通用性、流动性以及与学历证书的等价性调动了个人参与职业技术教育培训的积极性。

（三）技能培训融入普通教育体制

职业技能培训与中等教育相结合的方式。如德国的“双元制”、荷兰与丹麦的初级职业技能培训纳入公共教育系统、英国初级和中级综合教育系统等。其中，德国、荷兰在中学阶段使职业技术教育和普通教育相互渗透；德国很多准大学生先当学徒，为日后技术职业打好基础。德国的社会化培训体系健全，职业教育是升学就业的重要渠道。完成职业教育后，还有机会接受更高层次的职业教育。除了各类学校承担培训职能、行业协会履行自律管理职能，职业技术教育研究机构发挥指导作用，形成全国性职业培训服务网络体系。这种体系重视基础知识和能力，强调通过系统严格训练，注重提高岗位工作能力。各类培训机构发挥了重要作用。专业培训机构的培训师资在知识技能、教学方法、社会经验、协调沟通方面具有优势和经验，能结合学员情况形成针对性的培训方案，提高培训效果。不少企业愿意同培训机构联合培训工人，以减少人力和设备占用，减少开支。德国由国家认定需要接受培训的职业中，有将近一半是新职业或是具有新内涵的职业，由此导致培训市场需求旺盛，培训机构增多，市场化机制逐步增强。培训机构的服务对象包括失业者、在校生、在职人员、弱势群体等。通过培训，可获得国家承认的证书。培训的师资人员具有理论指导和操作指导双重任务，持专业资质和教师双重证书。

（四）完善质量监管体制

作为职业资质证书体系的关键环节，大多数发达国家实施教考分离的第三方认证制度，考核方与培训机构、受试者没有利益关系，建立严格的质量保障机制。现场考核对改进传统考试方式发挥重大作用。监管部门为保证资质证书含金量，按学科进行质量审计，审计不合格则部分或全部收回授予资格，以此对考核机构施加压力；并对合作伙伴、合作机制和特许项目安排专项审计。英国的现场考核根据学员工作成果，全面评估受试者，进行持续考查。考核认证监管、证书发放由国家专门机构负责。

2002 年，哥本哈根宣言提出建立欧盟劳动力市场，实行跨国职业资质互认制度，并改进国家层面职业培训制度。2005 年，欧洲议会提出的欧洲终身学习资质框架（European Qualifications Framework for lifelong learning，EQF）促成各成员国之间认证资质的转换，消除跨地区学习障碍，促进人员流动和终身学习。该框架将职业能力划分为八个等级，涉及知识、技能和能力三个方面，认为职业能力不仅包括对知识和技能的掌握应用，还应包括认知能力、行动能力、个人素质、习得能力。因此，欧洲的职业能力是综合素质的概念，包括知识技能沟通交流、分析判断、责任感、自我管理等方面，实际上是劳动力的综合竞争力。这一概念界定反映出欧盟对职业能力概念的重新界定，这种能力既包括动手能力和技能，更包括综合分析、判断、沟通、协调等方面素质，侧重于协同解决现实问题，能更好地应对创新社会的发展要求。2006 年欧盟委员会提出欧洲资质框架（European Qualifications Framework，EQF），增强劳动力的流动性和可转移性，于 2008 年获得欧洲议会和欧盟理事会通过。欧洲资质框架旨在增进欧洲各资质系统之间的透明度、质量和机动性，促使技能供需匹配，增强劳动力市场机动性，提升成员国竞争力。这一资质框架定义并整合了知识、技能、能力的概念。

二、完善职业技能培训体系

职业技能范围较广，教育培训可由多方提供。职业教育培训体系分为三部分：一是职业和技术教育，是正式学校的教育任务组成内容；二是就业前职业培训，通常在学校安排之外；三是对工人的在职培训，在工厂或其他地方进行。

职业技能培训成效首先取决于目标设定，其次才是课程设计、实施等因素。职业技能培训不同于职业教育，并不局限于校园，培训期限和入学条件都不一样。主要目的包括：一是帮助失业人员找到工作。二是帮助毕业生进入劳动力市场。这些就业培训不在工作场所，不同于岗位培训。不是面向在职人员，而是面向在学校以外，特别是那些正在寻找工作的人。三是帮助在岗人员提升职业技能。

（一）整合管理体制

学校教育并不能满足劳动力培养的全部需求；在职培训与正规教育一样，是人力资本投资的重要途径，是劳动力培养的必要组成部分，是丰富完善职业技能的重要途径。

在职培训的主要问题在于没人管，教育部门很少管理在岗培训。在很多国家，职业教育培训系统的特征是碎片化。涉及职业教育培训管理的主要部门是教育和劳工部，其他部委通常也扮演重要角色。劳工部监督正规学校之外的职业培训，但推动在岗培训的责任往往散落在各个部委，导致多个部委管理相似的培训项目，政策举措相互复制，把私营部门挤出培训市场。因而在国家层面把相关政府部门整合成一体，是保障政策衔接的重要有效途径，有助于更好地配置政府资金。例如整合成教育、就业与培训部。

针对培训管理碎片化问题，澳大利亚在中央层面整合相关部门，合并成教育就业培训部，促进政策制订的一致性，优化公共资金配置，同时促进雇主和工人参与中央和地方层面政策制订。澳大利亚的第二项改革是建立国家培训局（Australian National Training Authority），由中央和地方政府参与，以公司方式运行，中央和地方的股权平等。这个机构由三方组成，邀请雇主和工人代表参与，旨在发展全国性评估和资质管理系统，推进职业技能教育培训；提出职业技能的能力标准，建立能力本位的培训体系；并建立各行业的职业能力标准，形成国家标准体系和系统化职业能力测评基准，覆盖多数行业岗位。

（二）完善利益相关方协同机制

澳大利亚国家培训局由国家、地方政府、公司、工人共同参与，是因为政府不能替代雇主和员工角色，其根本原因是政府官僚机构承担不了其中的主要职责。这个机构启动国家层面的评估与认证系统，把培训的管理控制权从供给侧传递到需求侧。具体包括：把资金负担转到受益人。通过推动培训服务的提供方开展成本效率竞争，引入招标机制，但不涉及课程设置。鼓励通过学徒制等方式提供培训，雇主可以向不同培训者购买服务。

澳大利亚的改革经验教训包括：一是培训体系扩张必须建立在体制转变基础上，否则整个培训体系会变得高成本、低效率。要鼓励利益相关方发挥好作用，政府处理好自身职能定位是关键。二是必须建立与劳动力市场之间的紧密联系，使之发挥主导作用。三是资金保障机制应得到加强。通过成本分担方式，包括由雇主和受训人等受益人分担成本，促使培训控制权从政府公共管理部门转向需求方，由行业组织负责落实发展培训标准、评估流程、委派鉴定等工作。鼓励私营培训服务提供方、非政府组织、公私合营组织以投标方式提供服务，以改善培训效率，节约财政预算，保护消费者利益。四是形成清楚包容的法律。清理关于成立培训机构的模糊条款，调动各方积极性，避免私营机构受法律严格限制，促进私营培训服务供给增长。五是形成平衡的政府资金使用模式。公共培训服务供给过多必然会挤出私营培训服务。通过完善市场化机制，促进就业的短期培训不用政府出资，政府资金则用来鼓励私营机构提供长期培训。

（三）完善配套法律保障机制

从各国历史看，职业技术教育在工业化过程中发挥重要作用，普遍得到重视。19 世纪后期，英、美、德先后出台相关法律，如英国的《技术教育法》（*Technical Instruction Act*，1889）、美国的《莫雷尔法》（*Morrill Act*，1862）。德国《魏玛宪法》规定普及进修学校义务教育至 18 岁，影响十分深远。美国的《史密斯－休斯法》（*Smith-Hughes Act*，1917）规定联邦资助各州职业教育，发挥政府领导地位，奠定了职业技术教育体制的基础。这些法律为各国工业化发展提供了制度保障。

进入20世纪中叶，发达国家更加重视人力资本与现代化进程的协同性。英国1944年《教育法》将公共教育分为初等、中等和继续教育三个阶段。继续教育内容分职业性课程、非职业性课程、社会和娱乐活动三大类，以职业技术教育为主体。1964年《工业训练法》（*Industrial Training Act*）进一步加强对职业技能的培训支持，由国家承担部分职责，把职业技术教育与工业训练相结合，为在职青年提供培训，要求企业承担义务并分担部分费用，覆盖所有从业人员。1982年推出职业技术教育计划（The Technical and Vocational Education Initiative，TVEI），由人力训练和就业委员会替代教育部门承担相应职责。英国强调继续教育时间、课程、生源的灵活性和教育质量，继续教育学院位于主要城镇，与当地雇主、社区实行紧密合作。

美国1963年《职业教育法》（*Vocational Education Act*）健全完善了职业教育系统，促使人人接受高质量的实用职业培训，对象涵盖中学生和肄业生、失业人员等弱势群体，联邦政府提供资金支持。1982年的《岗位培训伙伴关系法》（*Job Training Partnership Act*）明确各级政府、企业之间合作机制，联邦政府在继续提供资金支持的同时，重心转向规划、咨询、监督、评估，私营培训机构、高校发挥培训服务的主体作用。20世纪90年代美国联邦政府进一步加大对职业教育和培训的专项拨款力度。需要指出的是，美国对职业培训的推动效果在20世纪80年代后明显减弱。韩国自20世纪60年代开始制定《产业教育振兴法》《职业培训法》《重化工业教育方案》等法规，建立了职业技术培训体系，确定教育立国和尖端科技立国方针。1996年出台了《职业促进法》《资质鉴定促进法》《职业技能开发法》，即职业培训“新三法”，旨在建立终身职业技能教育培训模式。

（四）着力扩大培训覆盖面

在职培训能显著促进工资增长和生产力提升，且生产力增长大于工资增长。原因在于信息不对称，劳动力市场不完全，工人只获得部分新增收益，其余部分为企业所得。因而企业存在对培训工人的潜在动力，加上专用技能培训带动企业生产力提升的效应明显，企业存在培训内部专用技能的内在积极性。但是，企业更希望通用技能的培训成本由员工或其他外部相关方来承担。

企业往往倾向于为高素质劳动力提供更多培训，为低素质劳动力提供的培训机会反而少，为流动性大的低素质劳动力提供的培训机会就更少。低素质劳动力容易被锁定在人力资本的低端状态。稳定就业关系有助于企业通过工资压缩获得对员工进行培训投资的回报。从实际看，对员工的培训情况还取决于企业能力、税收优惠等因素，效益好的企业更有积极性和实力，但企业培训员工的动机都在于提高生产力，而非增强对员工的吸引力。

为此，一些国家的职业培训系统足够灵活，接纳过早离开教育体系的年轻人回校重新接受教育培训。这些人平均毕业年龄为 22 岁，通常毕业年龄为 19 岁。比利时、丹麦、芬兰、冰岛、爱尔兰、芬兰、挪威的职业培训项目毕业生的平均年龄为 25 岁甚至更大，在澳大利亚则达到 31 岁。导致这一差异的重要原因是，职业教育培训提供二次机会，帮助一些人重新融入学习环境，发展自身职业技能，并增加其就业能力。例如，无论是第一次就业，还是寻找工作所需的额外技能，澳大利亚职业教育培训体系能满足不同人生阶段的不同需求。职业教育培训系统能够切合不同年龄段过早毕业、技能不足的人员需求。

三、推广学徒制促进“干中学”

（一）重视技能诀窍的实践养成

高素质人才应掌握相关专业知识和岗位技能，具有较强的分析判断和创新思维能力，并具有较强的沟通协作能力。其中，较高的专业能力是关键。

专业能力包括显性技能和隐形技能，后者与具体的岗位条件相关，难以被观察、模仿、传授，通过习得形成，是构成劳动者个体竞争力的关键因素，与“干中学”的培训模式高度相关。隐形技能包含技术诀窍，诀窍的可视化、标准化是改善培训成效的关键。

在现实中有一个问题需要关注：一些国家资源匮乏，教育水平低，职业教育如何促进人力资本发展？以及什么因素导致不同普通高中和高中后教育成效的巨大差异？这些凸显了职业培训的重要性。关键诀窍、知识、技能对员工适应岗位具有决定性影响，但这些只有在课堂外的实践中才能获得，“干中学”是有效途径。

学徒制为“干中学”提供了可行路径，被长期实践检验证明是有效的。例如德国职业教育实行双元制。学生在校学习专业技术知识，在企业以学徒身份学习操作能力，接受一般性的通用技能培训和结合特定岗位的特殊技能培训。在企业学习操作能力的时间占2/3，在学校里接受理论教育的时间占1/3。企业在学员的技能培训中发挥主导作用，职业学校提供有效服务。培训周期一般为3年左右。学生不仅可得到充分的实践机会，还可以得到适量工资收入。政府从宏观层面进行管理，具体由学校、行业组织和企业具体组织实施，各负其责。企业和政府共同承担培训的成本，但员工的学徒工资较低，仅相当于正式员工的30%左右，间接承担培训部分成本。其培训证书能在全国通用。这种政府、企业、员工三方有效分摊培训成本的方式调动了企业积极性，也降低了政府的支出规模。这种模式带来的好处是雇佣关系相对稳定，学徒期长达3年，之后流动性也不高。有调查发现，德国普通工人每10年平均更换工作1次，美国为4次。

在德国，工程师和技师在技术传授过程中形成有效分工。技师并非管理人员，而是担任生产环节工作领班。一般而言，大学毕业的工程师在生产环节担任领导角色，技师位于工程师之下。工程师发展技术，由技师把技术转换成技能并教给工人。技师角色相当于技术和技能的中介。

日本制造业人员强调团队工作，发展全能型雇员和多面手，质量控制和生产力改进由团队共同完成。多数日本中小企业主希望有经验的工人向年轻人传授技能，但成功者不多，实际由企业主和工程师到生产一线传授融合技术和诀窍的技能；培训核心制造人员往往单独进行，为时较长，需要耗费大量资金。

（二）提高雇主参与学徒制项目的积极性

学徒制取得成功的关键是雇主和年轻人愿意参与，包括企业提供学徒岗位，年轻人愿意参加培训。对学徒制的认识影响雇主和个人的参与率：具有长期职业教育历史的国家，学徒制运作完善，企业和年轻人愿意参与。德国、瑞士等国雇主把参与学徒制项目视为社会责任，雇主参与深度反映了学徒制的广泛性和质量。中小企业需要特殊激励机制才愿意提供学徒制工作场所。

促使当地雇主参与学徒制的关键要素包括：一是行业协会等组织方了解当地劳动力市场，包括收集就业信息，建立雇主数据库。二是建立良好的雇主关系。组织方积极借助中间协调人与其他利益相关方合作，联系当地雇主，在雇主之间建立关系网络。三是设定清晰的目标导向。关注学徒制项目的完成情况和就业，并瞄准非传统行业完善职业培训服务。四是确保培训体系灵活性，关注培训质量。例如培训项目的课程设置与讲授重视灵活性，吸收雇主参与设定课程内容。这是确保学徒制项目切合当地需求的关键。五是提供富有意义的激励机制。利用税收优惠、补贴、表彰等措施鼓励企业提供学徒工岗位，设定清晰的法律和监管框架。六是形成清晰的发展路径，为年轻人提供职业生涯建议和发展进步机会。学徒制项目要取得成功，就必须瞄准年轻人的特定需求。

从负面看，影响雇主参与的障碍包括：一是资金激励和培训成本分摊机制可增加学徒制体系的参与率，但体系碎片化会降低雇主的参与性，英国就深受其害。一些 OECD 国家通过强制征收职工培训经费，迫使雇主广泛参与职业教育培训计划。二是企业是否愿意为通用职业技能培训提供资金，会涉及外部性问题。竞争对手可以通过挖走经过培训的人才来获益，因而参与学徒制项目的雇主担心其他企业挖走培训好的学徒。中小企业尤其如此，德国有近3%小企业受此影响。中间调解人制度有助于解决这一问题，并提供中小企业需要的相关服务，以支持他们提供学徒岗位。但受规模、需求差异、意识不到用处、地理距离、培训内容与岗位匹配性等因素影响，中小企业往往需要特殊的支持才能有效参与到学徒制项目中。

在各国实践中，普遍存在中小企业提供在岗培训不足的现象。这一问题在德国、法国也同样存在。德国30%有责任进行职业培训的企业未充分履行职责（Zedler，2004）。提供税收减免、补贴，提供工作网络或学徒安置协助，有助于增加中小企业在学徒制体系中的参与率。OECD国家的经验是：学徒制项目去中心化有助于广大地方性中小企业参与。小企业培训提供不足的原因是企业规模小，导致培训成本高。为此，集体培训组织有助于解决这一问题。挪威集体培训办公室代表提供学徒制项目的小企业群体，与政府签署学徒制合同，使得离岗培训的法定义务转移到集体组织中，集体培训办公室得以发挥规模经济效应，提供全方位学徒制培训服务。2007年，德国联邦经济事务与能源部发展一个项目，定制中小企业部门学徒和受训人员的就业，以减少就业的能岗错配问题，提升生产力和竞争力，增强中小企业的中长期发展能力。中间协调人会见中小企业和学徒，考虑双方需求和需要的技能，使候选人能从事合适的业务。这个项目同时改善了学徒制对中小企业的吸引力。

（三）增强学徒制对年轻人的吸引力

影响弱势年轻群体参与学徒制项目的障碍包括：资金问题、准入条件限制、缺乏基本技能、对工作的态度行为、缺乏对学徒制重要性的认识、缺乏指导帮助和支持，在农村地区尤其如此。对学徒制的文化态度也影响年轻人的参与积极性。

学徒制必须灵活地设计、实施，以适应劳动力市场变化要求，争取吸引原先不愿参与学徒制的年轻人。要吸引新的年轻人参与，必须使他们信服学徒制可以提供高质量培训，带来高薪水，而不是简单依赖学徒制项目的市场推广，为此必须改革学徒制。在职业培训和雇主参与项目的管理过程中融入灵活性，可以更好地适应当地就业部门对于高素质劳动力的需求增长，也可以在经济转型过程中表现得更具灵巧性。其中，关键在于需要加强顶层统一协调，避免改革政策零碎出台。

把投资于学徒训练作为教育方式或人力资本投资，需要对个体进行适当激励。当地劳动力市场形势对学徒是否从学徒项目中途离开产生重要影响，年轻人依赖一些看得见的因素，例如失业率，而不是评估自身的形势和状况。同时短期成本比长期收益对年轻人决策的影响更大。

德国和英国的案例表明，如果学徒制同高等教育有机衔接，则年轻人参与的积极性会大大提高。对年轻人提供适当支持和指导非常必要，这可以确保他们在义务段教育之后，具有广泛的职业途径。地方政府加强对成功案例的宣传，可以使学徒制、职业教育和高等教育被同等重视。雇主也可以扮演重要角色，可以在高中学生中推介学徒制培训机会。职业指导和就业信息应该整合进学徒制项目，使学徒了解未来学以致用的领域，以及他们自身的重要性。

在吸引年轻人参与方面，德国具有悠久的职业教育历史，职业教育等同于甚至高于传统校园教育。德国双元制包括企业在岗训练和当地培训机构的理论教育，年轻人可以选择不同路径实现从学校到工作的转型，也把双元制作为从事高质量意向职业的途径。德国就业管理当局实施一系列新举措，促进年轻人进入劳动力市场。具体包括增强中小企业与学徒的学以致用匹配性，扩大基于工作岗位的培训范围。

四、保障培训经费投入

从实践看，职业教育培训的收入来源渠道主要包括专项税收、中央财政拨付、雇主分担、个人承担等渠道。德国由行业协会及其会员付费，费用纳入培训基金，培训经费来自税收以及企业、个人支付的费用。联邦政府财政资金发挥带动作用，2001~2004年，联邦与地方政府、工商会、雇主协会签订协议，联邦政府加大投入，企业则承担设备和师资费用，联邦政府补贴实习生的生活开支。

（一）税收保障

职业教育培训与常规教育的显著不同之处在于高成本。一方面由于财政压力，另一方面由于良好的技术教育比常规教育成本更高，财力不足导致一些发展中国家职业教育培训质量不佳。

各国的经验表明，强制义务要求、税收激励等措施综合运用，可以形成促进在岗培训的最佳效果，一般配套进行。经验显示，政府指定用途补贴在促进职业培训方面更为成功，在一些国家效果明显。中小型企业则倾向于通过纳税来回避员工培训工作。

欧洲特色在于通过税收制度实行强制培训。法国、希腊等国强制征税。

（二）中央财政支持

在再就业培训方面，德国联邦政府部门制订总体培训计划，向培训机构提供经费。失业者与培训机构协商后选择培训行业，与培训机构签订合同。培训机构提供就业服务，帮助用人单位寻求雇员，提供择业机会和指导，颁发联邦政府承认的企业培训合格证书。地方政府的劳动部门也提供就业服务。失业人员培训经费来自失业保险金，联邦、州、地方政府，捐款、税收等方面，实行多方统筹，由政府提供经费保障。

英国也建立了健全的职业教育体系。《1992 年继续教育和高等教育法》规定中央政府直接为继续教育学院提供经费，使之从地方教育系统中脱离出来。政府除了保证经费，还推动建立随时随地学习的开放式学习系统，规范行业组织参与制度，完善现代学徒制度，健全再就业培训、择业指导、社区参与等配套制度，把职业教育培训融入包容性社会和社会投资型国家建设，作为提高国际竞争力的战略导向。2002 年颁布的《教育法》规定政府为适龄人群提供基本学习费用。

（三）雇主分担

英国 2000 年颁布的《学习与技能法》规定，学习费用由政府、雇主和个人共同分担，并将教育与就业部更名为教育与技能部，将学习与技能作为共同目标。

韩国根据配套法律，自 1967 年起发放职业教育贷款。20 世纪 90 年代面临技术人员和技术工人短缺，韩国政府对职业技能教育培训的投入不断加大。职业培训经费 50% 在国家财政预算列支，50% 靠职业培训分担金制度提供，以解决劳动力过度流动影响企业培训积极性的问题。政府和企业各承担一半的培训费用，被培训人员不需要支付培训费用，这整体提高了劳动力素质及其生产效率，最终使全体企业受益。

（四）个人分担

澳大利亚也面临职业教育培训的资金问题。为降低政府负担，澳大利亚在 1996 年规定了低于行业平均工资的培训工资并由雇主承担，意味着受训人员要通过低薪工作承担培训成本。这些实际上参考了德国的双元制做法。

五、创新体制机制，培育核心能力

（一）核心能力的概念

从经济和管理角度看核心能力，可看作是一个管理概念，在企业战略中处于中心地位。企业战略基于可用技能和资源，结合公司能力，旨在满足客户要求，包括需求、愿望、渴望、偏好、购买方式等。公司的核心能力应满足四方面标准：一是必须被客户重视；二是必须与多重市场相联系，提供增长机会；三是应基于知识；四是不应基于那些容易被竞争者复制的物化能力。

职业培训形成的核心能力可定义为学习的系列产出。学科知识和专长可作为核心能力，包括核心技能、核心能力、通用技能和关键资质。这些都是学习产物，为进一步学习、就业、个人发展和融入社会提供支撑。但心智转变对所有国家的劳动力而言，都是最重要的因素。

自20世纪60年代开始，能力本位导向已成为职业培训的国际趋势。其核心理念是以获得岗位能力为目标，通过企业参与提高受教育者的能力。以职业岗位对劳动者能力的要求为出发点，在培养目标、教学内容、教学模式、效果评估等方面发挥学员主导地位，注重岗位工作相关知识、态度、经验和反馈。根据相关定义，职业能力由若干综合能力构成，综合能力由专项能力构成，包括任务分解、综合计划、加工信息、自学技能、解决问题、理论应用、团队协同、灵活应对、负责执行、沟通交往。培训目标是促使受教育者具备必要从业能力。因此，企业与教育培训机构的合作十分重要。

（二）实行需求导向

新兴国家的经验显示，职业教育直接围绕技术工人的能力需求，会最有效率。然而促使职业培训学校适应雇主需求变化却有相当难度，原因在于职业培训不在工作场所进行，也不面向在职工人，而是面向那些在校园外寻找工作的人员。在职业培训中，实践课与理论课之比高于职业教育，但低于在岗培训。雇主可选择派遣工人到培训机构通过集中项目培训提升技能，也可以简单地鼓励在岗学习。在岗培训发生在工作场所，围绕特定岗位，为非正式，甚至会在具体正式部门中，与职业教育和就业前培训都不同。其关键要义不是取得教育成就，而是帮助雇员获得适应劳动力市场的可持续发展能力。有效的职业教育培训之所以能促进人力资本发展，在于建立了技术、技能与生产力的关联。

传统技能政策聚焦供给侧，即技能获得和适应性问题。而在最近的研究中，人们关注需求侧议题，即雇员如何在工作场所使用技能。工人的动机性、灵活性和特定工种的技能获得途径等因素影响技能使用。拥有较强能力并不能保证工人在工作场所熟练自如运用，而是取决于个体和国家情况，实际管理和工作组织方式都会影响技能发挥。技能使用及其要求还面临全球化压力，尤其是离岸生产竞争已形成较大的压力。在当地，劳动力市场机制通过劳动力成本影响雇主的决策，进而影响工人技能提升生产力的程度。

（三）创新组织机制

欧盟强调相关政策应提供框架条件、目标、诱因和激励，促进教育体系发展，认为应鼓励教育实践者通过引进来方式促进发展，并提出了以工作为学习活动的概念，和以工作场所为学习场所的理念。相关政策指出工作组织在整个学习过程中扮演中心角色。工作组织活动是学习过程的本质特征。具体包括初期需求分析，围绕团队学习成效的课程构建，学员、培训机构、工作组织之间学习协议达成，工作组织的双导师支持，学习评估参与等。

工作组织和教育机制的稳固关系是确保工作成效的关键。持续的技术、经济和组织变化使终身学习显得尤为必要，这类学习多数在工作场所中进行，使企业成为学习型组织。开放创新和网络化加强了对终身学习的需求。通过支持工作场所的非正式学习，教育体系能加强学习型组织建设。一旦管理者意识到并使用工人的知识、技巧和能力，将会强化对学习的承诺。总体看，创意性与创意环境将伴随创新活动和创新组织发展（欧盟理事会，2008）。

（四）顺应形势变化

人力资本需求在迅速变化，具体受关键因素影响，如贸易创新、技术变革、生产组织、成本收益考虑和全球化外部生产和服务资源。

人力资本的需求在不同国家各有不同。要素驱动增长和低成本制造国家需要低水平劳动力，尤其是自然资源开采部门。投资驱动经济体为实现可持续增长，存在对高中以上职业能力的迫切需求。创新驱动增长的国家，其创造和创新需要基于科学、工程的大学教育。职业教育培训改革需要市场驱动型的教育培训项目。

在从要素驱动、投资驱动向创新驱动发展模式的转型过程中，需要顺应产业发展对高层次人力资本的迫切需求，促进人力资本投资，改善供给结构。

职业教育培训是应对全球化、老龄化、新兴技术和技能需求等新形势挑战的中心角色。在具体实践中需要注意常见问题：一是政策框架不连贯，缺针对正式和非正式职业教育培训的管理政策；二是职业教育培训的表现不佳，涉及质量、劳动力市场关联性、组织能力等问题；三是管理和规划的低效问题，教师和培训人员表现不佳。

为更好地应对相关问题，通过职业教育培训促进人力资本发展应重视以下方面工作：一是综合考虑不同参与方的贡献，形成系统性促进措施，落实到职业教育培训体系的设计、融资和实施中；二是职业教育培训系统基于社会相关方之间的制度化交流，促进公、私部门利益相关方紧密合作；三是培训项目、灵活的职业教育培训体系与处于迅速变化过程中的技术、经济部门建立紧密联系，形成合理的劳动力市场信息基础；四是职业教育培训项目要瞄准社会、经济环境和劳动力市场对不同社会群体的特定专业能力需求。重点在于提升劳动力的核心能力。

六、加强对弱势群体的职业技能开发

从国际经验看，职业教育培训体系需要更好地适应本国的特定环境，弱势群体是关键。发达国家一些区域和经济部门开拓新兴市场，往往以知识、服务和技术为基础，需要高质量劳动力，意味着企业需要投资员工技能发展，改进人力资本。但在农村地区，多数为低技能的劳动力，生产活动具有不稳定的自我雇佣特点，对技术诀窍掌握不足，缺乏生产资源，需求脆弱，商业环境不佳。一些扶贫活动和亲贫式增长战略忽视了人力资本发展作为一种手段，可克服金融约束和市场准入约束，并改进生产经营。解决这些问题需要推进综合发展，存在终身学习需求。

（一）德国劳动力市场改革

在德国，失业人群主要是低技能劳动力，因为面向低技能人员的就业岗位在不断减少。德国联邦教育研究部统计，20 世纪 90 年代大约有 50% 低素质普通学校毕业生止步于职业学校的预备课程阶段。德国的重要特点在于大部分年轻人进入双元制体系，为产业部门提供了高质量、能岗匹配的劳动力。但另一特点是，没有进入双元制体系的年轻人，其课程学习与常规职业教育培训体系关联不大。关键问题是，低素质毕业生能否进入双元制职业教育培训体系取决于行业内的公司意愿；但实际上，这些公司对年轻人变得挑剔。这种格局使教育培训体系变得越来越成问题。

施罗德政府于 1998 年开始围绕促进就业，加大经济与社会体制改革，2002 ~2005 年先后出台了四期劳动力市场改革方案，即“哈茨改革方案”。具体包括设立人事服务代理机构、发放职业培训代金券、为培训企业提供低息贷款、鼓励创建个体公司和积极推广微型工作、对就业服务体系进行改革、激励失业者再就业、为求职者提供一站式服务等等。针对弱势群体职业能力问题，德国政府也制定了一系列措施，提供专门针对弱势群体的职业培训，以提高其职业技能。德国政府、雇主和工会组织相互协调配合，使职业培训贴近实际需要，政府为弱势群体提供生活补贴和培训费用，并向培训机构购买培训服务。职业培训机构收集需求信息，制订培训方案并向政府竞标。中标的培训机构组织人员集中培训，政府根据培训结业率和半年内就业率来购买培训成果。

培训机构提供手工劳动、机器生产、特定事务等训练，保证受训者顺利实现预定目标，获得应有的职业知识和职业技能。针对弱势群体，德国将再就业培训目标设定为专业知识、操作能力和客户沟通、面向智能化创新的发展素质、公共关系能力、规划组织能力、自我调节能力等方面，使失业者经过再就业培训后，形成良好的职业知识技能和素养，尽快胜任工作岗位。与此同时，德国政府推进社会保险改革，促进弱势群体积极就业。把失业保险金和失业救济金的领取期限从最高 32 个月缩短到 12 个月，但同时加大再就业及其培训等促进工作力度。

针对职业技能培训存在的缺乏企业参与、重复培训、渠道有限、成本过高、缺乏针对性问题，德国实行了拓展渠道、系统整合、围绕客户、效能问责、加强地方决策、增强政府灵活性等解决措施。具体措施包括：建立多层次服务机制、强化对弱势群体服务、为就业困难人员提供培训、建立一站式职业中心提供综合培训服务、引入市场机制促使培训更好地满足客户需求、通过个人培训账户增加客户的课程选择余地、通过市场竞争机制向培训机构购买公共服务、建立就业效果指标体系考核培训效能、联邦政府向地方政府下放决策的权责、促使地方政府与培训机构合作、增强地区劳工委员会的作用、赋予州市政府更多战略和政策决策权、推动地方政府与慈善基金会等非营利机构合作、通过中介组织推动地方官学企等机构参与低技能劳动力开发。

综合这一时期的相关政策，提升德国产业竞争力的关键机制可总结为：

一是相对降低了单位劳动力成本；二是汇率贬值；三是解雇员工成本下降。职业培训政策为降低劳动力成本发挥了关键作用。

（二）英美低技能劳动力开发机制

英国则把低技能劳动力开发列为国家战略。为解决低技能劳动力问题，英国职业培训目标由解决就业问题转向提高素质，通过推进技术进步来改善产业结构，提高国家竞争力，从而缓解就业压力。

美国提高劳动力素质的经验在于：一是上下级政府之间、政府与社会之间形成良好协同关系，有效发挥各类地方团体和社会组织力量，通过整合力量提高整体开发水平和开发能力，明确地方政府业绩目标。二是充分发挥中介组织的作用。三是强调服务导向，完善培训质量控制机制。包括明确质量要素和效能问责机制，明确绩效目标和操作规程。从效果看，职业技能培训质量标准对应的严格问责和绩效考核确保了培训工作的实际效果。

七、加强师资力量建设

师资力量培训对于职业培训成效起关键作用。对技术类职业教育而言，师资力量建设需要重视技术和创新导向，完善培训支撑框架和学习链，提供更加自由开放的学习方法。效能、效率、公平、创新是关键要素。具体需要重视以下方面①。

（一）完善教学结构，加强与业内联系

从国际经验看，通过优化课堂教育和技术培训的比例，通过强化与业内企业联系，完善培训启动方案和持续推进机制，可保障高质量的培训成果。

---

① 根据国际劳工组织相关的经验分析材料整理。

改革的政策方案只有与现有职业技术教育培训机制相衔接时才能取得成功，为此必须吸取师资人员的经验，以推动学生的学习成效达到新水平。为更好地达到预期效果，职业教育培训的政策设计和改革方案形成过程应吸收师资人员参与，在各级职业技能发展改革的专家组中吸收师资代表。

教师缺乏实际工作经验和对工作环境的理解偏差，是需要重视的风险因素。教师的任职保障和任期是影响师资人员对改革态度、意愿的重要因素。对此，可以通过强化评估机制提高专业化标准，加大对培训成效的评估，落实责任；通过强化责任措施促使教学规范运作，改善学生对于教学和学习环境的预期。从实际情况看，教师并不像通常假设的那样抵制变革。常见问题在于，教师作为改革的具体实施者，在改革创新的决策过程中反而缺乏足够参与。

同时，需要加强师资队伍的基础能力建设，如完成初始培训、具有校外工作经验、提供培训前的服务支持、加强在岗培训实现持续专业发展。对于师资培训，应重视提高核心能力，包括劳动力市场分析、学校管理、与当地企业及行业协会合作等。同时，在大学和研究机构中开展职业技术培训的支撑体系研究。

在此基础上，强化师资队伍与业内紧密联系。强化校企合作关系，设计基于工作场所的实践经验积累提升环节，结合学徒制探索，建立针对地方行业的评估机制，考察教师培训的工作机制，提高师资队伍的社会影响力和公众认知度。

（二）发展全面包容的培训能力

为适应形势需要，需加强师资人员的企业家能力建设，保障师资训练系统性、包容性，使之适应不同教学战略。应提高培训项目包容性，适应学生个性化需求和多样化就业要求。为此，一是需要把企业家能力建设融入师资队伍教育培训内容中。在技术与职业教育培训体系中，把针对学生的企业家才能教育作为赋能关键，旨在培养未来的企业家。促使年轻人意识到成为企业家和自主创业是职业生涯的重要选项。为此需要探索更新教学材料，充实方法和项目，探索把企业家才能教育融入课程的最佳方式。帮助教师形成必要的能力，利用参与式、互动式学习讲授企业家才能。二是实行柔性、以学生为中心的训练方法，适应不同个体学习需求，包括帮助基础较差的学员提高收入能力，促进整体能力建设，尤其是完善为残疾人员提供培训的方案设计，改变残疾人员对生活的预期和态度。重点是专注于专业化的技能发展。

相应地，好教师的标准应包括：具有一个或多个学习领域广博知识；对信息通信技术（ICT）和技术流程具有较强实操能力；能与学员分享经济和社会常识；能通过指导和组织学习流程，向学员传授常用学习技能；能在学员团队推行合作机制；在教学实践中把研究、反馈和变革作为关键要素；具有与学员沟通的能力，使学员意识到自己被重视；能够实施创新并应用到学习场景中。

（三）重视通过创新推动进步

把创新实践融入工作的实习现场中，通过持续的系统化专业发展（Continuing Professional Development，CPD），在课堂应用新技术和创新概念。具体而言，应鼓励支持师资人员整合创新方法，探索融合新技术的课堂教学新路，以适应受训人员需求。一是通过引入新技术和创新活动到工作场景中，推动基于技能发展的教育培训方式创新。重点是促使师资人员接触前沿 IT 技术，帮助学员在课堂和工作场景运用新技术。为此，需要为师资创造条件，通过制度化技能提升实现专业能力的持续发展。二是促使师资角色从讲授者向学员学习的服务者转型。通过试验引入新教学方式，形成帮助特定人群提升技能的教学方式，如残疾人、低学历的农民工等。三是重视塑造师资的核心技能。为师资人员提供实践性、技术性、教学性、理论性的技能，加强专项技能培训，包括提供预期性技能培训。

（四）加强与利益相关方的交流沟通

促进社会对话是国际劳工组织的核心原则，也是教育实践的关键要素。为此需要适应各利益相关方的关切与需求，形成合作方案，解决共同面临的问题，包括实施各种形式的信息共享、磋商。这是促使技术与职业教育培训更好地适应劳动力市场需求的客观要求。在学校董事会层面，需建立与企业、一线教师代表、学生父母的对话机制，以改进培训质量，提高培训机构吸引力。同时需要发展师资人员之间知识共享网络，并建立在线论坛和电子学习课程，促进知识分享和思想交流便利化，这些有助于为形成协同效应创造条件。其中，教师、培训项目协调人、培训导师需要整合技能训练和知识学习环节，推动基于工作岗位特别是雇主要求的学习活动。

创新学习途径要求教师和培训工作完善相关联系渠道：在地方层面建立学校与企业、社区之间的协同机制和互利渠道，形成支持培训与就业的合作伙伴关系。建立技术与职业教育培训网络，与当地的产业、服务行业、公共部门、私营部门合作，整合优化师资力量配置，强化利益相关方的责任机制，包括学生与父母。为此需要通过与地方企业家沟通，优化资源配置，创造性地改进培训方式，提升机构竞争力。

教师培训除了一致性、包容性、高质量要求，还需要确保合理性、创新性、高效率。现实中，职业教育培训的常见问题包括：教育缺乏清晰的职业发展路径和阶段划分，服务与指导不到位。为此，教师培训应加强能力建设和可持续性，融入最新教育研究成果，建立针对教师的激励机制，形成与教师岗位职责对应的薪酬等级制度，体现公正平等，使教师更好地履行专业职责。具体应重视多方面因素：课时数量、备课时间、学生评估、课堂以外的活动，尤其需要与学生及家长沟通。

八、促进利益相关方建立深度合作协同机制

（一）社会伙伴参与

根据欧洲社会模式，社会对话是指通过社会相关方各类会议，包括信息分享、咨询磋商、谈判与协议、集体议价，是现有产业关系的一部分。为此需要：一是工人代表、行业协会有技术能力和途径获得相关信息，以参与到对话当中；二是所有相关方具有参与社会对话的意愿和承诺；三是尊重协会和集体磋商的权利；四是提供适当的公共支持。

在社会伙伴关系发达的国家，主导性产业关系和社会对话的区别并不清晰。随着欧洲的社会对话越来越成为国家制度的一部分，这种区分更显困难。在欧洲，几乎所有国家社会伙伴都参与了职业教育培训法案实施，包括课程和资质发展、在岗培训等。

在德国，社会伙伴参与是职业教育培训的有机组成部分。《职业培训促进法》规定参与方主体责任，包括 16 个地区的州职业教育培训委员会和商会的责任。《社会法》第 3 版规定了就业和劳动力市场项目参与方的责任分担机制，包括培训、继续培训和再培训。联邦职业培训学会在国家层面的委员会是常务委员会，联邦与各州政府、雇主、工会代表参与联合委员会。

在法国，职业教育培训的社会伙伴参与政策制订由劳动法典规定：职业培训和社会发展形成协同的政策基础，主要由雇主和雇员组织主导。在国家层面，组织社会伙伴参与讨论职业教育培训的机构是国家职业培训、社会发展和就业理事会，负责检查教育职业培训是否列入政府优先事项。国家职业培训委员会监管培训的契约条款，1992 年成立的个体培训许可委员会协调个体培训许可事项，1986 年成立的融合培训基金管理协会负责对培训基金进行监管。

（二）建立多方合作平台

自2009年开始到2020年，欧盟理事会为欧盟教育和专业培训合作设置了战略框架。在2012年，欧盟委员会形成了一系列措施推动“教育培训2020”的发展，以支持“欧盟2020”经济增长和就业发展目标，形成2012~2014年间欧盟教育和专业合作发展的一系列优先领域，这一举措有应对当时持续性经济危机的考虑。当时经济复苏缓慢，2013年失业率曾高达11%，低素质工人的失业率高达60%。推出该战略也有降低青年失业率的考虑，当时青年失业率平均23%，部分国家高达50%。

该框架旨在通过高效率的沟通，促使专业和教育领域保持紧密关联，在相关的政策领域、教育和培训部门、社会伙伴、不同层次政府之间形成很强的伙伴关系。通过短期的高中后乃至大学层面的培训，使职业教育培训层次更趋卓越，重点在那些缺乏高素质劳动力的领域实施相关培训计划。通过加强对成年人教育激励，通过为终身教育提供服务，减少低技能成年人数量。

其他国家情况类似。在比利时，1921年5月24日出台法律，为雇主和雇员提供机会，维护职业权利，包括职业培训权利；1952年5月29日出台法律，创设了国家劳动理事会，参与主体包括数量相等的雇员和雇主协会代表。在冰岛，新的高中学校法设定了职业培训事务政策，就产业双方的角色和责任规定了具体条款，形成职业学习的中央合作委员会和职业理事会。在丹麦，社会伙伴代表进入负责职业教育培训的顾问理事会，围绕职业教育培训体系的所有事项为教育部长提供咨询建议。国家贸易委员会由社会伙伴代表平等参与，对职业教育培训行业规则进行设定。在那些具有自愿制传统的国家，尤其是英国和爱尔兰，从历史看相关法律很少关注社会伙伴参与职业教育培训政策制订，但这两个国家的社会伙伴仍在职业教育培训法律制订过程中扮演重要角色。在爱尔兰，1987年《劳动服务法》界定了参与制订国家职业教育培训政策的社会伙伴，国家层面的职业培训政策制订者包括两个主体，培训与就业局、国家旅游培训机构。英国行业性培训委员会作为法定三方主体，基于1964年《产业培训法》而成立。2001年，工党政府建立学习与技能理事会，提供16周岁之后的教育培训，但不含高等教育，工会派正式代表参加该理事会的中央和地方组织。荷兰社会经济规则系统叫作博尔德模式（Polder Model），可视为国家监管的社会对话莱茵兰模式（Rijnland Model）和自由市场自愿模式的混合体。

在此基础上发挥地方领导人作用，使雇主、培训机构、其他利益相关方之间形成有效联系，这种联系机制能够成为利益相关方结成联盟的动机。同时还需要加强宣传，促进社会对学徒制和职业教育的社会认识进一步改变，促使雇主参与营销和宣传环节。

九、鼓励民营培训机构参与

（一）避免过度依赖政府

从国际经验教训看，过高期望导致政府部门过度卷入职业教育培训项目中，结果令人失望。在一些国家，人们发现政府在其中的角色被过度强调，实际上政府部门对于促进失业人群再就业的作用有限，公共培训机构的成本效率并不高。OECD国家经验也是如此（Dar and Gill，1998）。与此同时，人们通常认为私营机构缺乏提供职业教育培训的积极性。

在具体实施过程中，各国面临一些关键障碍，包括公共职业教育培训系统的资金保障不到位，私营培训服务信息不完整，职业培训体系碎片化，培训服务方与雇主的信息联系过弱，机构能力太弱。一些职业教育培训的成本效率不高，在财政支出结构中的比重在不断上升，教学质量变糟。公立培训机构数量过多，会面临资金问题。

（二）发挥民营培训机构作用

相关国家经验显示，针对这些问题更有效的回应在于非教育培训措施。

例如针对职业技术培训，政府对于促使相关信息得到有效提供的重要性常常被忽视。私营培训机构积极进入相关市场，也用事实反驳了私营机构积极性不高的论点。

因此，职业技术培训应致力于鼓励私营机构进入，拓宽进入途径；提高公立培训机构效能，提高通用性基本技能教育培训的质量；只要政策机制设计得当，私营培训服务机构会大量参与，学员及其家长支付培训费用的意愿也比较普遍。

为提高成本效率，澳大利亚等教育就业和培训部在培训服务提供方之间引入竞争性招标制度，对培训课程进行招标。尽管政府系统仍然是最大的服务提供方，但允许私营培训机构参与投标，允许雇主使用非公立机构提供的培训服务，包括学徒培训。

（三）推进配套改革

澳大利亚改革的经验在于：一是必须改革体制才能拓展职业教育培训体系。稳健的培训机构基础对改革十分重要，重点是加强职业教育培训体系中行业协会、雇主、工会、政府之间的相互联系。二是把联系劳动力市场作为首要任务。澳大利亚的经验是促进相关方联合，包括建立单一部委。三是职业教育培训体系的资金支持应该得到加强，这是由于职业教育培训的溢出效应和市场失灵，通过市场参与方分担成本并不能解决全部问题。还应把培训的控制权从公共部门转给雇主和受训人员，行业协会等组织应成为培训标准、评估程序、能力鉴定的主要推动者。

第六章

发达国家的学徒制典型案例

区域经济发展的簇群模型（Cluster model）（Krugman，1991；Porter，1990）对于分析学徒制的外溢效应具有实际意义。例如美国加州沿麻省大道128号的硅谷，意大利萨索洛（Sassuolo）的领带产业，德国奥芬巴赫－弗兰肯塔尔－海德堡－乌兹堡（Offenbach-Fankenthal-Heidellberg-Wurzburg）的印刷机械行业，均得益于企业间的知识外溢和外部经济效应。

这些效应得益于当地围绕关键能力的教育和培训[①]。雇员关键能力可定义为：行为的自治和回应能力，运用工具的效率和互动能力；加入社交混合团队并发挥作用的能力。决定职业培训的主要因素是人口和国际经济趋势、经济政策和战略。

其中，学徒制是促进雇员能岗匹配的保障。学徒制的优点包括：一是促进从学校到就业顺利过渡；二是促进教育同工作在整体上更加协调；三是培养更好的商业思维；四是提供更具成本效率的技术职业教育培训模式；五是高质量学徒制有利于中小企业，包括提高工作质量、通过能岗相适促进就业稳定、提高生产力、降低失业率。G20部长会议在2012年墨西哥峰会上承诺：促进提升学徒制体系的质量，确保高质量传授知识技能，保障合宜的薪

① 评估职业培训的参考因素包括：教师表现、利益相关方参与、社会凝聚力、学生与教师比例、教室大小、教师文凭、学生就业比例、工资增长。

酬，避免依赖低薪。

作为职业教育培训的关键途径，学徒制为全球各国职业能力建设发挥了关键作用。国际劳工组织概括了高质量学徒制的六个特征：一是有意义的利益相关方社会对话，二是强有力的监管框架，三是利益相关方角色清晰、责任明确，四是资金安排公正合理，五是很强的劳动力市场关联性，六是包容性。

为此，围绕更好地围地发挥职业教育培训的功能，有必要针对学徒制运作机制以及相关国家典型做法、发展趋势、经验启迪等问题进行深入分析。

一、发展学徒制的主要原则

（一）学徒制管理原则

欧盟委员会发起成立欧盟学徒联盟，以改善工作场地的培训工作，形成教育和就业之间更强的伙伴关系，强化企业和职业教育培训提供方之间的伙伴关系。

欧盟理事会的学徒制发展宣言①提出了以下原则：一是建立恰当的监管框架，使每一方的责任、权利和义务得到清楚阐述而且可实施。二是鼓励国家部委与社会相关方在学徒制项目的设计、实施、治理过程中与其他利益相关方加强对话合作，诸如负责中间协调的商会、产业、手工业协会、行业专业组织，教育和培训服务提供方，青年学生组织，地方当局和国家当局。三是通过验收学徒工培养的质量和竞争力，使受训人员能够在下一步接受高等教育和终身学习，确保学徒制计划恰当地融入正规教育培训体系。四是确保学徒制学习培训产出质量和竞争力能达到预定标准，具体按照欧洲关于职业教

① In 2013, the European Union (EU) Member States adopted a Council Declaration on the European Alliance for Apprenticeships, a multi-stakeholder platform to promote the quality, supply, image and mobility of apprenticeships (Council of the European Union, 2013).

育培训的质量保障参考框架（European Quality Assurance Reference Framework for VET），促使学徒制成为有价值的学习工具，便于跨界传授，与国家资质框架衔接良好，适应高技能工作。五是包括基于工作的高质量学习和培训内容，补充特定岗位技能，确保参与者在培训结束后能适应工作要求变化。六是雇主和公共主管当局应充分参与到学徒制计划基金中，确保学徒的薪酬和社会保障，为所有参与方提供恰当激励，尤其为中小企业提供激励，使之为学徒制提供合格有效的场所。七是覆盖多个行业和职业，包括新型以及创新型行业，提高就业潜力，考虑预估未来技能需求。八是促进各方更加重视学徒制，包括年轻人、父母、教育培训服务提供方、雇主、就业公共服务机构。强调学徒制提供广泛的教育和专业机会，是通向卓越的重要途径，强调学徒制是实施年轻人保障计划的重要选择。

（二）发挥社会利益相关方作用

社会相关方推动高质量学徒制，应坚持以下原则：一是必须由政府、雇主、工会共担责任，并因地制宜；二是建设高质量的职业学校，包括高质量有积极性的教师、先进设备，这对于有效学习至关重要；三是学徒制不但要对年轻人有效开放，而且要对成年人有效开放，包括转行或根据岗位要求更新技能；四是发展提升学徒制地位战略，使人们从积极角度看待，视之成为通往满意职业的途径；五是学徒制体系需要自身的契约安排，包括国家法律和实践；六是学徒制必须以工作场所为中心；七是学徒制必须以性别平等为目标；八是学徒制必须通过发展各类技能和常用商业知识、商业管理行为，促进企业家能力建设和创新发展。

（三）建立质量标准体系

为了解决受训人员真实技能水平的信息不对称问题，发展质量标准体系十分必要。从 OECD 调研看，建立标准化国家评估框架的好处包括：一是保障培训质量；二是提高合格证书的信号价值；三是比地方组织的检查更具成本效率；四是促使全社会更加重视正式和非正式学习；五是提升培训的灵活性和创新性。总体而言，可以统一职业教育培训体系，增加透明度，促进终身学习，为所有人提供高水平教育渠道。

政策工具箱包括：第一，雇主和工会应参与政策和条款制订，构建有效机制。第二，雇主、工会以及利益相关方参与制订质量标准框架。第三，通过标准化的国家质量评估框架保障质量，促进培训供给的一致性。第四，加强职业技术培训工作在劳动力市场产出的数据收集分析，促使相关机构提高分析、传播数据能力。地区商业、产业和手工业协会提供信息建议和需求项目，提供课程发展服务，并建立相关的数据库。就根本而言，雇主满意度是评估学徒制项目的最重要依据。

二、德国双元制职业教育培训体制

（一）哲学思想基础

凯兴斯泰纳（Georg Kerschensteiner）是德国职业教育思想的奠基人[①]，强调职业教育应重视动手能力和团队工作，积累较广知识，为将来学习和适应工作要求奠定基础。这特别适合经济战略。

凯兴斯泰纳视工作为自我充实之源，他提升了工作的社会角色，推崇工作对于自我实现的重要性，认为人们压倒一切的任务是必须工作。他认为技能实践和自豪感的拥有，使工作一方面是经济必须，另一方面成为表达个体人道的一种方式。他强调职业教育作为一种广义市民教育，旨在发展与他人共同工作的能力，包括机构治理能力，通过参与、协商、折中，使不同个体

---

① Christopher Winch, Georg Kerschensteiner-Founding the Dual System in Germany, Oxford Review of Education, Vol. 32, No. 3 (Jul., 2006), pp. 381 ~396.

利益和观点得到包容。在德国共同决策体系中，这是经济生活的中心部分，促进了德国经济成功，这与给予工人企业股份同样重要。凯兴斯泰纳强调工作的自我发现和精神启发，认为发现个体擅长并乐在其中，会通过实践活动带来良好的经济效益。

凯兴斯泰纳教育思想受很多思想家影响，受裴斯泰洛齐（Heinrich Pestalozzi）影响较大，最终可追溯到卢梭（Rousseau）。卢梭认为知识可以通过个人的全部实践经验获得，裴斯泰洛齐对此进一步发展，形成系统化教育概念。不同之处在于，裴斯泰洛齐是一名实践派教育者，将卢梭学派的基本理念付诸实践，意识到早期识字教育和工作岗位指导的重要性，对后继教育者产生更多直接影响。凯兴斯泰纳思想的关键部分发端于担任教师期间，发现基于实践活动的学习非常有效，比被动听课的效果要好得多。另一方面，凯兴斯泰纳假定市民教育的恰当方式是预先形象展示，儿童需要预先练习市民生活的美德。通过参与社会机构，使个体的参与能力被激发出来，形成社会互动。他关于市民教育理念的独特之处在于：一是明确常规教育在语文数学的基础学习方面扮演重要角色。他关于教育的哲学思想具有很强的亚里士多德学派元素，认为技能可以通过培训和实践来获得，美德教育依赖于起初培训的基础。但凯兴斯泰纳最终偏离亚里士多德的思想原旨，他把工作置于人类行为的中心地位，他对技术美德和中产阶级美德的理解是同一的，哲学家们有时候视之为利己主义美德（Carr & steutel，1998）。亚里士多德主义把发展技能和美德置于教育哲学的中心地位，而凯兴斯泰纳则把工作置于表达人性的中心点，从而具有显著的伦理含义。凯兴斯泰纳强调了工作的天然社会伦理内涵，认为需要技能、判断和技术美德。在他的概念中，工作具有社会维度，是市民教育必不可少的组成。儿童要学习成为专业化技能大师，必须培养中产阶级美德，包括应对实践问题的坚毅、耐心、克制和韧性；解决问题不仅需要技能，更需要勇于面对问题并克服困难。这些必须在向学徒传授最佳手艺时同步传授，使年轻手艺人理解优秀标准并渴望达到这些标准。技能和精神发展是一个硬币的两面。思维活动和人类行为产生价值。一个人在解决问题和针对任务的自我衡量时，都应学习关于工作的精神那一面，相应学习要像身体、行为、技术教育那么多，这是出于心目中对卓越的热爱，具有精神和道德教育的潜力。

但问题在于，热爱卓越并为之努力并非自然产生，而是产生于工作场所的社交活动和生产经营条件之外：只有一个人感受到特定形式卓越带来的名望，并成为这种传统的一部分，他才会热爱卓越并为之努力奋斗以最终实现。一方面，一个人会被过去的业内典范人物所激励；另一方面，客户需求和业务运营条件会促使其在商业生涯追求卓越。在实践中，人们相互依赖才能成功完成任务，谋得幸福。凯兴斯泰纳关注义务教育阶段，认为应面向生产工作，以增进所有学生的能力和利益。

然而，职业学校问题有所不同。一战之前慕尼黑职业教育包括学徒制，连同私立和公立职业学校，都面向既有行业。学徒制的典型做法是年轻人每周去一天学校，以强化学徒培训。这些学校在凯兴斯泰纳看来，关于职业教育的概念过于狭窄。通过实践技能发展中产阶级美德，年轻人会变得以自我为中心并且关注自身幸福，或者太专注于工作或车间以至于不能看到工作场所的更大内涵。凯兴斯泰纳把这方面的教育问题视为一种中产阶级美德之外的概念，认为需要发展“公民的”（例如勇气、职责奉献、利他）美德。培养公民美德对发展健康的社会政治、市民社会和工作场所关系十分必要。他关于公民教育的概念，并非狭隘集中在国家和个体关系，而是包含更大范围的个体与社会的关系。因而市民美德在这里就是社会美德，来自于中产阶级美德，首先把工作置于工作场所的人际关系背景，其次置于更广的社会背景。凯兴斯泰纳特别渴望年轻人发展出职业认知，即通过向其展示个人工作是宏大计划的组成部分，使其认识事情历史和奋斗情况，从而意识到为何应为此感到骄傲。

凯兴斯泰纳思想的核心是“Bildung”，即教育熏陶，关注个人美德与特质的发展过程，而不仅是职业构成；同时还包括一种自我表征甚至自我发现，以及发展自治能力，如同一种心灵启发。凯兴斯泰纳在此表述为一种具有永恒价值的参与，象征两种美德：这是一种成为识文断字者的过程，包括了各种正式与非正式教育和经验的贡献；这也可以说是一种心灵层面的解放，是一种理性自主。职业参与思想是 Bildung 主张的中心。其中一个例子是歌德（Goethe）写的职业技术培训教育小说——《威赫穆技师的学徒期》（*Wilhelm Meister's Apprenticeship*，1796），引用了凯兴斯泰纳所表述的思想。

凯兴斯泰纳的哲学思想为理解欧洲工匠精神和技师文化的源流提供了有益视角，具有启迪意义。

（二）历史渊源

德国的职业培训最早可追溯到中世纪，由行业工会组织并提供技术教育场所。在那个时候，培训体系分为三个层次——学徒、工匠、手工艺技师，由手工艺技师负责职业培训，旨在促使培训要素覆盖技术诀窍、实践经验、习惯和传统。这种 16 世纪流行的星期天学校是当今职业学校的前身。学徒可以在手工作坊获得实践经验，在职业学校中获得理论概念。当时学徒毕业之后，以工匠身份周游全国，以获得其他实践经验，学习他人及其生活方式。由于学徒制历史悠久，对形势变化反应较慢，对知识要求面广的国际商务、会计、物流、分销、外语等专业尤其如此。这种双元制系统基于雇主和政府之间的合作协议。其主要功能包括：获得规定水平的技术知识和实践经验；逐步灌输一种价值观念，使学徒发展出高水平的专业和个人特质；确保相应资质具有社会地位的证明功能，并带来良好工作预期，能提供接受进一步教育和专业培训的机会，例如向更高一级的手工艺技师发展的培训。

德国把基于学校的职业培训和基于实践的学徒制相结合形成双元制，最早是在 1765 年的巴登地区，鼓励泥瓦工和木匠参与，到 1768 年形成了业内条例。1802 年第一部涉及职业培训的政府条例出台，具体围绕印刷行业，规定了合同细节，要求提供 5 年的学徒期，规定了工作条件包括针对工匠的住宿和处罚指导意见。普鲁士于 1810 年出台自由贸易法案，允许雇佣工匠和学徒工。1845 年和 1849 年，普鲁士出台两部关于学徒工培训的重要贸易法案，禁止不合格手工艺人参与自由贸易竞争，允许合格贸易商组织进入公司，“资质能力合格”用来作为个体知识和才能的书面证据。技师接受把学徒培训视为匠人的责任，包括进行道德教诲。最后的考试由行业工会或其他地方组织进行管理。1869 年的《北部德国联邦贸易条例》对职业教育的影响最为显著，保障学徒、匠人和技师自主签订协议而无需接受行业公会的控制。在 19 世纪出现了重要发展，那就是基于学校的学徒制分支机构——职业学校（Berufsschule）。这源于行业的星期天学校，通常提供读、写、代数教学，一些宗教学校还提供宗教和道德教育。在德国很多地区强制要求参加这类学校。在 19 世纪，这类星期天学校后来进一步增加了德语、历史、经济学、法律等课程。到 1908 年，德国职业技术学校体系委员会成立，汇集业内需求数据，以及关于进入各类学徒岗位的路径材料，包括课程和考试的文件。德国技术工作培训研究院于 1925 年成立，以推动职业教育有力支持行业需求。在纳粹当政期间，职业教育和企业管理办公室于 1933 年成立。随后为了迎合对高技能工人的需求，学徒期从 4 年减少到 3 年。1939 年，帝国商业与贸易职业培训研究院成立。二战后，德国经济社会和产业重新从零开始发展，但学徒制的基础并没有发生变化，一直到 20 世纪 60 年代都没有进行大的评估检查。1969 年，德国政府通过了《职业培训法》，对培训合同格式进行完善，涉及以下要素：一是培训概要，包括时间表、摘要、工作性质；二是培训开始和结束日期；三是正常工日时长；四是注明是否包括室外培训；五是工资；六是假期；七是合同终止条件。合同还对质量进行了界定，设定培训设施要求，描述了雇主责任，以确保必要的知识和能力传授给学员，并要求提供学习材料和免费使用设备。合同设定了官方认可的指南，职业资质以及考试活动，描述了针对特定行业诸如印刷、采矿、农业、法律、经济、医疗的专门监管方式。到20世纪70年代，着手推进很多改革，包括每周12小时的学校学习实践，对教师提出更加严格的要求，创建由行业和政府支持的集中化培训中心，并促使学徒期满后进入大学的通道更顺畅。

学徒融资和管理是诸多讨论和改革的中心要素。1969年德国教育理事会通过《改进学徒培训》提案，呼吁所有企业以税收方式重新分担培训成本。联邦政府1973年表示愿意增加对企业培训的资金支持，并增加对体系的管理控制，但诸多企业抵制政府加强监管或征税，故该提议无疾而终。改革运动持续到1975年，新的提案对《职业培训法》进行了彻底修改，在议会下院获得通过，但在上院未能通过。1976年，一份支持学徒制的征税提案获得通过，但随后被宣布违宪，理由是没有经过上院恰当批准。一直到1981年，《职业培训促进法》获得通过，授权政府对职业培训密切监管，生效之后联邦政府成立了“联邦职业培训研究院”，起草监管与培训相关法律，推动培训相关统计，实施并鼓励职业培训的国际合作，出版年度报告。到20世纪90年代，80%的培训实践是企业的在岗培训。

（三）主要特点和具体做法

德国一般把学徒制定义为[①]：基于特定标准和书面合同，在独立技师指导下，针对特定岗位进行系统化的长期持续的工作现场培训。德国学徒制历史悠久，对各国产生重要影响。德国学徒制模式的特征是建立广泛中介协调机制，包括职业培训自治体系中的雇主和劳工代表，国家干预较少，依靠学校和企业提供培训。具体包括三类：一是职业教育前的培训系统，二是基于学校的职业培训体系，三是双元制学徒培训体系。

---

① Definition of apprenticeship-Vocational Training Recommendation, 1962 (No. 117) “Systematic long-term training for a recognised occupation taking place substantially within an undertaking or under an independent craftsman should be governed by a written contract of apprenticeship and be subject to established standards”.

德国学徒制的要素包括：三方治理、薪酬、书面合同（含岗位所需的全套知识、技能和竞争力，以获得高质量专业或职业的教育培训的资历）、雇员社保覆盖、法律框架、学习项目、在岗培训、离岗学习、正式评估（按欧盟资质框架 EQF[①] 3 ~5 级）、资质验证、期限（一般为 1 ~4 年，其他的实习培训以及非正式学徒制一般最多 1 年）。

德国的学徒制特征为[②]：通过系统化培训项目，传授专业技能、知识和胜任职业岗位要求的能力，这对于在不断变化的工作环境中从事一定形式的技能岗位活动是必要的。

根据国际教育分类标准（International Standard Classification of Education，ISCED），提供 2 ~3 年课程的职业学院、特种职业学校和卫生保健专业学校诸如护士学校属于 5B。这些组织提供的课程围绕实践，比职业教育培训更理论化。德国 1995 年 ISCED 5B 的净入学率为 15%，2006 年为 13%，略有下降；同期与普通大学对应的 ISCED 5A 的净入学率从 26% 上升到 35%。

根据德国 2005 年的《职业教育培训法》，州政府把监督公司内培训的任务转由商业贸易行业协会、手工艺人行业协会来实施，具体负责监督指导德国双元制的具体运行，包括以下任务：监督职业培训的准备、培训和再培训；保管学徒资格名录；雇佣培训辅导人员，为企业全面提供咨询建议；运营师资人员的培训注册工作，组织师资人员能力素质评估；评估培训设施的质量；组织中期和学徒期满的毕业考试；监督并支持处于流动阶段或在海外的学徒学员。

德国企业没有法律义务提供学徒制培训岗位，但一旦提供学徒岗位，则必须接受《联邦职业培训法》等法律约束和相关条件要求。法律要求合

---

① European Qualifications Framework（European Commission，2017）.

② An apprenticeship should，"through a systematic training programme，impart the professional skills，knowledge and qualifications（vocational competence）which are necessary to engage in a form of skilled occupational activity in a changing working world"（Federal Ministry of Education and Research，2005）.

同注明：期限以及条款，任何要求偿还训练费用的条款都无效；企业必须免费提供操作指南和训练材料，并提供学徒一定的薪酬；指导师傅必须胜任培训要求；培训工作必须符合训练规则要求，并按照训练规则要求组织考试检查。培训规则必须得到联邦教育部的认可，涵盖350个专业。地方产业和商会连同手工艺人协会一道，监督在岗训练过程，并检查考核指导人员，举办受训人员的最后检查考试。这种做法一方面保证学徒制培训高度结构化、规范化，以适应岗位要求，另一方面则保障学徒培训易于申请，覆盖面广。

在德国大约有400种就业岗位需要经过专业培训。双元制体系的法律基础是专业教育法，对公司和学徒责任、权利进行了界定。学校管理法关注职业学校的理论知识教育，但各州的学校管理法有所不同。教育法令规定学徒期限、实践经验内容、专业训练计划框架，以及考试规定等。职业培训价值在德国得到高度重视，大约67%的德国劳动力完成了学徒训练。结合中国特点，以德国20世纪90年代为例，1993年有57万毕业生进入学徒项目。根据合作机制，将近50万德国企业提供180万个学徒岗位，占全部劳动力的6%。职业学校教师和公司指导人员扮演重要角色，保障职业培训的高质量和高水平。外聘培训人员要求具备大学学位，具备必要的技术诀窍和必要技能，以胜任教学培训任务。内部培训的师资则要求符合一些条件要求，包括接受本专业完整的学徒培训，获得技师资质证书或大学文凭；同时需要实践和教学经验。内部培训人员是本领域的专家，扮演示范角色，为学徒提供支持，并促进学徒个人的发展；要求内部师资人员促进学徒的独立个人学习，并为学徒个人发展提供足够自由度。学徒获得使用锉刀、车床、钻头等机器的技术诀窍；对人文行为也很重视，如通过研讨会交流技能，团队组织、工作技术等融入培训内容。

建立一个公正最优安排，是高质量学徒制的发展方向。由谁来分担融资压力，如何在利益相关方之间公平分担成本并使之得到贯彻，是关键问题。

通常而言，主要是以下模式：雇主承担在岗培训费用、学徒工资津贴和社保费用；学徒接受比最低工资线更低的薪酬；政府资金支持职业技术教育培训机构提供集中培训，管理学徒制的计划项目，激励雇主，等等。

提供学徒工岗位的费用主要包括：花在学徒的成本、培训人员的成本、设施成本、其他成本。1995 年的学徒工岗位平均每年每人折合 1.76 万美元，在大企业和产业部门的成本更高。即使考虑学徒工的产出，净成本仍然高达 1.07 万美元，占总成本的 60%。如果学徒期满被挖走，则企业面临这方面的损失，难以收回全部培训收益。这对社会是溢出效应，但对培训企业是很大的损失。学徒流动的溢出效应形成交易培训的正外部效应。在 2003 年的德国，平均有 45% 学徒留在企业。其中，教师和指导人员的行业会有 7% 留在原单位，但银行和保险行业的学徒工则有 75% 留在原单位。

根据估计，德国双元制下学徒的内部回报率为 25%（Dick，1994），在美国为 10%（Heckman，1993），这可以解释为什么德国学徒愿意接受 3 年到 3 年半的低工资。对企业而言，之所以愿意承担学徒制投入成本，是因为理论上学徒制的好处包括：一是能够以很低工资（远低于平均工资水平）招收到未经训练的工人；二是经过一年半到两年的学徒培训之后，学徒的生产力接近训练有素的工人水平，但仍维持低工资；三是企业可在学徒制期间观察并选择有潜力的未来职工，这样可减少招聘成本和误招不合格人员风险；四是节约把工人从其他岗位转入本岗位的转岗成本，并且不需要适应期。在实践中，还需要考虑一些现实情况，包括学徒留置的好处可能高估，学徒期间的工作效能未必有那么大，学徒是否留在企业取决于企业与工会的谈判结果。对企业而言，学徒制培训成本像是一种征税。

（四）职业学院运作机制

职业学院旨在高质量培训高中毕业生，通过雇主、院校、政府合作的框架，在岗培训结合理论学习，使之能获得商务管理、工程、社会工作大学学位。根据德国巴登－维滕贝格（Baden-Wuerttemberg）州的科学与艺术厅要求，职业学院推动相关工作的高层次学习，包括：整合职业部门和教育机构的培训设施，共同努力合作提高教育水平；回应雇主需求，以工作为导向推进高等教育，而不是按照大学要求进行教育；为学生提供完整的学习培训项目，增强对高中毕业生的吸引力；减少学生花在大学阶段的时间，职业学院学制一般为 3 年。

雇主和教育机构共同设定目标和标准，确定培训内容，决定理论要求。双方也共担治理和课程发展的责任。在项目实施过程中，在岗培训和理论课程工作由联络机构和协调委员会共同分担，绩效控制由雇主和学院培训者共同分担责任。

学院是学习的组织机构，学员既是学生又是受训人员。雇主提供培训津贴，并承担学生在学院学习的实践成本，学员受法定标准条款格式的培训合同管理。除了按大学入学要求，公司的签字认可也是成为学员的必要条件。在一些合资的结构中，校企双方各承担 50% 责任。为确保项目成功，这种合作必须具备足够的灵活性，职业学院并不受制于僵硬项目，而是实行持续改进，学院自身就是学习型组织，对自身课程内容和学习程序进行周期性评估。学院强调整体性学习，要求相关材料及时更新，在岗学习强调更强的参与动机。这种机制更具自组织特征：能适应复杂条件，基于组织共享、共识，重视反馈能力建设，具备自我参照能力和足够的自治能力。

其中，机制的复杂性表现为课程多样、专注工作相关科目，包括商务管理、工程和社会工作。商务和经济专业主要为学生到银行、旅行社、贸易、数据处理、货物运输、报税和产业内通用岗位等就职做准备。电力方向专业需要学习自动化技术、工程动力、信息技术等课程。机械工程方向的课程包括精度、生产和过程工程等。社会方向专为从事老年人护理、生理和心理障碍人群照护、罪犯管理等工作做准备。前两年接受基本培训以形成工作资质。在第三年的专业化学习培训后，最终会被授予文凭证书。德国普通大学辍学率为30%～40%，而职业学院不到10%，后者相对优势明显。

自我参照能力包括：学用结合，把实践问题带到课堂解决，把课堂讨论成果在公司工作中应用。在第五、第六学期，学生还会撰写工作相关论文。

学院讲师来自知名大学或具有高层次机构学习经历，并来自业内，具有丰富经验；学院也从相关领域聘用专家。教育环节包括两种学习模式：理论和实践。学生必须有相关企业或社会机构的职业合同才能被学院录取；学习两年后必须通过国家认可的职业素质考试；全部教育环节为3年或6个学期。学生必须通过第二次考试才能获得文凭，等价于大学本科或技术学院文凭。

（五）成人培训案例

关于成人在职培训，资金来源包括企业自身和政府。以1992年为例，在德国用于成人雇员继续培训的费用达到831亿德国马克（IW，1993），企业资金占52%，政府资金占36%，个人自负12%。自动机器设施、电力、美发、屠宰、糕点、锻工等行业的培训，会在培训结束时授予技师（Meister）资质证书。

在德国巴伐利亚州（Bavaria）和萨克森（Saxony）州，两个雇主协会曾探索非营利培训服务机构——学习型区域协调中心（Co-ordination Center for a Learning Region），这是一个试点项目，利用新设备为当地提供传统培训服务。参与方包括当地政府、雇主协会、培训服务方、企业、工会、大学等有兴趣参与地区发展的机构，彼此形成紧密型合作与协调关系，旨在高效利用当地资源推动经济结构调整，关注当地小企业集中的行业，寻求替代性新产品，促进当地就业。该中心提供各类培训的供需信息，为各类机构提供有用信息，参与各类技能需求项目、课程发展、质量控制和顾问指导服务。

德国联邦职业培训研究院（BIBB）总结德国企业雇主促进学徒工发展核心技能的良好案例。西门子以项目和传授为导向的案例表明，诸多雇员缺乏岗位的专门知识技能，缺乏跨学科核心技能。主要涉及：一是组织技能，包括自我管理、系统化措施、精确和兼顾能力；二是沟通技能，包括口头和书面表达、合作能力、融入能力；应用技能，即应用理论原则解决实践问题，以推理为中心解决问题；三是进行类推的能力；四是独立性技能，如决策能力、自我批评能力、个体局限的自我意识能力；五是适应性技能，包括调整能力、动机、耐力。

美国福特汽车公司德国子公司发现受训雇员缺乏一些非专用技能，德国联邦职业培训研究院将之概括为三方面：专业化能力、方法论能力、社交能力。

在奥迪公司，现代化汽车工人需要从熟悉装配技术转向综合仓库管理、质量控制、生产组织，必须掌握团队交流、自我组织、信息技术方面能力。为此奥迪公司基于轮训“学习站”形成了 3 年制的学习体系。其基本理念是传统基于岗位的学习方式缺乏效率，难以胜任向现代学员传授大量信息的任务。“学习站”可以使学员获得不同阶段技能，通过计算机训练中心模拟工厂生产中心和销售站点。在每一个阶段，学员都会发展出新的核心技能，大部分是团队工作和分享学习形式。

（六）面临的挑战和问题

产业升级和自动化趋势导致对传统手工艺工人的需求大量消失。常规学徒工培训岗位在减少，这是由于随着技术发展，机器和自动化装配线在不断替代手工操作的技术岗位，使传统营业岗位和手工业边缘化。产业工人需要具有更大的可用度、机动性和适应性，但对手工技能的要求降低。同时，对社交技能、灵活性、合作能力的要求在提高。一些新型工种不仅有技术能力要求，社交技能、联系能力、解决问题的合作意愿、对承担责任的准备程度、采取主动、与他人一道工作、继续学习等能力也很重要。除了社交技能，一些关键工种还要求积极直接参与公司的目标任务，融入公司文化，这些品质比技术知识还重要。

社交技能要求最初在银行等部门出现，随后拓展到工程部门。高技能工人、技术员、程序员、工程师等岗位不仅需要多技能雇员，也需要创造相互信任氛围，就工作分配、维护和质量控制进行共同决策。这种技术、组织、社交的技能可以通过教育和培训获得，有助于提高独立工作能力、增强对自身职业能力的自信。随着双元制培训复杂化、多元化，有些人担心其是否具有足够灵活性来适应地方的需求环境，也担心是否存在对职业教育的潜在路径依赖。

这些都对德国职业教育培训体制形成了重要挑战。其中，最主要挑战是职业教育培训完成之后的失业问题。雇主面对全球化，变得更现实，关注短期效益，希望削减成本，要求放宽劳动力市场监管，实行集体工资谈判去中心化，使劳动力培训、雇佣、解雇更加灵活。同时，雇主倾向于职业培训模式向更加灵活的模块化方式转变。相比之下，德国双元制系统也存在明显不足。包括：一是僵化、高成本、调整缓慢、技能概念过度传统；二是职业教育和工作的匹配性有待增强，培训项目和教师教案落伍也是大问题；三是在经济复苏阶段，学徒短缺，越来越多的年轻人进入大学学习。这些自 20 世纪 90 年代以来削弱了双元制体系的结构和可持续性。尽管德国多数中学毕业生进入了双元制体系，但越来越多的年轻人尝试进入高等教育机构而不是进入双元制体系。

在 20 世纪 90 年代德国失业率上升之际，德国双元制的批评者指出学徒制体系使得经济恢复不力，引起公众关注。学徒制被认为是现代化障碍，抵制灵活性和工作协同，因为增进灵活性和工作协同需要以学徒制的重构、去中心化、减少官僚化为前提。批评者认为在德国职业机构中存在技术崇拜，过分工程化延缓了向后工业化产品体系发展，需要一次技术形态的模式更新；认为德国双元制不适应现代、灵活、多技能团队工作要求。另一个阻碍生产力发展的障碍是官僚结构，导致工作相互分离，使合作难以落实。这些批评意见在很大程度上基于当时德国制造业下行的背景。

这期间德国经济结构调整与国际竞争加剧叠加，企业提供学徒岗位的意愿下降，低技能年轻人只能在一些职业学校接受课程学习，难以转入职业教育培训体系或进入劳动力市场。德国职业教育体系提供三种不同途径：一是双元制系统，二是普通学校系统，三是职业学校。在德国，54%的职业培训主体位于制造业和贸易行业，20%位于手工艺行业。职业教育培训多数在企业中进行，具体取决于企业意愿。因此企业提供学徒岗位的意愿下降，带来的影响很大。

20世纪90年代以来，企业培训年轻人的意愿明显下降。德国职业教育培训体制的优势在于手工艺和制造行业，80年代有一半学徒进入服务行业。90年代，越来越多的年轻人难以在企业中得到学徒培训，难以获得工作岗位。根据德国联邦年度职业教育培训调查报告，1998年只有63%的毕业生进入双元制体系，只有45%的技能型年轻工人在接受培训的企业获得工作合同，1995年的比例为60%。东德地区的问题更为突出，1997年有40%的年轻技能型工人找不到工作（BMBW，1999）。从1991年德国统一到2004年，每年接受职业培训的人数从166.56万下降到156.41万，减少6%，西德地区员工中学徒工比例从1980年的8.2%下降到2004年的5.2%。德国统一之后，德国学徒工比例从1991年的5.6%上升到5.9%。1992～2005年，德国学徒工岗位从供过于求转为供不应求。企业越大，提供学徒工岗位的比例越高，但提供学徒工岗位的企业比例在逐年下降，从1992年到2007年下降了11个百分点。小企业的学徒工比例下降更快。

2006年，有44%的年轻人进入双元制项目，17%的进入学校接受职业教育培训，其余39%年轻人接受的课程不含职业培训。2007年，有68.5万年轻人无法进入双元制项目或职业培训学校。同期在职业学校参加预备课程学习的年轻人数量增加了97%，24%进入大学。但具体而言，双元制体系仍是重要渠道。2007年，德国34%的适龄人员进入大专院校，英国为55%，2009年

OECD 国家平均为56%。

2011 年以来，进入手工艺和制造业的学徒数量下降，服务行业对学徒的吸引力也直线下降。与此对应，2013 年进入职业学校的学生比例上升到22%，涵盖农业、贸易和本土服务业，其中很多低端服务业的学生目的是能获得一张职业培训文凭。Witte 和 Kalleberg（1995）发现在调查中德国工人并没有反馈能岗匹配，原因在于职业教育培训体系主要提供通用化的技能培训，而不是专用技能培训。通用化技能有利于转换工作岗位，提供工作流动性。

这些反映出生源从双元制学徒项目转向职业学校，转向接受高等教育，传统职业教育培训体系面临结构性变化。但是，通过重构工作推进德国产业现代化，并不等于废除职业教育培训的基础结构，需要分析问题成因。关键原因在于雇主不大愿意对新的培训岗位进行长期投资，由此导致培训场所成为瓶颈，使员工的能力和创造性与需求不匹配。培训往往基于特定工作，培训范围，获得的技能和知识质量，都取决于企业的培训参与情况。在中小企业，学徒经常被当作廉价的新手工人，在大企业他们才有机会在工作场所和培训车间轮换。同时，由于接受中央联邦政府管理，引入并认证新培训岗位往往时间冗长，需要面对官僚程序，在一些新兴岗位尤为明显，例如信息、技术、通信、媒体产业。这些问题制约了双元制体系对新形势的适应能力。

总体看，德国双元制教育培训系统需要改革，解决信息不充分等问题，提高质量信息、促进竞争是关键。改革重点包括学徒补偿计划和在岗训练时间拓展。解决当地信息不充分的途径在于提供激励，促使当地建立地区学习项目，由当地相关机构参与，使当地民企等各类组织提供信息。成人继续培训的质量标准必须充分借鉴双元制的经验。竞争政策应促进职业培训服务提供方之间的开展竞争。要培养核心技能和关键能力，职业技能和个人特点包括热忱、独立性、沟通，都是培训目标。德国联邦职业培训研究院强调有些能力难以言传，需要通过鼓励和发展而成。其中，互动发展对于学员发展核心技能至关重要①。

（七）当前采取的主要做法

德国企业具有重视长期劳动力规划的传统，使得他们愿意参与学徒制项目。雇主、劳动法、年轻人仍然重视教育价值，致力于以工作为基础的职业专业资质认证。企业、工会、政府、教育提供方和年轻人是产业关联系统的一部分，该系统在产业化合作框架机制下运行，在联邦、州、地区层面都有其组织。德国面临从产业化社会向知识型社会转型的挑战，职业教育培训体系必须创造更好社会化、组织化的技能，以跨越传统职业边界。手工艺和制造业结构的遗产正面临调整，使传统双元制变成更加灵活的组织模式。

针对前述问题，目前有三项措施：第一，很多产业尝试调整培训项目和课程，适应新角色、新技能对工作的要求。第二，通过创新教学方式，传授技术技能和社交技能，甚至创新方法。第三，增加设计各类深化培训的项目，适应现代人力资本要求。

德国在21世纪初成立全国范围的“工作、培训与竞争力联盟”，建立社会伙伴工作框架，推进双元制项目持续发展。年轻人通过培训获得必要的工作能力，增强自立和自我负责能力，以适应劳动力市场新要求。德国“左翼现代主义”战略呼吁大规模投资各类职业知识和技术，促进高科技和服务性经济发展。由此国家重新回归于教育、培训和就业促进职能，致力于塑造接受高水平教育且灵活的劳动力队伍，以更好地适应更高的工作要求。

（八）借鉴德国双元制模式需注意的问题

---

① 其于1997年写道：“这些技能促使个体拓宽自身责任领域，提升机动性、灵活性；而且通过职业培训早期阶段发展，他们能有效适应终身学习要求。合作式的自我发展使核心技能应用最大化变得更加可行。”

随着经济快速发展，很多国家高技能工人供不应求，越来越关注推动教育课程的职业化，并使雇主参与到学校决策中，并增加就业前培训，或激励雇主参与到学徒培训项目中。这些与德国目前的职业教育培训类似。是否引入德国双元制，相关国家需要考虑以下因素：一是企业的行业和规模分布。90%的德国就业集中在制造业和服务业，这也是学徒分布最集中的领域。德国经验显示，那些特别小的企业不愿提供学徒岗位，即使愿意也在期满后留不住学徒。如果发展中国家私营小企业占主导，就难以推行学徒制。二是监管和工会覆盖面。如果企业监管不足、工会代表较弱，就很难建立实施学徒制的标准，也很难进行监管。在德国，很多企业把学徒当成廉价、灵活劳动力的来源。而在发展中国家缺乏关于最低工资的立法，雇主自然无需通过学徒制获得廉价劳动力，由此缺乏动力招收学徒。三是承受高成本的能力。与德国企业不同，发展中国家的企业往往不愿意承担学徒的培训成本，只能由政府承担这方面成本。在德国，双元制下学徒培训的人均成本相当于人均GDP，在韩国是2倍于人均GDP，在埃及为4倍于人均GDP。四是参与双元制自愿性。发展中国家政府在实施双元制时往往采取强制措施，这与德国模式并不吻合。五是常规教育体系同双元制的相互补充。德国并不通过双元制排斥高中生追梦高等教育。但贫困国家往往把有限资源集中在常规教育上，而不是用于公共职业教育或政府带动的学徒制项目。

复制学徒制需要重视五方面关键经验：一是重视学徒制完成率的影响因素，包括较高的监督指导人员比例、适当的顾问指导和职业发展规划、允许学徒发展较广的商业技能和技术技能。二是业内企业提供学徒岗位至关重要，征收培训税被证明是实现这一目标的有效途径。三是资金激励对于有效加强学徒供给非常必要。四是学徒制项目管理必须与传统院校教育衔接，发展出从学校到工作转换的最优路径。深化这一衔接有助于促使学徒制成为通往大学的次优选择。五是培训和评估传授的灵活性、适应性可以促使形成更优的成本效率。深化雇主与培训提供方的联系，能够帮助利益相关方理解彼此想法和要求。此外，政府或行业协会能够发挥关键作用，促进劳动力市场的信息传递，采取系统化措施识别劳动力技能短缺领域，并相应做出培训政策规划。实践证明，清晰的立法是支持资金激励的强有力支撑，可以鼓励雇主参与到学徒制项目中来。

三、德国双元制模式在其他国家的应用情况

（一）奔驰公司美国子公司案例

从现代产业发展的趋势看，双元制系统提供了理论和实践的结合途径。这种模式在相关国家应用过程中，引入了高层次的培训教育机制。奔驰公司美国子公司案例表明，学徒制和职业学院相结合的模式可满足对教育领域的合资需求。不同于传统学徒制培训模式，该职业学院是由地方政府和奔驰公司合资，既不是政府主导也不是行业主导，而是由奔驰公司承诺对职业培训的双元制系统进行投资。

该案例中，职业培训期限一般为 3 年到 3 年半，规定学徒每周在公司工作 3 天，在职业学校学习 2 天。内部培训地点在公司部门，包括生产车间、服务部门或办公室，由师资人员指导学徒。1993 年，奔驰公司有 500 多名全职的内部培训师资人员，为 7800 名学徒和 7500 名雇员提供指导。学徒有其他教育机会，如参与欧盟交换项目等。职业培训包括了针对方法论和社会能力的技术诀窍，确保学徒整体竞争力，旨在使学徒能为未来工作进行准备并能够充分胜任。这些需要关键资质，形成质量共识，是专业能力、个人责任、批判性判断、创造能力、团队工作能力、在更大范围思考行动等能力的承诺。这些个人品质无法在课堂学习中获得。为此需要新的教育方法，关注团队自治工作方式，确保每一位学徒具备责任心和自我控制能力。

（二）西门子公司美国子公司案例

德国24岁的年轻人有66%完成学徒制训练并获得资质证书，但美国只有2%高中毕业生进入学徒制项目。在美国实行学徒制的条件与德国有很大不同：职业培训地位不高；政府也不愿意补贴高等教育；公司、劳工、政府和学院之间的关系通常对立甚于合作。尽管如此，一些在美国投资的企业和地方政府还是设法支持高中辍学生，培养高技能员工，使之能进入高薪岗位。德国西门子公司就是例子。从1952年到1992年，西门子公司已在美国设立40家企业，运营70家生产和组装线。1992年有超过3000名年轻人进入西门子各类学徒岗位。1994年发展3个试点项目，重点培养个人核心技能，包括组织交流、与他人合作、应用学到的技术、发展相互连接思维、反复灌输独立与负责任的价值、培养个人的适应性特质、形成韧性、应对压力等等。培训的组织技能包括团队的规划、实施，自身的任务管理控制。教育环节与当地社区学院、大学和地方教育委员会合作。高校教师在西门子工作，为成为培训人员进行准备，促进理论和实践相结合。

西门子的双元制项目包括三个层次：一是成年人学徒项目。二是四年制学徒项目的技术准备培训；学员会收到一笔贷款用来支付学杂费等费用，但毕业留在西门子工作满一年、表现出色的人员会被豁免这笔贷款。三是为成年人专业能力提升服务的学徒项目，每周有两天培训课程，为期两年半，包括40%理论内容和60%实践内容。受训人员除了学习技术知识和技能，还学习参与决策、从事团队自我管理、交叉培训，使每个人能从事其他工作。具体按ISO 9000的欧洲质量标准进行。

四、其他国家学徒制开展情况

（一）关键做法比较

传统职业教育培训体系有两种典型方式：第一种可概括为冗余导向，原则是形成劳动力技能超过实际需求的额外供给，如数量和质量。德国巴登－

维滕贝格（Baden-Wuerttemberg）和法国罗纳－阿尔卑斯（Rhone-Alpes）是代表。第二种是恰如其分导向，根据企业实际具体需求进行调整确定，而不是根据他们的渴望来确定。意大利伦巴第（Lombardy）和西班牙加泰罗尼亚（Catlonia）的情况属于这一类。

培训切入方式的关键区别可分为：拉丁模式，即体系内学校和企业分离，包括意大利、法国和西班牙；传统的莱茵模式，即校企紧密合作的德国模式。在法国、意大利等地，学生从理论和基础知识学习向工作的转型在很大程度上依赖学校；20 世纪 50 年代建设的公司附属学校反而不那么重要，这类企业主要培训本公司员工，且技术和组织的发展相对封闭。专用知识和技能由经验丰富的同事传授。工会或小企业创建的半公共培训机构也提供类似功能。尽管公共职业培训体系吸收了大量资源，对企业而言并没有那么重要，原因在于其低效率和课程低层次，不如那些以技术和商业学位为导向的学校。在意大利，职业培训体系由当地管理，提供理论教育和入职所需技能，由于教育质量不高，面向辍学年轻人，曾被大量解散。在法国和意大利，因职业教育培训主要面向辍学人群，未能有效提供可选的就业准备渠道，对人力资本发展的贡献有限。在西班牙，校企分离的情况类似。在 20 世纪 60 年代和 70 年代，经济快速发展导致职业培训的需求升温，但学校未能提供必要的基础知识。很多企业依靠公司学校和在职培训解决问题。效率低下加上培训供给偏差，导致职业技能的供需错配，进入劳动力市场的年轻人只有 10% 受到培训。

德国年轻人在某个行业学习时，可以在技术设备上直接进行生产实践，这一点与法国、意大利、西班牙不同。德国的行业联合体系提供了协调公立培训体制、监管私立培训服务方的功能。

在深化培训方面，有实行统一管理的法国模式，也有让市场机制来发挥作用的德国、意大利、西班牙模式，培训体系根据企业发出的需求信号来提供服务。自从 1992 年开始，10 人以上的法国企业依法必须按工资的 1.5% 投资于培训，10 人以内企业按 0.15%。企业可以自主选择培训模式，但通常采用工作期间正式实习方式，在工作中有大量雇员参与。正式实习和离岗培训并不排除跟随学习和导师的在岗指导模式。在德国，深化培训完全由企业自主决定，根据市场信号和自身需求，采取合约方式进行培训，并不接受公共部门或行业协会监管，具有很强的灵活性。深化培训集中在特定岗位群体，根据企业需求，针对性很强。

在荷兰，曾有 17 个行业性的知识中心，负责提供质量和评估标准、在岗培训的质量保障、公司鉴定等服务。后来被更广泛的行业商会替代，涉及各类技术行业，在职业教育培训与劳动力市场合作组织的协调下开展工作。荷兰学徒培训的质量保障标准包括：教师和培训人员的质量和经验；师资人员与学徒数量比；学徒期限；理论学习与工作的时间比例；在岗培训和离岗培训的时间比；学校和公司培训设施；公司注册登记和资质；技术与职业教育培训机构注册登记和资质；培训人员、教师和评估人员资质；教学和培训过程及方法；学徒工作手册；检查与监督；学习产出与质量；评估与鉴定。

（二）瑞士案例

瑞士职业培训体系在 21 世纪的最初 10 年经历了较大变化。在瑞士，职业教育培训的主要责任在于联邦、州政府、各类专业协会、企业及其协会。国家更重视培训体系，规定培训课程，组织职业教育培训，创建高等职业教育的培训体系；州政府则负责实施、监督并为职业学校提供主要资金支持，但瑞士商业雇员协会运营的商业培训机构除外，该协会提供培训场地和公司培训的部分资金。

该职业培训体系由国家立法管理，培训政策打破了州政府管理教育的传统。在政策制定方面，由联邦政府、企业及行业协会共同参与。在组织机制的顶端，由三方复杂的协会体系代表组成：瑞士工商联合会（代表参与经济财政议题的企业）、瑞士雇主协会联盟（负责社会和劳动力市场政策）、小型商业和贸易联盟。

瑞士商业培训体系非常独特。历史上，瑞士商业雇员协会是主导方，不仅运营职业学校，还在改革事务上具有很强的影响力。经济结构和技术变迁要求培训主题更加灵活，要求学徒不但具备通用技能，还需具备更多专用和社交技能。但面对新形势，银行部门希望雇佣现成的训练有素人员，用具有大学文凭的熟练员工替代高中段义务教育毕业生，大型银行和保险公司甚至威胁彻底清除学徒体系。

为此，2003 年实施的改革不仅引入新的学习内容和课程结构，还引入了新的学习和考试方法，新课程基于职业、社交、能力方法，培训更加灵活。部分基于公司的培训得到升级，公司实习占整个学徒期的时间比例从 30% 提高到 50%。同时，增加学徒期的在岗学习时间，学徒期第二、第三年在学校的时间减少。公司在学徒制体系中的角色变得更强，对技能要求强的银行和保险机构提供巨额资金，也提供巨大激励，推动学徒制改革发展，使之适应新形势和新技术，对改革起到决定作用。在瑞士学徒制的现代化进程中，公司强化了对培训的贡献，扮演积极角色，推动商业行业的学徒制适应公司专门需求，并引入更加细分的培训形式。

第二个转变是凭职业资质进入职业学院。完成职业培训的人员，例如完成学徒期的学员，可以接受高等教育，主要去向是职业学院。这一措施推动传统职业培训迈向更高水平，强化了通用导向。同时，改革顺应国际趋势，借助了大企业力量。在改革推动下，技术和商业部门专业技术高中，主要是社会和护理专业，升级为技术应用型职业学院。因此，商业化改革不仅推动了职业教育培训的转型，也契合了大企业利益，建立了与国际经济发展的紧密联系。

瑞士职业教育培训改革延续了中心化和双元制原则。2002 年提出的职业培训改革法案，最早可追溯到 1996 年的 Bundesrat 报告，要求对双元制体系进行全面改革，以适应劳动力市场变化。报告建议包括：促进职业教育与通用教育的相互渗透，引入持续培训模块，探索校企合作新模式等。改革具有两方面特点，一是进一步强化了体系的中心化，联邦对整体培训体系负责，资金支持力度也增强。二是在中心化背景下，双元制体系拓展成“多元互惠、灵活统一的职业教育培训体系”。改革加强瑞士培训体系垂直整合的传统原则，意味着联邦对培训负责。改革强化双元制原则，促使适应劳动力市场结构性变化，拓展培训课程的内容范围，改变融资结构。对培训体系加强资金支持，促使其转变成绩效导向体系。联邦政府把年度公共培训费用增加了 25%。

欧洲资质框架（The European qualifications framework，EQF）与欧洲的培训信贷系统相配套，旨在落实 2002 年《哥本哈根宣言》，形成了共同资质标准和评估机制，适用于欧洲所有国家教育体系。瑞士没有签署《哥本哈根宣言》，但联邦专业化教育与科技办公室于 2005 年要求瑞士培训机构就欧洲资质框架作出声明，于 2006 年要求对《欧洲信贷体系》倡议作出声明。在专家和信息交流层面，瑞士也派人参加有关讨论，是上述框架项目的跨国合作伙伴。

五、欧洲职业教育培训发展趋势

欧盟和各成员国关于职业教育培训的政策讨论涉及就业能力、终身学习，包括知识、技能、竞争力概念，以及教育培训学习产出概念。在多数欧洲国家，发展职业教育培训的讨论主要与“知识型社会”相关。未来职业教育培训需要适应弱势学生、失业群体、移民、年轻人、老年人的情况和要求，为此还有很多工作要做。要在社区实践中形成归属感，培育社会包容性和凝聚力。职业培训政策需高度关注劳动力市场对职业技能需求的新变化，加强对劳动力市场响应性。具体而言，欧洲职业教育培训表现出普惠包容、终身学习、合作趋同、增强吸引力等发展趋势。

（一）普惠包容

职业教育培训契合被社会排斥群体的需求，其目标是为所有人提供高水平的最低教育和培训标准，具有普惠性和包容性。《里斯本议程》[①] 提出三个目标：一是发展当地学习中心，二是促进新型基本能力尤其是信息技术能力，三是增加资质透明度。同时设定了导向，包括增加投资、将初中文化的年轻人数量减半，界定终身学习议程的基本技能，使资质认证和学习、培训期限更透明，形成个人职业履历规范格式。

政策联合是其中重要特点，增强经济竞争力是其中的关键动因。这是由于，全球市场竞争性加强，知识驱动型竞争者成为欧盟主要挑战。职业教育培训促进了欧洲社会发展。这种模式揭示了教育和职业培训的良好前景，获得了高生产率、高就业率、高收入、良好的社会保障和强大的社会凝聚力，为里斯本目标充实了重要内容。其特点是基于中央政府目标框架，由当地监管实施，把公正作为重要原则，使之成为社会凝聚力基础。

根据欧盟里斯本战略，重点是增加对低素质年轻人的包容性。具体途径包括：一是加强欧盟境内核心岗位双元制项目参与程度。这是成功培训低素质年轻人、减少失业比例的重要途径，目标是更高的竞争力和创新能力，这对培训工作提出了更高要求。二是基于职业教育培训的在校学习。功能完备的职业教育培训学校提供更多培训机会。三是职业教育培训课程模块化。目前正在研究把现有双元制学徒培训体制模块化，把三年期学徒项目改为一些短期学习单元，可以为低技能年轻人提供灵活培训服务，提升现有培训体系的服务能力。

（二）终身学习

从国际趋势看，职业技术教育已从正规学校教育转为终身教育的组成部

---

① 欧盟理事会，2000 年。

分，推进终身教育成为发达国家基本国策，职前的就业培训和在岗培训已相互衔接。瑞典从 20 世纪 70 年代初开始推行回归教育；法国在 1971 年通过《终身教育法》，1984 年通过《职业继续教育组织法》；德国在 1973 年提出了终身教育原则；美国于 1976 年通过《终身学习法》；英国于 1980 年开始建立全国终身职业教育体系，并于 1988 年成立全国成人教育中心。从国际趋势看，要形成产业竞争优势，需要实物资本投资，更需要人力资本投资。培养高质量劳动力队伍，职业技能教育培训是基础，质量保障、机会均等是关键。

里斯本议程也从不同层面影响了教育培训。例如，为终身学习建立欧盟资质框架的目标，瞄准了培训的宏观层面；而引入欧盟个人履历共同格式，则是瞄准教育培训的微观层面。其中关键目标包括：增加成年工作人口参与终身学习的比例超过 12.5%；早期辍学生比例降低到 10% 以内；15 岁识字能力不足人口至少减少 20%；22 岁高中文化人口比重至少达到 85%；数学、科学、技术专业毕业生的比重至少增加 15%。2003 年，形成了 29 个新指标和基准，用来测度里斯本目标发展进程。

荷兰和德国的职业教育培训体系尽管以职业为导向，但同样重视整体系统性教育和个人的终身发展。把职业教育融入复杂的教育体系，由社会相关方管理。其理念是市民应通过公共提供的通识教育充分融入社会。这一理念由 18 世纪改革家 Wilhelm von Humboldt 极力推行。中心思想是要“学会学习”：通过发展个体的关键技能，使之能够终身具备获得知识的能力（Benner，2003）①。

在德国，350 个特定工种的资质证意味着终身职业生涯，与社会地位和社会认可度相关。资质证、职业教育和特定工种之间的联系包括了课程和相应工种的应用范围。该资质证书是职业能力的担保证明。

---

① Benner, D. (2003) Wilhelm von Humboldts Bildungstheorie (Weinheim and Munich, Juventa Verlag).

（三）合作趋同

欧盟的趋势具有代表性。从1960年到2000年，欧洲由职业教育培训向通用教育转型。在整个20世纪90年代，欧盟围绕计划项目的实施，通过提供资金推动教育培训领域的合作和趋同。《哥本哈根宣言》要求加强职业教育培训合作，以适应知识型社会要求，提升就业质量和水平。为此，欧盟强调采用开放的合作方法，推广最佳做法并实现更好趋同。这一新方法使用指标、基准来比较成员国与世界范围竞争者的表现。重点是围绕特定目标形成政策，重视教育相关的指标、基准和质量控制，使欧盟成为最有竞争力的经济体。

具体包括：一是基于牢固价值基础的合作。加强成员国之间的合作，提高合作层级。二是强化法案融合。三是高质量的职业教育培训意味着形成新的联结，在提升质量、增强吸引力的同时，提供不同路径之间的关联渠道，在通用教育与高等教育之间形成更好的联结。四是加强对职业继续培训的参与。工作场所继续学习是终身学习的重要方面。五是提供资金支持。里斯本欧盟峰会呼吁大量增加对人力资源的投入，提高人均投资标准。六是数据整合需要引起重视。七是通过开放式合作（Open Method of Cooperation，OMC）的优化协调和交流机制。八是拓展信息的可及性。

欧盟意识到，要使欧盟成为世界范围内领先的知识型经济体，就必须把教育培训作为促进经济增长、创新、可持续就业和社会凝聚的关键因素。三方面战略目标至关重要：一是改进欧盟教育培训体系的质量和效能，二是促使所有人进入教育培训体系能够更加便利化，三是促使教育培训体系向更大范围开放。

这些战略目标可细分为13个相关目标，每个目标可在工作项目中用相关指标来衡量。例如，25~64岁人口参与教育培训的比例，每个年龄段人口工作时间中用于培训的比例，通过初始培训促进就业而获益的学生和学员比例。通过将这些指标与美国、日本等主要竞争者比较，推广欧盟最佳做法，加强周期性的监督、评估和回顾。

（四）增强吸引力

欧盟委员会认为职业教育培训质量不足、吸引力不够，建议完善成员国的评估程序，并递交向里斯本目标发展的年度报告。

在职业教育培训方面，欧盟理事会和欧盟委员会在《哥本哈根宣言》确立了总体目标，与教育领域相似，并形成指标，设定基准。《哥本哈根议程》建立了四个优先目标，改进职业教育培训形象，增强吸引力。一是学习内容、学习路径和传授方式必须个性化，或者做出必要调整，适应学员能力和需求。二是基于可逆性理念和相应培训，这是构成吸引力的重要因素。学校和学徒制的职业教育培训证书提供了进一步发展路径，可以继续接受各类教育，也可以进入劳动力市场。三是增强透明度和便利性，形成现代化治理机制，对个体需求负责，增强吸引力。四是提升公众对职业教育培训重要性的认知。

此外，欧盟理事会认为初始职业培训没有真正聚焦于自我雇佣或创设企业，因为相关课程要求学生和学徒成为雇员，其主要任务是被培训成为工人。为此，在其政策导向中强调职业教育培训的企业家能力养成功能，这与国际劳工组织的工作导向是一致的。

从欧洲国家之间的比较看，北欧国家发展得更快，为学员提供基本技能教育培训，并提供最高层次的持续参与机制，但中欧和地中海成员国的绩效提升相对落后。

六、相关启示

（一）引入学徒制模式需重视关键原则

总体而言，学徒制对于提升产业竞争力意义重大。但欧洲国家有其特殊性，其他国家的职业教育培训体系如果要引入学徒制经验，则需考虑关键原则：一是模式的规模效应；二是就行业技能培训完善财税体制，并提供专项财政资金支持；三是政策协调，包括清晰的立法；四是学校参与；五是学徒制必须对所有 18 岁以上人员开放；六是清晰而简约的优先政策，去除官僚机构阻碍。

（二）要增强职业教育培训体系的灵活性

为适应社会需要，有效推动高质量人力资本形成，培训能力应得到有效改善。要重点解决好学徒岗位等培训场所短缺的问题，使年轻人能高质量地完成培训，以改善生活条件。需要推进改革，通过立法为年轻人提供职业教育培训机会，通过检查考试授予技能等级，而不仅仅是提供一般的例行培训。同时，应促使培训体系更具灵活性，职业技能资质管理是重点。

具体重点包括：一是提高资质证书证明职业能力的公信力，使年轻人为资质而学习，通过资质联结教育和工作；二是促进资质考试开放，推动培训质量提升；三是促使资质体系透明化；四是检查资金使用并提高资质培训体系的效率；五是更好地管理资质体系，围绕行业需要完善专业设置和考核内容。

教育培训需要重视年轻人关切的问题，需要考虑的关键因素包括：一是职业教育培训体系的服务；二是正规职业教育培训的课程；三是职业教育培训发展的阻碍因素；四是使职业教育培训与劳动力市场的连接机制；五是从职业教育培训体系毕业带来的好处；六是培训对象如何进入职业教育培训体系。

（三）要适应创新发展需要

根据国际经验，良好的职业教育培训体系应做到：一是完善市场机制，发挥私营机构作用；二是提供足够的自治机制，通过整合利益相关方解决自组织问题；三是在多方参与的基础上，主要由特定经济部门和受益人提供资金，承担成本；四是允许利益相关方对话，作为优先事项；五是增加新内容和新课程，重点包括沟通能力、企业家能力、信息通信技术，增强灵活性，形成适应面广的职业能力，如问题解决、工作效率、客户团体交流等。为此需要通过改革试点方式推进创新。

为促使职业培训满足创新活动要求，需要与当地经济社会发展建立良好联系，健全社会伙伴关系，确保市场需求得到有效回应。发挥专业研究机构的作用，分析新型劳动力市场需求和职业发展趋势，提供发展指导；发挥职业指导机构的作用，提供与时俱进的服务，适应市场变化要求。

（四）要通过改革解决结构性惰性问题

职业教育培训要成功促进人力资本发展，必须应对结构性惰性。这个问题受经济全球化影响。职业教育培训体制改革应建立在现有基础上，改革措施既不应是线性的，也不应是简单地自上而下组织，而是需要花时间促使利益相关方学习改进。在复杂社会中，需要把机制性思考作为推动改革的前提。

在缺乏教育资源的情况下，可考虑两项改革战略选择：一是使现有职业教育培训体系更具效率，功能更加综合，包括成人学习项目，替代投资新的耗资巨大的职业教育培训机构。二是从受益人和商业部门那里调动资源，配置到需求导向的职业教育培训项目，从而适应经济体的特定需求并促进人力资本发展。

第七章

中国的发展理念及战略思路

本章从劳动力视角展望中国现代化进程的目标和机制，探讨相关思路和政策措施，可供各级政府在实践探索中参考。

一、发展理念

（一）实现人的现代化发展

由于劳动力在现代化进程中具有中心地位，现代化发展的目的是为了人民，推进现代化进程需要依靠人民，现代化进程本质上是人的现代化，不仅仅是物质世界的改造，因而必须树立推进人的现代化的发展理念。

从当今世界现代化进程所追求的共同目标看，平等公正是其中的重要内涵，收入分配的公平是关键基础。不缩小收入分配差距，则由于缺乏相应经济基础，社会平等公正将无从谈起。由于资本参与分配会导致收入两极分化的趋势增强，政府应该施加必要的调节，防止工薪阶层尤其是低收入阶层因生存压力而工具化，防止违背推进现代化的初衷——实现人的自由。马克思也强调要实现人的自由而全面的发展，意在使人成为自己的主人，避免沦为被技术或资本所控制的工具。

从国际长期经验看，政府施加调节的手段包括经济政策和社会政策。从经济政策看，通过把“蛋糕”做大可以提供更大的分配余地，包括增加政府税收来源，为全体人民提供改善生活的财富源泉。但总量经济政策并不能为增加中低收入阶层薪酬提供有针对性的激励机制，并不能替代社会政策的收入调节功能。在收入分配机制存在缺陷的情况下，经济总量增长并不能自动地解决贫困问题；相反，随着内在的收入分化机制逐步强化，更有可能出现的情况是经济持续发展、人均 GDP 高居全球前列，但国内中产阶层的生活压力增大，贫困人口高居不下，国内社会矛盾逐步加剧。在劳动力市场实行自然淘汰的国家尤其容易出现这类情况，发达国家未必能幸免。这也是我国需要防范的问题。这意味着贫困并不是纯粹的发展问题，更是分配问题，是赋能问题，即需要政府加大人力资本投资提高弱势群体的职业能力层次，从根本上解决能力弱势问题。

各国调节收入的社会政策也经历了长期探索历史，从早期的二次分配调节，到 20 世纪 90 年代转向基于赋能就业的一次分配调节。实践证明，相对于靠财政资金补贴弱势人群生活的二次调节制度，通过授之以渔提高低收入人群的劳动力素质，提高弱势人群在劳动力市场的就业竞争力，一方面，可以扭转高失业率格局，减轻社会保障负担，另一方面，可以通过改进企业生产率提升国家经济竞争力。从英国的“第三条道路”到德国的“哈茨计划”都基于这方面思想。从长期看，持续投资于人力资本，提升中低收入人群的职业能力层次，是成为高收入国家并维持国家竞争优势的有效途径。北欧国家是其中典型案例，这些国家促使普通工人向专业化准技术人员发展，形成高能力与高收入的均衡。但必须强调的是，由于对人力资本的投资存在外溢效应，存在一定程度的市场失灵，不能完全依靠企业或个人自发的市场化行为来发展，政府必须发挥应有的带动、激励、协调作用，但不应依赖行政手段或排斥市场力量参与。

在中国，缩小劳动力素质整体差距是缩小与发达国家发展差距的根本基础，对初中及以下文化劳动力加大人力资本投资，是促进社会公平公正的重要途径。从长期看，在提高职业能力的基础上全面普及大学教育是关键；从短期看，全面推广以技能等级提升为导向的职业培训和终身教育是切入点。以职业能力建设和劳动力质量层次提升为切入点，以提升劳动力队伍的全球竞争力为导向，是实现人的现代化发展的有效途径。

（二）推崇创新导向的专业化能力价值

国家要形成现代化持续推进动力，需要在微观层面形成企业竞争优势基础，但仅仅基于自然资源、廉价劳动力等初级资源不可能达到这一目的。企业的市场竞争优势在本质上由生产效率和产品品质提升所支撑，专业化能力是关键基础。

专业化能力包括企业和雇员两个层次。从企业层面看，在全球化竞争背景下，产品专业化差异是更好地满足消费者需求的重要手段。针对全球消费需求高标准、严要求发展趋势，拓展企业产品与服务的专业化深度和广度，从功能、可靠性、耐久性、消费体验等维度更好地满足消费者需求，是提升产品竞争力的关键基础。对这方面进行持续投入，是塑造并维持企业市场竞争优势的关键基础。这种具备专业化差异的产品和服务建立在上下游产业体系基础上。同行业之间的激烈竞争也是促使企业形成专业化差异定位的重要动力。企业提供专业化的产品和服务，需要以持续的技术进步和管理创新为基础，需要强化自身专业化学习研发能力。

从企业雇员层面看，提升专业化能力是适应企业技术升级和管理创新的条件。这是因为，无论是为顺应全球科技进步带来的客户需求转变，还是为适应市场化竞争压力，企业要成功实现技术升级，都需要雇员掌握的知识、诀窍、能力足以胜任岗位要求，这就要求雇员具备岗位职责相关的专业化能力，掌握本岗位相关环节的知识能力，以适应组织协同和流程配合要求，这是企业高效率生产的基础。

从社会个人角度看，社会大众自食其力是社会伦理的最基本导向，劳动创造价值是履行社会责任义务的基础，较强的专业化能力意味着能创造更多经济价值。同时，个人专业化能力越强，越能发挥自身潜力，越能更好地实现自身的发展目标。一个内部成员普遍具备较强专业化能力的国家和社会，不但会具备较强的经济发展能力，还会形成高收入与高能力的均衡，增强社会公平性和社会凝聚力。因此，个人的专业化能力内含重要经济价值和社会意义。

从实践角度看，推动劳动力全面向高素质专业化人员转型，是必要的，也是可行的，树立发展高层次人力资本的理念是关键。无论是从增加个人收入角度，还是从塑造企业持续竞争优势角度，都需要尽快摆脱对低素质廉价劳动力的依赖，因为这与专业化高层次劳动力的高收入要求背道而驰。从挪威等北欧国家经验看，围绕全体劳动力职业能力的等级层次提升，高标准、持续大力投资人力资本，在相对落后基础上整体打造高素质高层次的专业化劳动力队伍是完全可以做到的，而且可以实现后来居上。从众多国家经验看，包括地方领导人在内，决策层理念和意志是决定性因素。

（三）强化企业的行业忠诚度

作为国家竞争优势基础和现代化发展的经济动力，企业在行业内的持续竞争优势是关键因素。这种持续竞争优势需要企业持续投资研发和创新活动，以适应技术变革、市场变化和同业竞争。这需要具有长远的眼光和理念，不但与公司的治理结构有关，也与社会文化、政府导向、发展环境有关。如果企业受种种因素影响而追求短期财务回报，在多数情况下会进入其他热点行业。这种多元化发展模式面临较高潜在风险：一方面，是企业缺乏相关的资源和基础，包括技术、人才、上下游合作网络，缺乏竞争优势，而追求短期回报的投机心态也不可能推动深度拓展；不但原有主业投资减少，难以在激烈竞争中维持优势地位，而且在新进入行业也会面临大量新增投资者的激烈竞争，从而导致原有主业和新投资业务都因缺乏优势面临更大经营风险。另一方面，是相关行业高回报必然吸引大量新进入者参与竞争，包括具有较强优势的竞争者深度介入业务，导致行业投资回报下降，但新进入者的投资风险处于较高水平。

从国内外教训看，这种多元化冲动背后存在很强的现实诱因，导致诸多企业陷入困境。时至今日，这仍然是中国不少企业陷入经营泥潭的重要原因。

促使企业克服短期的财务投机冲动，需塑造长期发展的价值理念和发展环境。一是从公司治理角度看，主要股东必须克服短期投资回报最大化的投机理念，从长远着想谋求企业行稳致远，因而对经营管理层的考核必须兼顾企业竞争优势和成长空间；二是从政府角度看，宜营造支持企业专注主业、持续投入的发展环境，包括针对行业优势企业的激励机制，支持配套上下游企业发展，围绕产业集群的协同发展提供技术咨询、检测、员工培训等公共服务；三是从社会文化角度看，需要树立专注主业做深做透的价值理念，作为强基固本的保障措施，发现其中的智慧和意义。高素质专业化员工队伍是行业发展的核心支撑，那些以本行业职业能力为立身之本的员工，是支撑企业竞争优势的核心力量，是维系国家竞争优势的最宝贵资源。

从各国情况看，历史越悠久，专业化基础越深厚，越容易专注主业做精做强，也就能经得起经济周期考验和市场竞争淘汰；而那些热衷于赚快钱和游击战术的投资方式，由于潜在风险偏高，在市场形势逆转、风险暴露之际很容易被淘汰。

在这方面，各级政府具有很强的作为余地，不仅可优化环境、提供激励、改善服务，还可以通过促进信息传播、推动业内交流、加强正面引导、支持集群发展等方式，促进企业持续投入主业的技术研发和人才培养。

（四）关注真实的社会财富生产效率

从中国的现代化进程看，改革开放40年保持了持续快速增长的势头，但在未来30年能否延续这一势头，在很大程度上将取决于生产力水平能否持续得到有效提升，尤其是能否有效缩小与发达国家的劳动生产率差距。

在中国经济发展的分析框架中，投资、消费、出口“三驾马车”拉动增长的模式沿用了较长时间。但在本质上，这是按支出法统计国民生产增加值的方法，并非经济增长模型，只能用来表征经济发展的结果，而不能用来解释增长的动因。要优化要素资源配置、提升劳动生产率，需综合考虑技术、资本、劳动力对经济增长的支撑作用。劳动力因素涉及数量和质量，是人力资本投资结果，这两方面因素都影响经济增长的表现。关键问题在于，宏观层面的资源要素优化配置必须体现为投资回报的改善。

如果全社会平均投资报酬率持续下降而投资规模持续增长，则这种投资不但缺乏意义，而且会导致潜在的系统性风险积累，形成多方面负面效应：一是导致微观层面的投资项目因缺乏足够的回报支持而形成投资风险，收益无法覆盖成本和风险；这类项目越多，潜在的风险越大。大量投资项目还本付息缺乏保障，则必然成为系统性金融风险的基础源头。二是占用大量社会资本，对潜在的优质项目形成挤出效应，导致社会资源配置劣化而不是优化。三是会抑制创新活动，阻碍技术进步。低效率的投资项目大量集聚资金，必然导致经济增长过度依赖于投资驱动而非创新驱动，影响经济发展活力。

在这种背景下，这种过度依赖投资驱动的经济发展模式本身不可持续，这正是不少地方需要关注的问题。忽视技术创新和人力资本投资对经济可持续增长的推动作用，尤其是在主流劳动力素质成为短板的情况下，忽视以成人职业教育培训为代表的人力资本投资所带来的巨大增长潜力，包括对于改善社会投资报酬率的重大意义，容易丧失发展机遇。

因此，需要从生产角度关注影响经济增长的关键因素：技术、资本、劳动力，把企业生产效率和竞争力提升作为关键检验标准。发展经济应该以真实社会财富生产效率的提升为导向。这种真实的社会财富包括高素质劳动力、技术研发成果，以及传统意义上的资本品。中国要成为发达国家仍然有很长的路要走，提升社会生产力水平仍是未来相当长时间的核心任务，为此必须形成技术、资本、劳动力相互促进发展的良性循环。技术、资本、劳动力之间相互匹配程度以及均衡机制的演进方向是关键。

（五）生产积累人力资本财富

在传统观念中，经济领域的财富概念一般等同于自然资源、物质财富，包括各类权益等。人力资源作为更有价值的财富，反而容易被忽视。事实上，财富的价值不仅体现在交换层面，更体现在生产层面：人力资源具备生产能力，可带来更多的财富和价值。因此，生产积累人才资本，例如培养高素质专业化技术工人，是全社会生产积累财富的更有意义方式。职业教育培训体系是完成这一生产过程的重要渠道。对政府而言，围绕培养高素质劳动力推动社会形成协同机制，通过人力资源的能力建设投资于未来，是实现可持续增长的重要保障，也是维持永续国家竞争优势的根本途径。欧洲的德国、瑞典、瑞士、挪威、芬兰，亚洲的日本、韩国、新加坡，在这方面都有成功经验。

对中国而言，在推进现代化发展过程中需要树立职业能力建设就是财富积累的理念，高度重视通过教育培训积累人才资本财富，尤其是要针对劳动力素质的战略短板问题加强职业教育培训体系建设。

由于人力资本投资回报的外溢性和一定程度的市场失灵，需要利益相关方共同参与，并分担投资成本，同时建立严格的质量监督验收体制。这些都决定了人力资本投资和高素质专业化劳动力培养不同于传统的生产制造和服务业领域，具有一定的准公共服务性质，但更需要发挥社会利益相关方积极性并落实责任机制。

要树立生产积累人力资本财富的观念，还需要切实解决利益相关方的顾虑和现实障碍。具体包括：一是由于劳动力在国内具有流动性，企业对通用技能培训投入存在较大的回收风险，即可能会因受训员工离开而无法收回投资成本。二是由于规模经济效应，小企业培训员工既缺乏场地、师资力量，又会因为缺乏规模而成本偏高，因而缺乏培训员工的积极性。三是员工个人虽然愿意接受职业培训，但脱产培训往往面临较高的机会成本，同时个人需要承担较高费用，成年员工因需要养家糊口而缺乏积极性；中老年雇员由于投资回收期相对较短，积极性更低；企业也缺乏相应积极性。四是从地方政府角度看，由于劳动力跨区域流动常态化，劳动力输出地政府更倾向于就业导向培训，而不是技能升级培训；再加上劳动力输出地的经济基础相对薄弱，也缺乏足够能力和意愿进行大规模培训来提升劳动力技能等级。而劳动力输入地政府考虑到劳动力跨省迁徙十分频繁，对劳动力的大规模培训投入也面临难以收回投资的风险，担心为人做嫁衣。五是中央部委有持续投资劳动力能力建设的积极性，但需要加强协调，提高效率，保证培训质量，避免职业培训流于形式而导致巨额培训资金浪费。这些问题仍有待在实践中得到更好解决。

因此，为有效树立人力资本的财富理念并具体转化为全社会的行动，需切实解决影响阻碍人力资本投资的体制机制问题，尤其要结合中国现代化战略，形成相应的战略思路和具体政策，包括配套的改革措施。

二、战略思路

要充分发挥人在中国现代化进程中的决定性作用，就必须从整体着眼，转变低素质劳动力在市场竞争中的不利格局。根本切入点是通过有针对性地持续大力推进人力资本投资，借鉴挪威等北欧国家经验，以培养专业化高层次人才为导向，通过完善职业教育培训制度，推动劳动力队伍的职业技能向高层次升级，从而把中国劳动力队伍整体打造成高素质专业化的高层次人力资源，支撑行业持续发展，重塑产业竞争优势，形成推动国家现代化发展的持续动力。

（一）原理机制

中国现代化进程面临的关键任务是推动劳动力素质升级，尤其是在人均收入水平、劳动用工成本逐步上升的情况下，应尽快适应技术升级要求，通过整体推动劳动力素质向较高层次发展，促使生产模式及早摆脱对廉价劳动力的依赖，通过技术创新改善投资收益，形成高收入—高素质—高技术的新均衡。

在此过程中，应充分遵循发展规律。从发达国家的经验规律看，提升劳动力素质应重视外部条件的重要变化：一是全球技术进步趋势，尤其是信息通信技术（ICT）对全球生产生活方式的革命性影响，包括信息即时、自动、互联交流带来的协同效应。自动化技术对生产领域的影响还在持续深化。二是全球教育水平的普遍提高趋势。发展中国家中等教育普及率、高等教育毛入学率都在持续快速提高，发达国家设定高等教育全覆盖的战略目标，中国劳动力教育培训不进则退，慢进也会落后并导致与发达国家差距进一步扩大，因而必须实现持续快速提升。三是全球化向发展中国家渗透，全球生产力布局的调整还在不断深化演进。中国如果不能形成产业竞争优势，则会面临中低端产业向其他后发国家转移、高端产业处于落后局面的严峻形势。这种形势长此以往，必然会导致现代化进程受阻甚至停滞，甚至面临产业空心化等挑战。

提升劳动力整体素质还需要顺应其内在发展规律：一是宜把能岗相适、一专多能、自我管理、沟通协作、创新思维作为职业知识、诀窍、能力重点培养目标，重视教育培训过程的工作经验积累，发挥企业现场培训的关键作用。二是需适应终身学习发展趋势，重视提高公众发现问题、自我学习、自我启发、自我激励的能力，根据新技术、新形势、新要求主动充实提高自己。三是实现职业教育培训系统与传统教育体系无缝对接，尤其是要为职业技术学校的毕业生提供接受高等教育的渠道和机会，增强职业教育培训项目对年轻人的吸引力。四是充分发挥基层政府、行业协会、企业雇主、民营培训机构、年轻人父母等利益相关方的积极性。在统一质量标准和验收要求的前提下，工作重心下移，权力、责任下放。各级政府、行业组织、社会培训机构以及雇主联手为年轻人创造教育培训条件，制订配套法律，明确各方责任、义务，规范对培训合同的具体要求。

中国目前处于劳动力转型升级的关键阶段，与德国、瑞士等职业教育培训历史悠久的国家相比，部分条件存在差距，例如行业协会、地方商会自律管理和组织协调能力还存在明显差距。在德国等地，这类组织在职业教育培训体系中发挥了推动落实功能。中国基层政府的组织协调和推动落实效率较高，可有效发挥互补功能，关键在于如何在中国现有条件下实现利益相关方的协同配合与优势互补。

为此，中国提升劳动力整体素质的核心思路是，统一职业教育培训质量标准和等级证书管理体制，地方政府部门、各类行业协会及公共技术服务平台组织、各类培训机构、业内企业代表、职业学校等机构共同参与组成地方性协调平台，为体制改革、政策制订、协调落实、培训课程设计、师资培养、推行学徒制项目、企业现场培训的场地落实、等级证书考试、信息交流、毕业生就业和深造等工作进行协调落实。通过财税激励、政府补贴、签订学徒合同等方式调动企业积极性；通过理顺下一步接受高等教育的渠道、加强政策宣传、加强信息沟通交流等方式调动学员家长积极性；通过培训项目公开招标、出台激励政策、统一等级考试、公布考试通过情况等措施，调动各类民营培训机构参与提供培训服务的积极性；结合夜校、周末学校等方式，减少对企业生产经营影响，提高职业教育培训效率。政府宜以小学、初中文化人群为重点，重点推广普及通用型职业技术教育培训，以技能等级达到中级以上为导向，实行全面覆盖。

在此过程中，应以人力资本投资为导向，提高劳动生产率；以学习能力建设为导向，推进创新型社会发展；以跨行业职业能力建设为导向，推动落后行业的转型发展；以中低收入人群职业能力强化为导向，改善社会分配；

以职业能力培养为导向，促进包容性发展，增强社会保障机制活力。

劳动力教育培训的核心目标应确定为：通过持续的教育培训，根本扭转中国低素质劳动力占主体的落后格局，推动中国劳动力整体达到较高水平。其中具备高中及以上文化或同等技能等级的劳动力应占80%以上，核心是对现有小学以及初中文化劳动力通过职业教育集中培训，使之具有中级或以上职业技能等级；在远期，具备大专以上文化或技师以上技能等级的适龄劳动力应占50%以上。

总之，要把创新发展作为现代化发展的基本途径，通过持续加强人力资本投资，使劳动力的专业化能力实现整体升级，其中包括中低素质劳动力的技能等级提升和高素质劳动力的知识更新，以支撑技术进步和管理创新，建设协同化的社会，提升产业竞争力。

（二）主要原则

加强对劳动力素质的教育培训，应坚持全面覆盖、聚焦行业、严控质量，并实现职业教育培训与传统教育体系特别是高等教育的有机衔接。

一是要坚持全面覆盖原则。旨在提升劳动力整体素质的职业教育培训应重点面向初中及以下文化的所有低素质劳动力，使之达到中级以上技能等级；同时，面向高中文化人员加强职业技能教育培训，使之达到技师或大专水平。总之，应实现技能等级提升全覆盖。在具体实施过程中应坚持较高标准，近期以达到高中水平为标准，中远期以达到大专或技师水平为导向；通过缩小国内劳动力的素质差距，促进一次分配公平；通过缩小国内劳动力素质与发达国家差距，确保成功重塑产业国际竞争优势。

二是要坚持聚焦行业原则。低素质劳动力的职业教育培训应围绕行业需求，在课程设计、师资配备、现场培训等环节充分吸收业内企业参与并吸收意见建议。同时，应加强公共服务平台建设，由依托现有技术服务中心，发挥行业协会作用，吸引企业、培训机构、高等院校、职业学校等参与，提供信息交流、技术咨询、培训落实、等级考试协助、人员招聘、技术检测、质量鉴定等服务。政府促进，行业为主，广泛吸收业内各类组织机构参与。同时，通过试点方式在个别地区和行业鼓励开展以技师等级或大专层次为导向的职业教育培训，探索通过学徒制等方式由个人与企业签订培训合同，政府提供税收激励、财政补贴等支持，以提高技能等级为目标。应充分调动大中型企业积极性，充分发挥国有企业提供学徒制岗位的示范作用①。

三是要坚持严控质量原则。劳动力技能培训必须始终高度重视专业化能力的培养效果，通过全国统一的技能等级考试授予鉴定证书。鉴定证书实行全国统一管理。地方政府部门、行业协会组织考试鉴定，监督技能等级考试的实施情况，地方高校、中专学校等培训机构参与承担技能等级考试的具体工作。

四是要坚持体系衔接原则。各类初中及以下文化人员经过职业技术教育培训、通过中级技能鉴定考试之后，鼓励报考普通大学、高职院校、技师学院等高校，探索技能等级证书与职业学院、技师学院入学资格的衔接机制。探索高中毕业生在取得大学入学资格之后，先参加职业技术教育培训项目，积累实践经验，明确学习重点。鼓励年轻一代根据社会需求和自身兴趣爱好，把理论学习和岗位实践紧密结合起来，提高大学阶段的人才培养质量和实际效果。

（三）成本与质量管理

推进以在职年轻人为主体的成人职业教育培训工作，成本分担和质量管

① 中央和地方国企已经加强岗位培训，重视提升农民工业务技能。例如，浙江省根据交通部要求，于2013年印发《高速公路施工标准化管理实施细则》，通过项目标准化管理提升质量，强化安全管理，针对不同工种作业特点，编印《班组作业标准化分部分项工程操作指南》及配套管理手册，实行网格化管理，按周考核，逐月评比。以乐清湾大桥及连接线工程建设指挥部为例，围绕班组作业标准化管理，从场地、防护、管理、队伍、考核、行为以及日常规范、产业工匠培养等方面制定详细严格的操作办法，图文并茂，职责明确，经常评比交流，已经具备培养学徒的良好基础。现有的大中型企业特别是国有企业，结合内部管理水平提升需要，推进规范化、标准化等工作比较常见，也存在培养高素质员工的需要，在此基础上以提高职业技能等级为导向引入校企联合培养学徒工模式是可行的。

理是难点问题。从国际经验教训看，由利益相关方分担成本是相对可行的办法。主要是由企业雇主、受训人员、政府三方分担。以学徒制为例，在3～4年的学徒期间，前一年或一年半主要进行理论教育，在职业学校中进行，费用探索由政府补贴；之后在岗培训在提供学徒岗位的企业进行，成本由企业承担。经过一年半到两年教育培训，学徒已经基本具备正式工人的工作能力，之后一年到一年半仍以学徒身份工作。由于学徒工的工资显著低于正式工，甚至允许低于社会最低工资，故这部分工资差额用来弥补企业培训成本，包括机器设备原材料费用和师资成本。学徒工在培训后期通过低工资，实际上承担了企业方面的培训成本。对企业而言，提供培训岗位可以发现并留住优秀员工，节约猎头、员工入职适应性培训等费用。有的国家对学徒工发放部分生活补贴。这也是国际劳工组织推荐的职业能力培养模式，在德国、瑞士、瑞典、澳大利亚等地的长期实践充分表明，这是可行路径。

中国可借鉴国际经验，结合本地实际，通过试点等方式探索学徒制等模式，扎实推进低技能劳动力的职业技术教育培训工作，重点培养具有中级技能的从业人员，兼顾培养高级技工和技师。在此过程中，应重视企业师资力量配备、技能等级鉴定管理等工作，一方面促使企业和学徒工遵守合约规定，另一方面应严格把好技能等级鉴定的质量关。同时，需要完善配套的法律规定，例如以职业技能等级考核为导向，允许学徒工的工资水平低于社会最低工资线，但免除培训费，或者政府提供生活补贴。在职业学校的理论学习由政府提供补贴[①]。培养目标应覆盖中级、高级技能等级，并结合中国国情探索

---

① 从国内深圳等地探索看，以职业资格证书为导向，面向个人和企业的技能培训、学徒制培训提供补贴是可行做法，也是有效的。深圳市2016年印发《职业技能培训补贴办法》，对157个工种、13类专项能力以及新型学徒制提供培训补贴，涵盖一级到五级，根据工种特点给予相应补贴。最高的电工二级培训补贴达7000元。最低的五级培训补贴为800元，如营业员、收银员、客房服务员等。企业新型学徒制补贴，四级每人每年4000元，三级每人每年5000元，二级、一级每人每年6000元。属于法定工作年龄范围、连续缴纳社保费6个月以上、尚未取得职业资格证书或专项能力证书的务工人员都可以申请。

校企结合培养技师的有效模式。

（四）阶段安排

通过政府推动人力资本投资，可以有效改变劳动力素质落后的被动格局。以北欧国家挪威为例，1970 年在 25 岁以上人口中，接受过中学教育的仅占 20.7%，接受过大学教育的仅占 4.7%，劳动力素质整体偏低，国民经济发展水平较差。到 1985 年已经分别达到 39%、12%，到 2010 年则分别达到 65%、31%。如果仅考虑 20～64 岁的劳动年龄人口，则 2015 年挪威初中、高中、大学文化的人口比例为 20∶43∶37，已经成功实现了劳动力素质的整体升级，成为国民收入全球领先国家。

中国 2010 年人口普查统计，15～59 岁人群的文盲、小学、初中、高中、大学比例为 3∶23∶46∶18∶10，需要通过在职教育培训加大人力资本投资，尽快缩小与发达国家的差距。可考虑分三步推进改革，加大人力资本投资。

中国现阶段的产业需求、财政基础、师资力量为系统推进在职教育培训体制改革提供了充分基础，但需要探索发展有中国特色的在职教育培训体系，以确保培训效果，使在职教育培训体系与经济基础和文化传统、法律制度能协同整合，极大激发社会利益相关方的积极性。可结合各地特点，按因地制宜原则探索创新在职教育培训模式。针对我国国情和问题特点，在借鉴国际经验要旨的基础上，以质量成效为导向，以协同为原则，以成本收益为依据，以正向激励机制为切入，推动各级政府在上级部门指导下结合本地条件，整合资源，积极探索有效模式。

从 2019 年到 2025 年，通过推进改革试点，探索有效模式。根据人力资源的教育水平分布情况，考虑东中西及南北具体情况，选择部分省市进行改革试点。对已经参加工作的成年人进行以技能升级为导向的职业教育培训，提供学徒制、业余学校、企业在岗培训等多种方式，把低技能劳动力培养成中、高级技工人才。各省根据本地情况，在中央指导下因地制宜推出职业技术的教育培训改革方案。根据改革试点需要，在具体核算基础上探索配套税收激励和财政转移补贴等支持政策。针对在改革试点中遇到的情况和问题，完善改革方案，进一步深化改革，并通过经验交流和研讨分析，及时解决改革试点存在的问题，理顺机制。

从2025到2035年，根据各地改革试点情况进行总结提炼，在全国推广好的做法和经验。这个阶段的重点任务是把具有高中以上文化或中级技工以上能力的就业人口比重提升到80%，其中把具有大专及以上文化或高级技工、技师能力就业人口比例提升到35%，接近现有发达国家水平。这个阶段的重点任务是针对低技能劳动力的教育培训试点工作全面总结推广经验，广泛覆盖各行业就业人口；通过各类技师学院、职业技术学院以及社会培训机构，促进政府、学校、企业、行业组织的通力合作，通过各种形式、各种渠道的教育培训活动，着力培养高级技工和技师人才，尽快提升高级技工和技师人才在企业员工中的比例。

同时，提高大学毛入学率。完善高等教育助学体制，通过贫困生政府补贴、教育贷款、企业委托培养、社会慈善捐助、大学生兼职等方式帮助低收入家庭的子女接受大学教育，促使高等教育毛入学率尽快达到85%以上。通过大幅度提升低素质劳动力的职业技能等级，整体改善劳动力结构，为提升产业竞争力、重塑产业竞争优势、全面提高国民收入水平提供坚实支撑。同时，结合终身教育体系建设，以技能等级提升为目标，实施校园回归战略，推动低学历人员通过自考、培训、夜校等方式回校园接受职业教育培训，以获得更高一级的职业技能等级证书。

即便如此，离创新驱动要求仍有距离。在知识经济时代，充分发挥创新驱动作用需要科学、工程等领域的大学文化劳动力发挥中坚作用，这意味着在劳动力队伍中多数人员应受过高等教育，或者具备技师等技能。为此从

2035 年到 2049 年，这阶段的主要任务是接近发达国家的劳动力素质结构，使高等教育毛入学率超过 95%，达到领先国家水平；大学文化劳动力所占比例、高技能员工就业份额等关键指标超过 65%，达到北欧等领先国家的水平，成为技师大国。通过劳动力素质赶超，为中国最终发展成高收入国家、实现共同富裕提供基础保障。

第八章

政策机制参考

提升劳动力整体素质知易行难，政策机制是关键因素。政策机制设计应结合中国实际，充分考虑现有的经济和文化基础，吸取国际经验教训，把握职业教育培训的监管体制、在岗培训、运行机制、师资力量、弱势群体等重点，加强培训的社会协同性，完善配套的投资、产业、技术、社会、生态、文化、财政等政策，形成可行的实施方案。在政策实施过程中，应充分调动各方面参与职业教育培训的积极性，形成共享互利机制，防止为完成指标任务而走形式主义道路。同时，增强职业教育培训针对性和实操性，坚持全覆盖原则，对弱势群体坚持准公益性。在发展目标和技术传授的定位上，应重视前瞻性，确保追赶目标有效实现。下述重点措施、协同机制、政策框架建议吸收了国际国内经验教训，供地方各级政府在改革探索中参考。

一、重点措施

（一）改革职业教育培训监管体制

在市场机制条件下，企业和学员参与职业教育培训的积极性决定整体工作的成败，成本和质量是关键。政府监管体制对职业教育培训质量具有决定性影响，碎片化领导体制必然导致体系效率低下而难以成功。结合国际经验，需推进改革工作：一是加强政府部门的资源整合和政策协调，包括机构整合。

上策是对职业教育培训的相关部门进行职能归并集中，中策是成立统一协调组织，例如非常设的协调议事机构，统筹政策设计和资源配置、质量标准、证书管理等关键事项。二是推动工作重心下沉，发挥基层政府的管理监督作用和行业协会的自律和组织功能，调动各利益相关方积极性。吸取部分国家教训，避免事权集中在上层导致官僚主义和运行效率低下。通过成立由政府、企业雇主、学校、行业协会、教师代表、学生父母等多方代表参加的沟通平台，促进职业教育培训供需两侧的各方意见直接交流对接，完善包括专业和课程设置、课堂教学、现场培训、收费管理等各环节工作机制，提高各方对职业教育培训的接受程度，增强各方参与的积极性。三是加强基层组织的能力建设。由地方政府牵头，结合改革试点探索，依托行业协会组建基层自律管理和服务组织，由当地相关行业的企业共同参与，履行当地职业教育培训管理的具体事务性职能，包括落实培训项目；吸收职业学校、技师学院、社会培训机构等参与设计培训课程；审计各类培训履行情况，调解培训争议；为学员提供专业选择、职业生涯规划、就业信息交流等指导。经济发达地区的这类机构可拓展配套的技术咨询、专项培训等服务。四是处理好职业技能等级资质与从业资格的关系。职业技能等级资质是个人职业能力证明，不是职业准入的门槛。推进职业教育培训的目的是提高个人的职业技能等级，培养专业化高能力雇员，并不是另外设置职业准入门槛。因此，除了有专门准入规定的特种行业，地方行业主管部门不应将职业教育培训与就业资格挂钩，具体按照国务院相关规定执行。

（二）推进在岗专业技能培训

职业教育培训体系发展成败的关键，在于学员毕业之后能否适应岗位要求。这就要求在教育培训期间就进行充分的在岗锻炼，积累工作经验，以保障在毕业之后就能立即适应工作环境要求，达到其他雇员生产能力标准。针对这一要求，借鉴国际普遍成功经验，应推广学徒制。可探索由行业协会牵头组织，通过学员与企业签订为期3年的学徒培训协议，在第一年每周定期到职业学校或培训机构听课，重点接受专业理论教育，可安排工作时间或业余时间，培训费用可探索由政府通过统一招标方式支付，结束时行业协会统一按国家规定组织考试，并组织经费使用审计，有学员考试不合格则扣减退回相关费用。第二年至第三年由企业提供培训，安排具有大学文化或技师资质的员工为学徒提供现场指导，传授相关知识、诀窍、专业技能，培养分析解决问题、组织沟通协调能力。

培训结束时由行业协会组织考试检查，企业、指导人员姓名及其学徒考试结果向全社会公布。由企业自愿提供学徒岗位；但一旦参与学徒培训工作，则企业必须接受政府和行业协会的监督管理，包括检查和审计。

学徒培训期间工资可低于行业最低工资，但企业应提供基本生活保障，缴付社会保险费用。两个阶段的工资水平可探索由学员及家长代表、行业协会、地方政府部门、培训企业参与，通过当地职业教育培训的自律组织牵头进行沟通协商，并举办公众听证会。企业按协商形成的标准和要求自愿提供学徒岗位，学员自愿参与培训。

学徒岗位面向应届毕业生和已离校的中青年人员。学员接受低工资的目的是弥补企业承担的学习培训成本，故工资水平应结合企业实际培训成本，进行必要估算，组织双方磋商，接受政府监督，确保公平，使之对企业和学员都有吸引力。如果第一阶段的理论学习主要安排在业余时间，则相应的工资水平应有所提高。

（三）完善职业教育培训运行机制

劳动力队伍整体素质提升，关键取决于培训体系的运行机制。为此，应重点推进以下工作：一是借鉴国际经验，顺应产业发展规律，促使培训目标综合化。除了岗位相关的专业知识、诀窍和能力，还应发展学员的学习能力，以及沟通协调、协同配合、分析解决问题、自我管理、创新思维等能力，尤其是根据中国经济的发展阶段特点，围绕企业家思维和经营能力培养，提供创业辅导培训。二是引入培训服务竞争机制。通过公开招标，实行政府购买职业教育培训服务，邀请各类职业教育培训机构包括民营培训机构参与投标，接受第三方组织的考核和审计。三是结合学习型社会建设，建立终身学习体制，各类职业教育培训项目面向在职人员提供再次入校学习提高的机会，包括在获得中级技能等级证书后，继续通过教育培训项目获得高级技能证书。四是创新教育培训方式，探索通过慕课（MOOC）、严肃游戏、网上虚拟社区交流平台提高教育培训环节的成本效率。五是融入学位教育体系。针对中国学位教育存在的不足，探索职业教育培训体系融入学位教育体制。除了鼓励攻读学位的青年学生预先接受职业技术教育培训，促进理论紧密结合实践，还应探索将职业教育培训体系纳入现有的学位教育体制，打通成长空间。例如，在工程硕士基础上，探索偏向实践应用的学士学位授予体制，与职业能力等级体系衔接；再如，探索为部分具有技师技能等级的人员报考工程硕士创造条件，包括提供相应的培训辅导，培养具有很强操作能力的高层次人才。

（四）加强师资力量建设

师资力量是决定职业教育培训成效的关键因素。为此，应加强对师资力量的监督管理，明确标准要求，加强培养工作。一是明确师资的资格标准。担任理论教学的师资应具备本科及以上学位，通过教师上岗资格考试。担任企业在岗学徒辅导的人员应具有工程师职称或技师资质。二是要加强校企统筹、行业统筹，由行业协会牵头或在校企之间直接开展合作，实行优势互补，统筹使用师资人才。三是要加强师资培养，强化能力建设，包括为师资人才提供专业化能力持续提升的机会。四是促使企业和相关学校、培训机构改善待遇，争取吸引、留住师资人才。在职业教育培训体制改革、专业设置、课程设计、校企沟通、教学创新等方面应充分吸收教师代表参与，听取他们的意见。

（五）保障弱势群体参与培训

在近中期，职业教育培训的重点目标是提升低素质劳动力的职业技能等级。这与全面实现小康社会建设的目标高度一致。具体应重视几方面工作：一是充分调动弱势群体特别是低收入人群参与职业教育培训的积极性。政府需要为这类人参与培训创造条件，在培训时间等方面加强对行业协会、相关企业的指导与协调，为相关企业提供激励，包括财税政策鼓励措施。二是要为这类教育培训活动提供财政资金支持。对受训个人提供必要的生活补助，对培训各机构和提供学徒岗位的企业提供适当补贴。三是提供配套的就业服务。对弱势群体以就业为导向，根据个人自愿提供相应的职业能力教育培训支持，可纳入学徒制体系。教育培训结束并通过职业技能等级考核之后，通过当地职业服务平台提供就业辅导服务，促进就业并提高个人收入水平。四是以发展终身学习体系为导向，鼓励持续提升职业技能等级。鼓励弱势人群继续通过接受职业教育培训进一步提高技能等级。

二、协同机制

以提升劳动力素质为导向的职业教育培训需要整合多方资源，涉及诸多利益相关方，加强协同十分重要。其中，加强信息、经验以及各类资源共享，使培训流程的各阶段相互衔接，是提高职业教育培训成本效率的关键之举。为此，需要加强以下方面工作。

（一）加强社会舆论宣传引导

加强舆论宣传，使社会公众了解培训的意义和价值，提高培训积极性。国际经验表明，学员及其家长对职业教育培训的认知和积极性是决定职业能力教育培训项目能否可持续的最重要因素。一方面，需要提高职业技能等级分类与实际收入的相关性，提高职业技能等级证书作为个人实际技能保证的公信力，通过严格科学的证书质量管理，包括质量审计，鼓励企业根据员工技能等级确定工资，并持续改进技能等级分配考试，不断提高等级分类考试的公信力；另一方面，要加强舆论宣传引导，使职业教育培训的途径方式及其赋能增收效果广为人知。

（二）政府部门之间的协调配合

职业教育培训涉及教育、社会保障以及行业主管部门，没有统一协调机制必然导致碎片化，致使培训的成本效率偏低。为此，除了在顶层需要有专门机构或组织来统一协调，在地方层面也需要理顺组织机制，负责职业教育培训的组织、协调、管理、监督、服务职责。

（三）建设协调自律服务平台

围绕政策实施、教育培训落实、过程自律服务等任务，推动行业协会牵头，成立职业教育培训的自律组织，接受监管，吸收学徒培训企业、职业技术学校、技师学院、用人单位、学生家长、社会培训机构、劳动力市场等各方代表参与，组成自律与服务平台。政府层面负责指导、监督、管理，自律服务平台履行组织落实、内部协调、自律管理、成员服务、政策建议、信息沟通职责。

（四）实现职业技能充分衔接

总的原则应该是能岗相适、一专多能、力有所余。一方面，需要根据专业岗位的能力要求，从专业知识、实践经验、技术诀窍、实操能力等方面通过理论讲授结合实际岗位，为学员奠定扎实基础；另一方面，需要根据当前趋势，培养必要的协同和创新能力，培养高层次专业化雇员。包括：清晰表达自身想法，通过分析发现关键问题，提出问题解决方案，与他人合作完成任务，自我管理，了解业务流程其他环节并及时配合等等。从全球趋势看，随着新技术、新需求不断涌现，年轻人个人创业越来越成为普遍现象，这也有利于社会发展。职业教育培训课程设置中，应配置创新、创业相关课程。这是我国推进创业创新的需要，也是发达国家的重要经验。

三、配套政策框架

通过推进职业教育培训提升劳动力整体素质，对国家具有战略意义，应加强相关领域的政策配合，形成协同效应。

（一）开发政策

为促进可持续发展，投资政策应着眼于优化社会资源配置，改善投资回报。围绕职业教育培训，一是要实施培训资金的绩效评估。关注职业教育培训的产出情况，重点是技能等级得到提升的人数，完善配套的激励政策和监管政策体制。二是要全面分析人力资本投资的效益。综合考虑个人、企业、社会的投资回报。鼓励研究机构完善配套评估机制，改进地方财政决策机制，整体优化支出结构。三是通过增强职业教育培训等公共服务针对性，促进生产性社会投资，优化社会资源配置。针对具有收益外溢性、企业和个人具有积极性的职业教育培训项目，改进政府激励，使企业和个人获得可预期稳定收益，提高参与培训项目的积极性，更好地发挥财政资金投入的杠杆效应。

（二）财政政策

财政政策的核心是确立国家对人力资本投资的优先原则，建设具有国际竞争优势的高素质劳动力队伍，作为国家现代化战略的根本支撑，作为优化社会资源配置的战略切入点。结合国际经验和中国现阶段情况，需加强以下几方面的工作。一是提供税收激励。对于提供学徒岗位或投入资源用于员工培训的企业，可考虑参照国际管理给予税收减免的优惠政策，进一步完善培训费用在税前列支等制度，调动企业积极性。二是根据员工培训实际绩效，特别是通过技能等级鉴定的人数，给予相应的补贴，具体做法可因地制宜。三是提供政策性贷款。对于个人参与以职业技能等级提升为目的教育培训，特别是参加获得高级或技师等级证书为目的，可探索由银行机构提供贷款，支持部分职业培训费用，由国有基金分担信贷风险，并提供适当贴息。四是针对欠发达地区政府，由中央财政提供专项转移支付资金。可探索奖励政策，即由当地政府提出目标，确定完成劳动力技能等级提升的范围和数量，参与改革试点；中央组织审计检查目标完成情况，经过考核属实的给予奖励和补贴，以确保实际效果①。

（三）产业政策

产业政策应促使技术创新尽快转化为企业竞争优势，排除转化过程中面临的障碍。为此，一是在教育培训课程设计方面，应促进产业技术工人的专业化能力与技术进步的趋势要求相适应，并具有专业能力储备，以及相关问题分析和组织协调、沟通落实能力，培养技术工人的工程思维能力，与研发人员、工程师默契配合。二是在新技术的产业化应用阶段，通过联合、协同，组织高层次产业技术工人参与创新成果产业化应用，以形成规模化生产能力。针对难点问题，由行业协会牵头组织业内龙头骨干企业及上下游配套厂商、研究机构联合攻关，并选配高层次专业技术工人参与。三是在商业化推广过

---

① 按每人每年平均补贴5000元计算，我国初中及以下劳动年龄人口约5亿人，按每人培训3年达到中级技能，政府补贴的总费用预计7.5万亿元，分6年完成，则每年全国投入合计1.2万亿元，可因地制宜由中央和地方政府分担。这处于财政承受能力范围之内；而且只要采取严格的第三方考核等质量控制措施，鼓励社会培训机构通过招投标方式参与，还可以带动发展职业教育培训产业，对于我国提升产业竞争力具有深远战略意义。在前期改革探索基础上，可以进一步把培训对象拓展到具有中级技能等级或高中文凭的在职人员，以高级工或技师为目标实施培训，以尽快缩小我国与发达国家的人力资本积累差距。事实上，这种补贴机制更加符合国际趋势，与对企业的直接资金补贴相比，具有好的社会效果。

程中，针对消费者反馈和需求，改进产品设计和生产流程，完善质量和性能，增强产品可靠性、稳定性、耐用性，提升品质。在此过程中探索高素质专业技术工人在研发、生产、售后服务等环节的优化配置，加强各环节互动，提升企业的市场竞争力。

（四）技术政策

技术政策应重视推进协同创新，在技术交叉应用阶段吸收高层次的产业技术工人参与，发挥经验丰富技师的独特作用。一是在回应客户需求的技术目标确立、技术实现路径研究等环节，吸收资深的专业技术工人参与讨论，与研发人员形成知识和经验互补，形成可靠、耐久、低成本的技术解决方案，提升产业竞争力。二是围绕技术交叉整合，组织跨行业的联合创新，吸收相关领域研发人员、技术工人协同创新。充分发挥资深专业技术工人掌握的隐性技术诀窍和生产经验优势，增强技术方案的实际可行性。同时，针对技术创新，从生产流程角度提出相应的落实方案。三是在技术消化吸收和改进创新阶段，吸收经验丰富、掌握隐性知识和诀窍的技术工人配合，促进技术研发人员尽快理解掌握核心技术，并结合实际进行改进完善。

（五）社会政策

发达国家的发展趋势表明，积极的社会政策的核心原则是授之以渔，增强弱势群体的自立能力和自我发展能力。长期而言，应以提高劳动力素质的国际竞争力为导向。结合中国实际，需要重点加强以下工作：一是通过人力资本投资，持续推动全社会主流劳动力技能升级，以此作为国家的战略投资。二是社会保障政策改养人为赋能，对低技能低素质劳动力通过教育培训等方式提高职业能力，强化自立和发展能力，形成新型社会保障机制。三是加强信息沟通，发挥市场机制的基础作用。促进劳动力市场、教育培训机构、用人单位、就业人员、行业协会、政府部门的互联互通，降低劳动力市场供需双方之间的信息不对称，提高培训的针对性，促进学员就业，从而提高政府和社会资金的使用效果。

（六）生态政策

通过市场机制淘汰高投入、高能耗、高污染、低效益产能。从经济动因入手，摆脱对低技术依赖和低素质廉价劳动力的依赖。突破点是推动劳动力技能提升，使企业可以通过技术升级获得更高收益。一是通过生态价值评估和“三高一低”产能的社会成本评估，并比较人力资本投资的外溢效应，作为评估各地经济社会发展绩效的依据。二是通过职业教育培训，培养生态养护和生态修复的高技能专业化劳动力，发展相关产业。高校通过开设专业、成立研究机构，加强配套人才培养。三是依托优质生态环境等资源，培养旅游、休闲、度假等方面的专业化高素质人才，促进相关行业发展，优化经济结构。

（七）文化政策

文化政策的核心是树立推崇技术创新和技能提升的价值观。通过文艺作品、新闻媒体、影视平台加强以下工作：一是要弘扬专业精神。突出专业能力的意义和价值观，融入个体人生价值追求和社会价值导向。对国内外典型案例加以宣传报道。二是要弘扬创新精神。重点围绕技术创新、组织管理创新和发展形态创新，提倡通过创新思路解决发展中遇到的问题和挑战，更好地把握发展机遇。三是弘扬企业家精神。面对新形势、新趋势，既有诸多挑战，更应看到其中的诸多机遇。应对挑战、把握机遇需要在全社会弘扬企业家精神，鼓励年轻人运用自己掌握的知识和技能积极开拓发展空间，抢抓商业机遇。四是传播技能价值。结合具体的案例宣传，使发展个人技能带来良好经济回报的思想观念深入人心，使年轻人更重视人生早期的职业能力建设，激励家长为子女的能力发展进行投资。五是倡导坚守专业的态度。职业能力建设和提升是长期过程，高层次专业化技术工人需要持续积累知识技能和操作经验，形成独特的专长。这种专长的形成不仅代表经济和社会价值，更代表个人的理想和追求。使坚守专业、持续提升专业能力的层次和水平，不仅成为国家竞争力需要，也成为国民精神需要。

四、实践中需要注意的若干问题

根据各国长期实践的经验教训，结合中国最近十多年的实践探索情况，推进职业教育培训需要重视以下关键问题。

（一）防止形式化

由于职业教育培训具有特别重要的战略意义，多数发达国家对人力资本投资高度重视，不遗余力，但往往也由此引发成本效率问题。原因在于随着国家主导相关工作，往往偏离行业真实需求，效果不佳，同时国家重视往往导致事权向上归集，导致官僚主义和低效率。为此，需要重视防止以下问题：一是避免为投资而投资，只问投入不问产出，导致教育培训的高成本和低质量。避免行政性审批事项过多、竞争不充分导致公办学校培训成本过高，但民营培训机构无法参与等种种问题。比较成功的国家一般鼓励民营培训机构通过投标方式参与培训服务。二是职业教育培训的考试验收制度把控不严，导致技能等级资质证书缩水，雇主企业和学员都不认可，参与积极性下降，最终职业技能培训面临难以为继的窘境。对此，德国等地一般由行业自律组织出面，实行严格的审计问责，审计范围包括资金使用情况和培训质量，结果向社会公开，不规范的培训机构自然被社会淘汰。三是教育培训的专业、课程设置脱离实际，不能胜任岗位要求。如果专业、课程设置以及相关政策制定脱离用人单位需求，忽视培训教师的意见建议，则很容易出现这类情况。一般的做法是围绕改革方案、政策制定、专业设置、课程创新等问题，通过前面提到的协调组织吸收相关方参与，充分吸收意见建议，完善方案。四是上级机构管得过多过死，审批环节过多，但又不进行审计监督，对培训绩效缺乏应有评估，则必然导致职业教育培训的具体运行管理脱离行业的实际需求，不但效率偏低，而且实际效果长期不尽如人意，影响产业竞争力。五是由于涉及诸多政府主管部门，政出多门，资金分散，不少国家面临职业教育培训各自为政、碎片化运行的局面，教育培训资源无法整合使用，实际所能发挥的作用十分有限。对此，成功做法一般是通过整合实行统一协调。六是在岗培训形式化，不能满足岗位实操要求。小型企业的学徒岗位工作单一，有可能无法满足技能提升要求，要避免小企业纯粹把学徒工当作廉价劳动力使用。可借鉴发达国家的相关经验，通过集中培训等方式解决问题。

（二）调动各方积极性

由于涉及诸多利益相关方，需要各方协同配合，职业技能教育培训能否取得根本成功，关键取决于各方的参与积极性。为此，需要充分调动以下方面积极性：一是地方政府推动落实职业教育培训的积极性。要通过事权下放，激励地方深化改革，对中西部地区实行以奖代补，通过财政转移支付促进职业技能教育培训。同时，改革完善市场化的职业教育培训机制，鼓励民营培训机构通过招标等方式参与培训服务，带动社会培训市场发展，提升职业培训产业的竞争力。二是企业提供学徒岗位的积极性。企业提供学徒工岗位的积极性决定培训是否可持续。应通过学徒合同，在学徒和企业之间分摊培训成本，结合财税激励政策，使企业积极提供学徒岗位。必要时可统一出台法律规章，规定企业提供培训的相关义务。三是充分发挥行业协会作用。职业教育培训涉及诸多行业组织进行协调自律的具体事务。政府部门人力资源有限，需充分发挥行业协会作用，推动利益相关方当面对接磋商，供需两侧各方共同努力，提高教育培训的实际效果；并通过组建统一服务平台发挥规模经济效应和范围效应。四是要充分发挥职业学校的作用，在体制改革、专业设置、课程创新、师资力量调配等方面充分发挥职业学校的积极性，吸收意见和建议，但同时要加强监管，确保培训质量和资金合规使用。五是充分发挥社会培训机构的积极性。在确保教育培训质量的前提下，鼓励社会培训机构通过投标方式提供培训服务；政府通过招标方式向社会采购培训服务，通过审计、检查等方式加强培训质量监督考核。六是调动年轻人和家长的积极性。学员参与职业教育培训的报名情况是教育培训能否可持续发展的关键因素，家长意见十分重要。为此，需要加强宣传和沟通，充分回应学员和家长关心的问题，通过完善教育培训机制提高社会满意度。

（三）加强针对性

教育培训能否真正促进产业技术提升，关键在于教育培训的针对性。为此应加强以下方面工作：一是增强教育培训理念的针对性。在注重专业知识、诀窍、能力传授的同时，应重视沟通表达、组织协调、协同配合、自我学习、自我管理等方面的能力养成。二是提高专业设置的针对性。根据当地产业发展特点，特别是企业参与市场竞争对劳动力的能力需求，完善专业设置。相关权限应适当下放，提高审批效率。三是提高课程设置及其内容设计的针对性，充分吸收企业人员参与讨论，发挥教职人员积极性，创新完善课程教学方式和教学内容，提高学员听课的积极性。四是要增强技能培养的针对性。除了结合当地产业和企业发展需求，还需要充分考虑新技术发展趋势，例如信息通信技术、互联网技术应用快速渗透带来的变革，借助新技术创新授课方式，增强学习的互动性、机动性，增强学员交流讨论内容，在改善知识、技能传授效果的同时，提高效率，降低成本。

（四）注重实操性

职业技能的教育培训应充分围绕学员实际操作能力和经验积累、习惯养成。为此，应把现场操作培训作为重点环节。在此基础上应重视以下方面：

一是毕业考试的实操要求。相关考试应充分考虑实际工作中存在的典型问题，以学员操作能力、隐性知识、相关岗位知识、沟通交流、问题梳理、自学管理、解决方案、组织协调、创新思维等方面能力为考核重点，确保考试合格的学员充分胜任岗位要求，并具备进一步发展提高的基础。其中，要重视创业创新的企业家精神培育。二是要充分积累工作经验。以专业能力为中心，充分经历相关岗位的工作历练，积累实际经验，培养正确的思维方式，熟悉解决问题的流程，培养团队工作能力和自我教育意识。三是重视企业学徒工指导人员的经验技能。除了学历或技能等级需要符合基本要求，相关指导人员还应具备良好的沟通、分享能力，帮助指导学徒改进工作方法和技能并融入工作团队，以取得他人支持。在培训过程中，应重视向学徒传授隐性知识和经验，纠正学徒思维方式和工作习惯，并规范学徒的职业伦理和职业道德标准，重视帮助学员形成良好的做人和做事方式。四是加强行业协会的监督检查。根据地方政府部门委托授权，地方行业协会应积极履行职责，对企业学徒岗位的实际业务操作培训环节加强监督检查和具体指导，聘请第三方进行定期的项目审计，确保学徒岗位的培训环节务实有效。

（五）兼顾前瞻性

职业技能的教育培训要发挥对企业的支撑作用，应与时俱进，充分反映技术趋势和客户需求的变化。针对当前全球技术趋势，以及新时代生产服务流程特点，应重视以下几方面工作：一是要充分顺应全球技术进步发展趋势。针对信息技术、管理技术对生产组织和服务方式带来的巨大变化和挑战，应加强相关研究，依托大学等机构进行研究分析，形成职业学校和培训机构发展思路及对策，包括相关专业设置、课程创新等改革思路，提高教育培训产出质量和竞争力。二是要针对本行业的技术前沿和应用发展趋势，结合本地企业应用需求，改革课程设置以及教学方式，提高学员的技术应用能力。三是针对企业产品的客户需求，组织大学、职业学校、企业等共同研究改进教育培训内容，并结合配套技术发展情况，明确技能培训发展的重点方向。总之，要把用人单位的需求作为职业教育培训的根本导向，切实提高用人单位对毕业学员的满意度。

（六）坚持准公益性

职业教育培训的收益方包括个人、企业、行业以及社会相关方面，溢出效应明显，但企业作为重要投资方，其投资收益存在因雇员流失而带来的风险，因此需要政府统筹协调，推进教育培训工作。需要重点加强以下工作：一是多方合力，政府托底。推进职业教育培训，需要在发挥主要受益人即受训人员和企业积极性的基础上，政府通过税收优惠、财政补贴等措施，降低企业和个人的负担，促进教育培训项目顺利实施。各地可根据当地财力因地制宜，中央对经济欠发达地区提供转移支付。二是在职业教育培训项目的实施过程中，应发挥行业协会作用，面向当地企业和低技能劳动力提供全覆盖的培训服务，降低门槛，广泛提供培训机会。三是充分发挥市场机制的作用。培训成本通过学徒制等方式由企业和个人适当分摊，并签订标准合同；包括职业学校在内，各培训机构通过公平竞争参与提供培训服务，接受政府监督；培训效果包括职业技能等级鉴定通过情况向社会公布，接受社会选择。四是利益相关方在行业协会牵头下，组建行业服务平台和自律组织，各类企业、培训机构等单位自愿加入，提供配套服务，实现共建共享，协同发展。

参考文献

[1] Gisela Shaw, "European Standards" in Vocational Education and Training (VET): What Are They and Who Wants Them? European Journal of Education, Vol. 34, No. 2, VET in Transition: Renewal, Reform or Reconstruction? (Jun., 1999), pp. 137 ~ 152.

[2] John B. Hall and Udo Ludwig, Explaining Persistent Unemployment in Eastern Germany, Journal of Post Keynesian Economics, Vol. 29, No. 4 (Summer, 2007), pp. 601 ~ 619.

[3] Wooldridge, Adrian, A Survey of Education: Coming Top, Economist, Nov 21, 1992.

[4] David Fretwell, A Framework for Evaluating Vocational Education and Training (VET), European Journal of Education, Vol. 38, No. 2, Reforming Education and Training: The Role of Evaluation (Jun., 2003), pp. 177 ~ 190.

[5] Tom Leney and Andy Green, Achieving the Lisbon Goal: The Contribution of Vocational Education and Training, European Journal of Education, Vol. 40, No. 3, Lifelong Learning for All: Lisbon Strategies in the Global Context (Sep., 2005), pp. 261 ~ 278.

[6] Aaron P. Boesenecker, Definning Work and Welfare: The Politicis of Social Policy Reform in Europe, A Dissertation of Arts and Sciences of Georgetown University for the degree of Doctor of Philosophy in Government, August 27, 2009.

[7] Abdulkarimk. Alhowaish, Endogenous Development Initiatives and The Economic Development of Rural Regions: The Case of Canadian Pairie Rural Non-metro-adjacent Regions, for the degree of Doctor of Philosophy, January, 2007, The University of Guelph.

[8] Abdul Ghafour Alheeti and Colin Brock, Vocational Education and Development: Key Issues, with Special Reference to the Arab World, Pergamon Int. J Educutional Development. Vol. 17. No. 4, pp. 373 ~ 389. 1997.

[9] Adrie J. Visscher, Chapter 2, A Theoretical Framework for Analysing the Implementation and Effects of Quality Assurance Systems in European VET, A. J. Visscher (ed.), Improving Quality Assurance in European Vocational Education and Training, SpringerScience BusinessMediaB. V. 2009.

[10] Alexandra Dehmel, Making a European Area of Lifelong Learning a Reality? Some Critical Reflections on the European Union's Lifelong Learning Policies, Comparative Education, Vol. 42, No. 1, Special

Issue (31): European Union Education and Training Policy (Feb., 2006), pp. 49 ~ 62.

[11] Alexandra Uhly, Klaus Troltsch, Günter Walden, Challenges to the German Dual System, U. Schmoch, C. Rammer and H. Legler (eds.), National Systems of Innovation in Comparison, 205 ~ 225. 2006 Springer.

[12] Alexandre Ardichvili, Elena Zavyalova and Vera Minina, Human capital development: comparative analysis of BRICs, European Journal of Training and Development Vol. 36 No. 2/3, 2012 pp. 213 ~ 233.

[13] Ana Cláudia Valente, Isabel Salavisa and Sérgio Lagoa, Knowledge, Innovation and Technology Across Borders Work-based cognitive skills and economic performance in Europe, European Journal of Innovation Management Vol. 19 No. 3, 2016 pp. 383 ~ 405.

[14] Anders Bergeskog, Labour market policies, strategies and statistics for people with disabilities A cross-national comparison, Working Paper 2001: 13, Office of Labour Market Policy Evaluation (IFAU).

[15] Andrea Ganzaroli and Ivan De Noni, Luigi Orsi and Fiorenza Belussi, The combined effect of technological relatedness and knowledge utilization on explorative and exploitative invention performance post-M&A, European Journal of Innovation Management Vol. 19 No. 2, 2016 pp. 167 ~ 188.

[16] Anette Haas, Thomas Rothe, Labour market dynamics from a regional perspective The multi-account system, IAB Discussion Paper No. 7/2005.

[17] Anja Bauera, Ian King, The Hartz reforms, the German Miracle, and labor reallocation, European Economic Review 103 (2018) 1 ~ 17.

[18] Anneke Westerhuis, Chapter 3, VET Research in Relation to VET Policy, Planning and Practice in 2013, Z. Zhao and F. Rauner (eds.), Areas of Vocational Education Research, New Frontiers of Educational Research, Springer-Verlag Berlin Heidelberg 2014.

[19] Annie Bouder and Jean-Louis Kirsch, The French Vocational Education and Training System: Like an Unrecognised Prototype? European Journal of Education, Vol. 42, No. 4, National Qualifications Frameworks: Research and Policy Implications of an Increasingly Global Development (Dec., 2007), pp. 503 ~ 521.

[20] Arjan de Haan, Inclusive Growth: Beyond Safety Nets? European Journal of Development Research (2015) 27, pp. 606 ~ 622.

[21] Asplund, Rita; Salverda, Wiemer, Introduction: Company training and services with a focus on low skills, International Journal of Manpower; 2004; 25, 1; ABI/INFORM Global pg. 8.

[22] Axel Lindner, Modelling the German system of vocational education, Labour Economics 5, 1998. 411 ~ 423.

[23] Balázs Németh, Research and Development of Adult Education through Higher Education Institutions: A Challenge and Perspective for Better Adult Learning and Education, Procedia-Social and Behavioral Sciences 142 (2014), pp. 97 ~ 103.

[24] Beatriz Pont, Improving Access to and Participation in Adult Learning in OECD Countries, European Journal of Education, Vol. 39, No. 1, Trends in Lifelong Learning: Improving Opportunities for Adult Learning (Mar., 2004), pp. 31 ~ 45.

[25] Beth Pummell, Chris Harwood, David Lavallee, Jumping to the next level: A qualitative examination of

within-career transition in adolescent event riders, Psychology of Sport and Exercise 9 (2008), pp. 427 ~ 447.

[26] Better Use of skills in the Work place: Why it matters for Productivity and Local Jobs, OECD, ILO 2017.

[27] Biehler-Baudisch, Hilde, Environmental training in Germany, Journal of European Industrial Training, (1994): 10.

[28] Bill Gibson and Diane Flaherty, Employment impact assessments: A review of methodologies, Working Paper No. 3 – November 2017, International Labour Organization.

[29] Bock, Kathrin; Timmermann, Dieter, Education and employment in Germany: Changing chances and risks for youth, Education Economics; Apr 1998; 6, 1; ABI/INFORM Global pg. 71.

[30] Borhene Chakroun, National Qualification Frameworks: from policy borrowing to policy learning, European Journal of Education, Vol. 45, No. 2, Human and Social Capital Development for Innovation and Change (June 2010), pp. 199 ~ 216.

[31] Brink Lindsey (2013), Human Capitalism: how economic growth has made us smarter-and more unequal. Princeton, NJ: Princeton University Press, pp. 136.

[32] Buchel, Felix; Pollmann-Schult, Matthias, Overeducation and human capital endowments, International Journal of Manpower; 2004; 25, 2; ABI/INFORM Global pg. 150.

[33] Buchmann, Marlis, Labour market entry and beyond: Some reflections on the changing structure of work, Education & Training; 2002; 44, 4/5; ABI/INFORM Global pg. 217.

[34] C. G. M. Liebrand, Recent Developments in the Dutch System of Vocational Qualifications, European Journal of Education, Vol. 26, No. 1 (1991), pp. 55 ~ 61.

[35] Christopher Hsu, David Kennedy and Joseph E. Stiglitz (eds): Law and Economics with Chinese Characteristics— Institutions for Promoting Development in the Twenty-First Century, Eur Bus Org Law Rev (2016) 17: 223 ~ 227.

[36] Christopher Mabey, Management Development and Firm Performance in Germany, Norway, Spain and the UK, Journal of International Business Studies, Vol. 39, No. 8 (Dec., 2008), pp. 1327 ~ 1342.

[37] Christopher Winch, Rule on Knowing How and the Possibility of Vocational Education, Journal of Applied Philosophy, Vol. 26, No. 1 (February 2009), pp. 88 ~ 101.

[38] Christian Thimann, The Microeconomic Dimensions of the Eurozone Crisis and Why European Politics Cannot Solve Them, The Journal of Economic Perspectives, Vol. 29, No. 3 (Summer 2015), pp. 141 ~ 163.

[39] Christine Trampusch, The Politics of Institutional Change: Transformative and Self-Preserving Change in the Vocational Education and Training System in Switzerland, Comparative Politics, Vol. 42, No. 2 (January 2010), pp. 187 ~ 206.

[40] Claire Jack, Duncan Anderson and Niamh Connolly, Innovation and skills: implications for the agri-food sector, Education Training Vol. 56 No. 4, 2014 pp. 271 ~ 286.

[41] Craig Campbell, The Middle Class and The Government High School: Private Interests and Public Institutions in Australian Education in the Late Twentieth Century, With Reference to the case of Sydney,

History of Education Review, vol. 36, no. 2, 2007, pp. 1 ~ 18.

[42] Daiva Andriušaitiène, Model of organization of VET teachers' technological competences development-the lesson of social partnership, Procedia-Social and Behavioral Sciences 110 (2014) 647 ~ 657.

[43] Damian Grimshaw Aristea Koukiadaki Isabel Tavora, Social Dialogue and Economic Performance, What matters for business-A review, Conditons of Work and Employment Series, No. 89, International Labour Organization 2017.

[44] David Parkes, Home Thoughts from Abroad: Diagnosis, Prescription and Prognosis for British Vocational Education and Training, European Journal of Education, Vol. 26, No. 1 (1991), pp. 41 ~ 53.

[45] Deissinger, Thomas, The German dual system—a model for Europe? Education & Training; 1997; 39, 8/9; ABI/INFORM Global pg. 297.

[46] Denis Gleeson and Ewart Keep, Voice without Accountability: The Changing Relationship between Employers, the State and Education in England, Oxford Review of Education, Vol. 30, No. 1, Special Issue: Business, Education and Vocationalism (Mar., 2004), pp. 37 ~ 63.

[47] Donata Bessey, Uschi Backes-Gellner, Premature Apprenticeship Terminations: An Economic Analysis, Working Paper No. 2, Institute for Strategy and Business Economics (ISU) and Swiss Leading House Economics of Education: Firm Behavior and Training Policies, Universität Zürich 2007.

[48] Doreen Holtsch, S. Weber et al., (Eds.), Becoming an Entrepreneur, 139 ~ 160, 2014 Sense Publishers.

[49] Emanuele Felice and Michelangelo Vasta, Passive modernization? The new human development index and its components in Italy's regions (1871 – 2007), European Review of Economic History, 19, 44 ~ 66.

[50] Enzo Weber, The Labour Market in Germany: Reforms, Recession and Robustness, De Economist (2015) 163: 461 ~ 472.

[51] Ernst A. Hartmann, Michaela Knust, Claudia Loroff and Ida Stamm-Riemer, Towards Permeability between Vocational and Academic Education. Experiences and Analyses from Current Initiatives in Germany, European Journal of Education, Vol. 44, No. 3, Work-Based Learning in Higher Education (Sep., 2009), pp. 351 ~ 368.

[52] Eunsang Cho, Gary N. McLean, National human resource development revisited in the Republic of Korea, KJEP 14: 1 (2017), pp. 25 ~ 46.

[53] Eva Homolovά, Andreas Riel, Marek Gavenda, Ana Azevedo, Marisa Pais, Jirί Balcar, Alessandra Antinori, Giuseppe Metitiero, Giorgos Giorgakis, Photis Photiades, Damjan, Ekert, Richard Messnarz, and Serge Tichkiewitch, Empowering Entrepreneurship in Europe: Going from the Idea to Enterprise in 4 EU Countries, B. Barafort et al. (Eds.): EuroSPI 2014, CCIS 425, pp. 262 ~ 270, 2014.

[54] Felix Rauner, Vocational Education and Training—A European Perspective, A. Brown, S. Kirpal and F. Rauner (eds.), Identities at Work, 115 ~ 144. 2007 Springer.

[55] Franc oise Le Deist, Vidmantas Tutlys, Limits to mobility: competence and qualifications in Europe, European Journal of Training and Development Vol. 36 No. 2/3, 2012 pp. 262 ~ 285.

[56] G. R. Durden, G. Yang, Higher vocational education in China A preliminary critical review of developments and issues in Liaoning province, Journal of European Industrial Training, Vol. 30 No. 8, 2006

pp. 622 ~638.

[57] Gábor Halász and Alain Michel, Key Competences in Europe: interpretation, policy formulation and implementation, European Journal of Education, Vol. 46, No. 3, Key Competences in Europe (September 2011), pp. 289 ~306.

[58] Gary Holmes & Nick Hooper, Core competence and education, igher Education 40: 247 ~258, 2000, Kluwer Academic Publishers.

[59] Gavin Moodie, Chapter 49 The Interplay Between Lifelong Learning and Vocational Education and Training, D. N. Aspin et al. (eds.), Second International Handbook of Lifelong Learning, Springer International Handbooks of Education 26, Springer Science + Business Media B. V. 2012.

[60] Geoff Hayward, Foreword: A Century of Vocationalism, Oxford Review of Education, Vol. 30, No. 1, Special Issue: Business, Education and Vocationalism (Mar., 2004), pp. 3 ~12.

[61] Geoff Stanton and Bill Bailey, VET under Review in England: Trends and Developments, European Journal of Education, Vol. 36, No. 1 (Mar., 2001), pp. 7 ~22.

[62] Geoffrey M. Hodgson, Knowledge at Work: Some Neoliberal Anachronisms, Review of Social Economy, Vol. 63, No. 4 (December2005), pp. 547 ~565.

[63] Gerhard Welbers, The European Social Fund: changing approaches to VET, European Journal of Education, Vol. 46, No. 1, Education Policies in Europe: how effective are international initiatives? (March 2011), pp. 54 ~69.

[64] Gibbons-Wood, David; Lange, Thomas, Developing core skills-lessons from Germany and Sweden, Education & Training; 2000; 42, 1; ABI/INFORM Global pg. 24.

[65] Gill Helsby, Peter Knight and Murray Saunders, Preparing Students for the New Work Order: The Case of Advanced General National Vocational Qualifications, British Educational Research Journal, Vol. 24, No. 1 (Feb., 1998), pp. 63 ~78.

[66] Gijsbert van Liemt, Business and initial vocational education and training in the Netherlands: A schematic overview, Working paper, International Labour Office Geneva 2014.

[67] Giorgio Brunello, Lorenzo Rocco, The effects of vocational education on adult skills, employment and wages: What can we learn from PIAAC? SERIEs (2017) 8: 315 ~343.

[68] Gisela Shaw, Modernising Curricula in Vocational Education and Training in Poland: A Case Study, European Journal of Education, Vol. 30, No. 3 (Sep., 1995), pp. 265 ~275.

[69] Glenday, Graham, Labor Adjustment and Trade Liberalization: Costs and Adjustment Policies in The Canadian Context, for the degree of Doctor of Philosophy, Harvard University, 1982.

[70] Glenn-Marie Lange, Quentin Wodon, and Kevin Carey, 2018: 《The Changing Wealth of Nations 2018: Building a Sustainable Future》, The World Bank.

[71] Gomes, Liza, Murphy, Jamie, An exploratory study of marketing international education online, The International Journal of Educational Management; 2003; 17, 2/3; Education Database pg. 116.

[72] Gregory Wurzburg, Why Economic and Financial Sustainability Matter for Lifelong Learning, European Journal of Education, Vol. 40, No. 1 (Mar., 2005), pp. 69 ~91.

[73] H. Steedman, Recent Trends in Engineering and Construction Skill Formation — UK and Germany Com-

pared, Center for Economic Performance, Discussion Papaer NO. 353 July 1997.
[74] Hal Hansen, Rethinking certification theory and the educational development of the United States and Germany, Research in Social Stratification and Mobility 29 (2011) 31 ~55.
[75] Hann van Lieshout, Chapter 4, Enhancing the Operation of Markets for Vocational Education and Training, F. van Wieringen et al. (eds.), Vocational and Adult Education in Europe © Springer Science + Business Media Dordrecht 1999.
[76] Helmut Zelloth, Technical and Vocational Education and Training (TVET) and Career Guidance: The Interface, G. Arulmani et al. (eds.), Handbook of Career Development, International and Cultural Psychology, Springer Science + Business Media, ILO 2014.
[77] Holger Bonin, The Two German Labour Market Miracles: Blueprints for Tackling the Unemployment Crisis? Comparative Economic Studies, 2012, 54, pp. 787 ~807.
[78] Hubert Ertl, The Concept of Modularisation in Vocational Education and Training: The Debate in Germany and Its Implications, Oxford Review of Education, Vol. 28, No. 1 (Mar., 2002), pp. 53 ~73.
[79] Ingrid Tucci, Ariane Jossin, Carsten Keller, Olaf Groh-Samberg and Amy Jacobs, Labor Market Entry of Descendants of Immigrants in France and Germany: A Comparative Analysis, Revue française de sociologie (English Edition), Vol. 54, No. 3 (2013), pp. 559 ~586.
[80] International Labour Office, Skills Development through Community Based Rehabilitation (CBR) A good practice guide, 2008.
[81] International Labour Office, Knowledge sharing workshop for Autonomous Communities, Final report, Madrid 10 – 11 May 2016.
[82] International Labour Organization, How governments fund training and consulting. Comparing experiences from Asia, Europe and North America, October 2017.
[83] International Labour Organization, ILO Toolkit for Quality Apprenticeship, Volume I: Guide for Policy Makers, October 2017.
[84] International Labour Organization, Profiling youth labour market disadvantage: A review of approaches in Europe, 2017.
[85] J. Li, Curriculum Analysis: Theory, Criteria and Findings, Pre-vocational Education in Germany and China, VS Verlag für Sozialwissenschaften Springer Fachmedien Wiesbaden 2013.
[86] Jacqueline Laughland-Booÿ, Peter Newcombe, Zlatko Skrbiš, Looking forward: Career identity formation and the temporal orientations of young Australians, Journal of Vocational Behavior 101 (2017) 43 ~56.
[87] Jared Bernstein, Inequality, Mobility, Real Earnings, and Real Anger, Business Economics, Vol. 51, No. 2, National Association for Business Economics.
[88] Jaroslav Kalous and Peter Grootings, VET Reform Policies in the Czech Republic: From Solving the Problems of the Past to Preparing for the Future, European Journal of Education, Vol. 32, No. 3, Recent Trends in Vocational Education and Training (Sep., 1997), pp. 241 ~254.
[89] Jean-Michel Leclercq, The Japanese Model: School-Based Education and Firm-Based Vocational Training, European Journal of Education, Vol. 24, No. 2 (1989), pp. 183 ~196.

[90] Jean-Pierre Jallade and José-Ginés Mora, Lifelong Learning: International Injunctions and University Practices, European Journal of Education, Vol. 36, No. 3, Lifelong Learning in European Universities: Institutional Responses (Sep., 2001), pp. 361 ~ 377.

[91] Jean-Pierre Jallade, International Approaches to Education: a review of some major cooperative programmes, European Journal of Education, Vol. 46, No. 1, Education Policies in Europe: how effective are international initiatives? (March 2011), pp. 7 ~ 24.

[92] Jean-Pierre Jallade, Recent Trends in Vocational Education and Training: An Overview, European Journal of Education, Vol. 24, No. 2 (1989), pp. 103 ~ 125.

[93] Jean-Raymond Masson, Mournir Baati and Erwin Seyfried, Quality and Quality Assurance in Vocational Education and Training in the Mediterranean Countries: lessons from the European approach, European Journal of Education, Vol. 45, No. 3, Building European Learning Cities and Regions (September 2010), pp. 514 ~ 526.

[94] Joachim Moller, Prosperity, sustainable employment and social justice: Challenges for the German labor market in the twenty-first century, Int J Educ Vocat Guidance (2014) 14: 35 ~ 46.

[95] John Polesel, Reform and Reaction: Creating New Education and Training Structures in Italy, Comparative Education, Vol. 42, No. 4 (Nov., 2006), pp. 549 ~ 562.

[96] Jorge Gámez Gutiérrez, Jossie Esteban Garzón Baquero, New cross-proposal entrepreneurship and innovation in educational programs in third level (tertiary) education, Contaduríay Administración 62 (2017) 239 ~ 261.

[97] Joyeeta Gupta, Nicky R. M. Pouw and Mirjam A. F. Ros-Tonen, Towards an Elaborated Theory of Inclusive Development, European Journal of Development Research (2015) 27, 541 ~ 559.

[98] Juan Alcácer, John Cantwell and Lucia Piscitello, Internationalization in the information age: A new era for places, firms, and international business networks? Journal of International Business Studies (2016) 47, 499 ~ 512.

[99] Justin J. W. Powell, Lukas Graf, Nadine Bernhard, Laurence Coutrot and Annick Kieffer, The Shifting Relationship between Vocational and Higher Education in France and Germany: towards convergence? European Journal of Education, Vol. 47, No. 3, The Bologna Process Revisited (September 2012), pp. 405 ~ 423.

[100] Justin J. W. Powell, Nadine Bernhard, and Lukas Graf, The Emergent European Model in Skill Formation: Comparing Higher Education and Vocational Training in the Bologna and Copenhagen Processes, Sociology of Education 85 (3) 240 ~ 258.

[101] Karin Wagner and Pervez Tahir, Productivity and Skills in Industry and Services—A Britain-German Comparison, The Pakistan Development Review, Vol. 44, No. 4, Papers and Proceedings PART I Twenty-first Annual General Meeting and Conference of the Pakistan Society of Development Economists Islamabad, December 19 - 21, 2005 (Winter 2005), pp. 411 ~ 438.

[102] Kathryn Ecclestone and John Field, Promoting Social Capital in a 'Risk Society': A New Approach to Emancipatory Learning or a New Moral Authoritarianism? British Journal of Sociology of Education, Vol. 24, No. 3 (Jul., 2003), pp. 267 ~ 282.

[103] Keith Holmes, Chapter VI. 3 The Reform and Governance of Public TVET Institutions: Comparative Experiences1, R. Maclean, D. Wilson (eds.), International Handbook of Education for the Changing World of Work, Springer Science + Business Media B. V. 2009.

[104] Kendra Briken, Suffering in Public? Doing Security in Times of Crisis, Social Justice, Vol. 38, No. 1/2 (123 – 124), Policing the Crisis—Policing in Crisis (2011), pp. 128 ~ 145.

[105] Keune, Maarten, Shaping the future of industrial relations in the EU: Ideas, paradoxes and drivers of change, International Labour Review; Mar 2015; 154, 1; Asian & European Business Collection pg. 47.

[106] Klaus Schwab, 2016:《The Global Competitiveness Report 2015 – 2016》, World Economic Forum.

[107] Klaus Schwab, 2016:《The Future of Jobs Employment, Skills and Workforce Strategy for the Fourth Industrial Revolution》, World Economic Forum.

[108] Klaus Schwab, 2017: 《The Global Human Capital Report 2017: Preparing people for the future of work》, World Economic Forum.

[109] Klaus Schwab, 2017:《The Global Competitiveness Report 2016 – 2017》, World Economic Forum.

[110] Klaus Schwab, 2018:《The Global Competitiveness Report 2017 – 2018》, World Economic Forum.

[111] Korpi, Tomas; Mertens, Antje, Training and industrial restructuring: Structural change and labour mobility in West Germany and Sweden International Journal of Manpower; 2004; 25, 1; ABI/INFORM Global pg. 90.

[112] Lange, Thomas; Pugh, Geoff, High-tech investment and learning-by-doing: An alternative training strategy, Education & Training; 1997; 39, 8/9; ABI/INFORM Global pg. 316.

[113] Laura Renata Martin, Marginal Workers, The State, And Working-class Activism in Post-industrial San Francisco, 1964 – 1979, for the degree of Doctor of Philosophy, University of California Santa Cruz, 2014.

[114] Lauri Siitonen, Theorising Politics Behind Policy Coherence for Development (PCD), European Journal of Development Research (2016) 28, 1 ~ 12.

[115] Levitan, Sar A; Gallo, Frank, The Shortsighted Focus On Labor Shortages, Challenge; Sep/Oct 1989; 32, 5; ABI/INFORM Global pg. 28.

[116] Lisbeth Lundahl, Inger Erixon Arreman, Ulf Lundstrom and Linda Ronnberg, Setting Things Right? Swedish Upper Secondary School Reform in a 40 – Year Perspective, European Journal of Education, Vol. 45, No. 1, Knowledge, Globalisation and Curriculum (March 2010), pp. 46 ~ 59.

[117] Liviu Moldovan, Innovative method of peer assisted learning by technology and assessment of practical skills, The 7th International Conference Interdisciplinarity in Engineering (INTER-ENG 2013), Procedia Technology 12 (2014) 667 ~ 674.

[118] Loogma, Krista, Learning at work and competence: different context and meanings in the case of trasnition econom, Journal of European Industrial Training; 2004; 28, 6/7; Education Database pg. 574.

[119] Lumby, Jacky; Li, Yan Ping, Managing vocational education in China, Compare; Jun 1998; 28, 2; ProQuest pg. 197.

[120] Lutz Bellmann, Philipp Grunau, Klaus Troltsch and Günter Walden, Make or buy: train in-company

or recruit from the labour market? Bellmann et al. Empirical Research in Vocational Education and Training 2014, 6: 9.

[121] Madhu Singh, Combining Work and Learning in the Informal Economy: Implication for Education, Training and Skills Deelopment, nternational Review of Education-Internationale Zeitschrift für Erziehungswissenschaft-Revue Internationale de l' Education 46 (6): 599 ~ 620, 2000.

[122] Malgorzata Kuczera, Incentives for apprenticeship, OECD Education Working Papers No. 152, OECD Publishing, Paris.

[123] Manfred Wallenborn, Stephen P. Heyneman, Should vocational education be part of secondary education? J Educ Change (2009) 10: 405 ~ 413.

[124] Manfred Wallenborn, Vocational Education and Training and Human Capital Development: current practice and future options, European Journal of Education, Vol. 45, No. 2, Human and Social Capital Development for Innovation and Change (June 2010), pp. 181 ~ 198.

[125] Marco Caliendo, Christopher Zeiss, Marco Serafini, The professional development of VET teachers in Italy: participation, needs and barriers. Statistical quantifications and benchmarking in an international perspective, Serafini Empirical Res Voc Ed Train (2018) 10: 3.

[126] Margaret Harris, Colin Chisholm, George Burns, Using the Knowledge Transfer Partnership approach in undergraduate education and practice-based training to encourage employer engagement, Education þ Training Vol. 55 No. 2, 2013, pp. 174 ~ 190.

[127] Margarita Pavlova and Chun Lin Huang, Chapter 18 Advancing Employability and Green Skills Development: Values Education in TVET, the Case of the People's Republic of China, R. Maclean et al. (eds.), Skills Development for Inclusive and Sustainable Growth in Developing Asia-Pacific, Technical and Vocational Education and Training: Issues, Concerns and Prospects 19, Asian Development Bank 2013.

[128] Marius Busemeyer, Janis Vossiek, Reforming Education Governance Through Local Capacity-building, A Case Study of Tthe "Learning Locally" Programme in Germany, OECD Education Working Papers No. 113, 2015.

[129] Mark I. Vail, and Benjamin T. Bowyer, Poverty and partisanship: Social and economic sources of support for the far Left in contemporary Germany, Comparative European Politics Vol. 10, 4, 505 ~ 524.

[130] Mark P. Bowden and James Doughney, Socio-Economic Status, Cultural Diversity and the Aspirations of Secondary Students in the Western Suburbs of Melbourne, Australia, Higher Education, Vol. 59, No. 1 (Jan., 2010), pp. 115 ~ 129.

[131] Markus Romberger, Nine years of Hartz IV-a welfare reform under scrutiny, Cuadernos de Relaciones Laborales, Vol. 33, Núm. 1 (2015) 35 ~ 63.

[132] Martin Baethge, Andrä Wolter, The German skill formation model in transition: from dual system of VET to higher education? J Labour Market Res (2015) 48: 97 ~ 112.

[133] Martin Lawn, Soft Governance and the Learning Spaces of Europe, Comparative European Politics, 2006, 4, (272 ~ 288).

[134] Martin Seeleib-Kaiser, The Social Policies of the Red-Green Alliance in Germany, International Journal

of Political Economy, Vol. 32, No. 2, Prospects and Dilemmas of the Welfare State: Germany, Austria, and Egypt (Summer, 2002), pp. 14 ~ 43.

[135] Matthias Pilz and Junmin Li, Tracing Teutonic footprints in VET around the world? The skills development strategies of German companies in the USA, China and India, European Journal of Training and Development Vol. 38 No. 8, 2014 pp. 745 ~ 763.

[136] Matthias Pilz, Why Abiturienten do an apprenticeship before going to university: the role of 'double qualifications' in Germany, Oxford Review of Education, Vol. 35, No. 2 (April 2009), pp. 187 ~ 204.

[137] Matti E. Lindberg, Student and early career mobility patterns among highly educated people in Germany, Finland, Italy, and the United Kingdom, High Educ (2009) 58: 339 ~ 358.

[138] Matti E. Lindberg, Student and Early Career Mobility Patterns among Highly Educated People in Germany, Finland, Italy, and the United Kingdom, Higher Education, Vol. 58, No. 3 (Sep., 2009), pp. 339 ~ 358.

[139] Meskill, David John, Human economies-Labor administration, vocational training and psychological testing in Germany, 1914 – 1964, for the degree of Philosophy, Harvard University, 2003.

[140] Michael A. Schultz, Staying, Moving, And Vocational Training: Explaning The Career Wage Mobility of Low-end Service Workers in the U. S. And W. Germany, for the degree of Master of Arts, at the University of North Carolina, 2015.

[141] Michael Axmann, Amy Rhoades and Lee Nordstrum, Vocational teachers and trainers in a changing world: the imperative of high-quality teacher training systems, Employment Policy Department Employment, Working Paper No. 177, International Labour Organization 2015.

[142] Michael Osborne, Peter Kearns and Jin Yang, Learning cities: Developing inclusive, prosperous and sustainable urban communities, International Review of Education / Internationale Zeitschrift für Erziehungswissenschaft / Revue Internationale de l'Education, Vol. 59, No. 4, Learning.

[143] Michael R. Smith, Technological Change, the Demand for Skills, and the Adequacy of Their Supply, Canadian Public Policy / Analyse de Politiques, Vol. 27, No. 1 (Mar., 2001), pp. 1 ~ 22.

[144] Michael Rosholm and Lars Skipper, Is Labour Market Training a Curse for the Unemployed? Evidence from a Social Experiment, Journal of Applied Econometrics, Vol. 24, No. 2 (Mar., 2009), pp. 338 ~ 365.

[145] Michael U. Krause, Harald Uhlig, Transitions in the German labor market: Structure and crisis, Journal of Monetary Economics 59 (2012) 64 ~ 79.

[146] Michaela Brockmann, Linda Clarke and Christopher Winch, Knowledge, Skills, Competence: European Divergences in Vocational Education and Training (VET): The English, German and Dutch Cases, Oxford Review of Education, Vol. 34, No. 5 (Oct., 2008), pp. 547 ~ 567.

[147] Nick Boreham, Work Process Knowledge, Curriculum Control and the Work-Based Route to Vocational Qualifications, British Journal of Educational Studies, Vol. 50, No. 2 (Jun., 2002), pp. 225 ~ 237.

[148] Nicky R. M. Pouw and Ad de Bruijne, Strategic Governance for Inclusive Development, European Journal of Development Research (2015) 27, 481 ~ 487.

[149] Nigel Harris, Migration of Labour: Constructing Transitional Arrangements, Economic and Political Weekly, Vol. 38, No. 42 (Oct. 18 – 24, 2003), pp. 4464 ~ 4470.

[150] Nijhof, Wim J, Lifelong Learning as a European Skill Formation Policy, Human Resource Development Review; Dec 2005; 4, 4; Education Database pg. 401.

[151] Nikolaus Beck, Rüdiger Kabst and Peter Walgenbach, The Cultural Dependence of Vocational Training, Journal of International Business Studies, Vol. 40, No. 8 (Oct. – Nov., 2009), pp. 1374 ~ 1395.

[152] Nina Neubecker, Low Occupational Prestige and Internal Migration in Germany, SOEPpapers on Multidisciplinary Panel Data Research at DIW Berlin, 562, 2013.

[153] OECD Economic Surveys: Canada, Chapter 2, Tertiary education: Developing skills for innovation and long-term growth, 2012.

[154] OECD Employment Outlook 2016, Chapter 2 Skills use at work: Why does it matter and what influences it?

[155] OECD, Chapter 4. Low-skilled adults in post-secondary vocational education and training (VET) in Australia, Building Skills for All in Australia: Policy Insights from the Survey of Adult Skills, OECD 2017.

[156] OECD, Learning for Jobs, Synthesis Report of the OECD Reviews of Vocational Education and Training, 2010.

[157] OECD, Working Out Change Systemic Innovation in Vocational Education and Training, Center For Educational Research and Innovation, OECD 2009.

[158] Patrick Werquin, Moving Mountains: Will Qualifications Systems Promote Lifelong Learning? European Journal of Education, Vol. 42, No. 4, National Qualifications Frameworks: Research and Policy Implications of an Increasingly Global Development (Dec., 2007), pp. 459 ~ 484.

[159] Paul A David, Knowledge, Capabilities and Human Capital Formation in Economic Growth, New Zealand Treasury Working Paper 01/13 JUNE/2001.

[160] Peter A. Gourevitch, The Politics of Corporate Governance Regulation, The Yale Law Journal, Vol. 112, No. 7 (May, 2003), pp. 1829 ~ 1880.

[161] Peter Hallera, Daniel F. Heuermann, Job search and hiring in local labor markets: Spillovers in regional matching functions, Regional Science and Urban Economics 60 (2016) 125 ~ 138.

[162] Peter Kearns, Chapter XI. 10 What are the Limits of ICTs and Media in the Delivery of TVET? An Australian Focus, R. Maclean, D. Wilson (eds.), International Handbook of Education for the Changing World of Work, Springer Science + Business Media B. V. 2009.

[163] Peter van den Dool, The Netherlands: Selection for Vocational Education Starts Early, European Journal of Education, Vol. 24, No. 2 (1989), pp. 127 ~ 137.

[164] Phillip Hughes, Why Access to TVET For All Is Essential If Education For All Is To Be Achived, Prospects, vol. XXXV, no. 3, September 2005, pp. 174 ~ 190.

[165] Pradeep Kotamraju, Chapter 11, Vocational Education and Training (VET) Quality and Evaluation: Its Place in the US Community College, A. Barabasch, F. Rauner (eds.), Work and Education in A-

merica, Technical and Vocational Education and Training: Issues, Concerns and Prospects 15, Springer Science + BusinessMediaB. V. 2012.

[166] Reimut Zohlnhofer, Putting Together the Pieces of the Puzzle: Explaining German Labor Market Reforms with a Modified Multiple-Streams Approach, The Policy Studies Journal, Vol. 44, No. 1, 2016.

[167] Reinhard Hujer Marc Wellner, The Effects of Public Sector Sponsored Training on Individual Employment Performance in East Germany, IZA DP No. 14, 1nstitute for the Study of Labor, April 2000.

[168] Reinhard Hujer Stephan L. Thomsen Christopher Zeiss, The Effects of Vocational Training Programmes on the Duration of Unemployment in Eastern Germany, IZA DP No. 1117, April 2004, Institute for the Study of Labor.

[169] Reinhard Hujer Uwe Blien, Macroeconometric Evaluation of Active Labour Market Policies in Germany-A Dynamic Panel Approach Using Regional Data, Institute for the Study of Labor, Discussion Paper No. 616, October 2002.

[170] Reinhard Schmidt and Paul Gibbs, The Challenges of Work-Based Learning in the Changing Context of the European Higher Education Area, European Journal of Education, Vol. 44, No. 3, Work-Based Learning in Higher Education (Sep., 2009), pp. 399 ~ 410.

[171] Richard D. Lakes and Antje Barabasch, Chapter 4, The American Shortcut to VET: Global Policy Borrowing for the Post – 16 Educational Arena, S. Billett et al. (eds.), Experience of School Transitions: Policies, Practice and Participants, Springer Science + Business Media Dordrecht 2012.

[172] Robert C. Pozen, Mind the Gap: Can the New Europe Overtake the U. S. Economy? Foreign Affairs, Vol. 84, No. 2 (Mar. – Apr., 2005), pp. 8 ~ 12.

[173] Robert I. Lerman, Chapter 8 The Benefits, Costs, and Financing of Technical and Vocational Education and Training, Z. Zhao and F. Rauner (eds.), Areas of Vocational Education Research, 145 New Frontiers of Educational Research, Springer-Verlag Berlin Heidelberg 2014.

[174] Roland Verwiebe & Steffen Mau & Nana Seidel & Till Kathmann, Skilled German Migrants and Their Motives for Migration Within Europe, Int. Migration & Integration (2010) 11: 273 ~ 293.

[175] Sabine Rieble-Aubourg, Institutions of Vocational Education: The State, Business And Labor. A Comparison Between Germany And The United States, for the degree Doctor of Philosophy, Indiana University December 1996.

[176] Samuel Muehlemann, Harald Pfeiferb, Günter Walden, Felix Wenzelmann, Stefan C. Wolter, The financing of apprenticeship training in the light of labor market regulations, Labour Economics 17 (2010) 799 ~ 809.

[177] Saul Meghnagi, Technical and Vocational Education in Italy: The State and the Regions, European Journal of Education, Vol. 24, No. 2 (1989), pp. 159 ~ 165.

[178] Shackleton, J R, Training in Germany: A view from abroad Education & Training; 1997; 39, 8/9; ABI/INFORM Global pg. 303.

[179] Shek-wai Hui, On the Training and Education of Canndians, For the degree of doctor of Philosophy, The University of Western Ontario, CANADA, 2005.

[180] Simone Burkhart, Reforming Federalism in Germany: Incremental Changes Instead of the Big Deal,

Publius, Vol. 39, No. 2, Federalism and Constitutional Change (Spring, 2009), pp. 341 ~365.

[181] Soumitra Dutta and Bruno Lanvin, 2013:《The Global Innovation Index 2013, The Local Dynamics of Innovation》, the World Intellectual Property Organization (WIPO).

[182] Soren Nielsen, Chapter 7, A Renaissance for Apprenticeship Learning and Its Implications for Transition Countries, L. Deitmer et al. (eds.), The Architecture of Innovative Apprenticeship, Technical and Vocational Education and Training: Issues, Concerns and Prospects18, Springer ScienceCBusiness Media Dordrecht 2013.

[183] Stefan Bornemann, Spillovers in Vocational Training An Analysis of Incentive Schemes and Reimbursement Clauses, Munchen 2006.

[184] Sue Kilpatrick, John Field and Ian Falk, Social Capital: An Analytical Tool for Exploring Lifelong Learning and Community Development, British Educational Research Journal, Vol. 29, No. 3 (Jun., 2003), pp. 417 ~433.

[185] Sue Newell, Managing knowledge and managing knowledge work: what we know and what the future holds, Journal of Information Technology (2015) 30, pp. 1 ~17.

[186] Susan Opper, Sweden: The 'Integrated' Upper Secondary School as Main Provider of Vocational Education, European Journal of Education, Vol. 24, No. 2 (1989), pp. 139 ~157.

[187] Terry Hyland and Harry Matlay, Lifelong Learning and the 'New Deal' Vocationalism: Vocational Training, Qualifications and the Small Business Sector, British Journal of Educational Studies, Vol. 46, No. 4 (Dec., 1998), pp. 399 ~414.

[188] Terry Hyland, Chapter 3, Lifelong Learning and Vocational Education and Training: Values, Social Capital, and Caring in Work-Based Learning Provision, D. N. Aspin (ed.), Philosophical Perspectives of Lifelong Learning. Springer 2007.

[189] Terry Hyland, Professionalism, Ethics and Work-Based Learning, British Journal of Educational Studies, Vol. 44, No. 2 (Jun., 1996), pp. 168 ~180.

[190] Thais Lucas de Rezende, Jens Dyring Christensen, Supporting Entrepreneurship Education: A report on the global outreach of the ILO's Know About Business Programme, International Labour Office, Small Enterprise Programme, Job Creation and Enterprise Development Department. - Geneva: ILO, 2009.

[191] Tim Marjoribanksa, Jenny M. Lewis, Reform and autonomy: perceptions of the Australian general practice community, Social Science & Medicine 56 (2003) 2229 ~2239.

[192] Timo Fleckenstein, Restructuring welfare for the unemployed: the Hartz legislation in Germany, Journal of European Social Policy; Vol 18 (2): 177 ~188.

[193] Timothy J. Bartik, Solving the Many Problems with Inner City Jobs, Upjohn Institute Working Papers, 2000.

[194] Timothy J. Sinclair, The Infrastructure of Global Governance: Quasi-Regulatory Mechanisms and the New Global Finance, Global Governance, Vol. 7, No. 4 (Oct. –Dec. 2001), pp. 441 ~451.

[195] Tom Krebs and Martin Scheffel, Macroeconomic Evaluation of Labor Market Reform in Germany, IMF Economic Review, Vol. 61, No. 4.

[196] Tripney J, Hombrados J, Newman M, Hovish K, Brown C, Steinka-Fry K, Wilkey E. Technical and Vocational Education and Training (TVET) Interventions to Improve the Employability and Employment of Young People in Low-and Middle-Income Countries: A Systematic Review Campbell Systematic Reviews 2013.

[197] Tutan Ahmed, Labour market outcome for formal vocational education and training in India: Safety net and beyond, IIMB Management Review (2016) 28, 98 ~ 110.

[198] Ulf Rinne and Klaus F. Zimmermann, Policy Corner Is Germany the North Star of Labor Market Policy? IMF Economic Review, Vol. 61, No. 4, 2013 International Monetary Fund.

[199] Ulf Rinne, Marc Schneider, Arne Uhlendorff, Too Bad to Benefit? Effect Heterogeneity of Public Training Programs, DIW Berlin, German Institute for Economic Research, 2007.

[200] Ulrich, Joachim Gerd, Non-company-based training: The eastern German experience, Education & Training; 1997; 39, 8/9; ABI/INFORM Global pg. 309.

[201] V. V. Krishna, Institutional Support Structure And Modes of Skills Transmission, Madhu Singh, (ed.), Meeting Basic Learning Needs in the informal Sector, 75 – 90. © 2005 Springer, Printed in the Netherlands.

[202] Vincent Mc Bride, Using the Copenhagen Process to Facilitate National Qualification Framework Strategies in South Eastern Europe, European Journal of Education, Vol. 40, No. 3, Lifelong Learning for All: Lisbon Strategies in the Global Context (Sep., 2005), pp. 315 ~ 321.

[203] Viola Katharina Klotz, Stephen Billett and Esther Winther, Promoting workforce excellence: formation and relevance of vocational identity for vocational educational training, Klotz et al. Empirical Research in Vocational Education and Training 2014, 6: 6 Vol. 55 No. 2, 2013.

[204] W. Norton Grubb and Marvin Lazerson, The Education Gospel and the Role of Vocationalism in American Education, American Journal of Education, Vol. 111, No. 3 (May 2005), pp. 297 ~ 319.

[205] Walter R. Heinz, Chapter Title: The Restructuring of Work and the Modernization of Vocational Training in Germany, Book Title: Integrating School and Workplace Learning in Canada, McGill-Queen's University Press. 2003.

[206] Wencke Meteling, Miraculous Germany: changing perceptions of German economic performance, Renewal Vol 22 No. 3/4.

[207] Winterton, Jonathan, Social dialogue and vocational training in Europe: Are we witnessing the emergence of a European, Journal of European Industrial Training; 2006; 30, 1; Education Database pg. 65.

[208] Wolfgang Lehmann, Is Germany's Dual System Still a Model for Canadian Youth Apprenticeship Initiatives? Canadian Public Policy / Analyse de Politiques, Vol. 26, No. 2 (Jun., 2000), pp. 225 ~ 240.

[209] Zhixin Zhang, Lifelong guidance: How guidance and counselling support lifelong learning in the contrasting contexts of China and Denmark, Int Rev Educ (2016) 62: 627 ~ 645.

[210] Ziguras, Stephen, Labour Market Transitions and Risks of Exclusion, Australian Bulletin of Labour; 2006; 32, 3; Education Database pg. 203.

[211] 切里·马丁、理查德·西门、约翰·奥利克等 . 2018 年“制造业的未来”准备状况报告(中译

本）. 世界经济论坛，2018
[212] Gary Willmott. 通过国家劳动力技能资格制度培养高技能劳动力——新加坡的经验. 职业技术教育，2008（2）
[213] 安东尼・吉登斯. 第三条道路（中译本）. 北京：北京大学出版社，2000
[214] 安东尼・吉登斯. 第三条道路及其批评（中译本）. 北京：中央党校出版社，2002
[215] 白嘉. 模块化产业组织、技术创新与产业升级. 西北大学博士学位论文，2002
[216] 白菊红. 农村人力资本积累与农民收入分配机理研究. 浙江大学博士学位论文，2002
[217] 蔡承彬. 教育型人力资本发展失衡研究. 厦门大学博士学位论文，2007
[218] 蔡昉. 人力资本的质量已至关重要. 中国人力资源社会保障，2015（11）
[219] 蔡琳. 经济转型中制造业 FDI 技术溢出效应研究——以山东省为例. 山东大学博士学位论文，2010
[220] 蔡青. 企业开展农民工职业技能培训问题研究——以巴陵石化公司为例. 湖南农业大学硕士学位论文，2008
[221] 蔡小慎. 中国技术进步的就业效应研究. 大连理工大学博士学位论文，2008
[222] 曾书琴，陈绍华. 发达国家职业教育 对农民工技能培训的启示. 成人教育，2013（3）
[223] 陈翠玉，王慧. 农民工职业技能培训：问题、成因与对策. 理论探索，2010（5）
[224] 陈芳. 中国区域经济增长收敛和空间经济计量研究. 华南理工大学博士学位论文，2011
[225] 陈富祥. 公共性职业教育培训的有效供给. 西南大学博士学位论文，2011
[226] 陈浩. 人力资本与农村劳动力非农就业问题研究. 南京农业大学博士学位论文，2007
[227] 陈培钦. 中国高投资下的资本回报率研究. 华中科技大学博士学位论文，2013
[228] 陈晓华. 产业出口复杂度演进的动因与效应研究. 浙江大学博士学位论文，2012
[229] 陈一博. 中国从世界制造中心向技术创新中心转变的路径研究. 中国社会科学院博士学位论文，2010
[230] 陈遇春. 21 世纪初中国农民职业教育研究. 西北农林大学博士学位论文，2003
[231] 迟文成. 产业集群技术学习机制研究. 辽宁大学博士学位论文，2007
[232] 崔铭香. 农民工的生存境遇与学习行为研究——基于若干个案的分析. 华东师范大学博士学位论文，2010
[233] 德勤. 2016 全球制造业竞争力指数. 德勤咨询公司，2016
[234] 邓峰，丁小浩. 中国教育收益率的长期变动趋势分析. 统计研究，2013（7）
[235] 邓丽娜. FDI、国际技术溢出与中国制造业产业升级研究. 复旦大学博士学位论文，2015
[236] 邓颖翔. 吸收能力对校企合作绩效的影响研究. 华南理工大学博士学位论文，2011
[237] 杜河建. 动态联盟收益分配合作博弈分析. 国防科技大学博士学位论文，2006
[238] 杜利. 我国职业教育发展的理论与实证研究. 武汉理工大学博士学位论文，2008
[239] 段均. 我国农村剩余劳动力转移的收入效应及其成因研究. 重庆大学博士学位论文，2012
[240] 方鸿志. 技术教育的历史与逻辑研究. 东北大学博士学位论文，2009
[241] 冯晓华. 国际贸易对中国工资差距的影响研究. 华中科技大学博士学位论文，2010
[242] 付瑞婷，李梅华. 农民工职业技能培训现状的调查与分析——以湖北省孝感市为例. 科技创业月刊，2010（12）
[243] 高岩. 高技能人才成长探析. 东北大学博士学位论文，2008

[244] 工业 4.0 工作组．把握德国制造业的未来，实施“工业 4.0”攻略的建议（中译本）．德国联邦教育研究部，2013
[245] 巩海霞．教育投入的经济效应研究——基于江苏省的实证分析．中国矿业大学博士学位论文，2009
[246] 谷峪．日本社会转型期的职业技术教育——兼谈对我国职业技术教育发展的启示．东北师范大学博士学位论文，2006
[247] 郭将．区域后发优势行为的技术和制度支持．同济大学博士学位论文，2006
[248] 郭柯．经济增长中的比较优势陷阱分析．中共中央党校博士学位论文，2008
[249] 郭熙保，习明明．发展经济学研究的最新进展．山东大学学报，2010（3）
[250] 郭英．人力资本影响 FDI 技术转移效应的作用机理研究．同济大学博士学位论文，2005
[251] 国务院发展研究中心课题组．大国崛起与人力资本战略．北京：中国发展出版社，2017
[252] 杭永宝．职业教育的经济发展贡献和成本收益研究．南京农业大学博士学位论文，2006
[253] 郝清．城市农民工人力资本转化研究．青岛大学博士学位论文，2008
[254] 郝婷．农民培训长效机制研究．西北农林大学博士学位论文，2012
[255] 何刚，衡连伟．创新型人力资本与产业结构转型升级．北京：中国科技大学出版社，2016
[256] 侯莉莎．德国失业人群再就业培训及其对我国的启示．天津大学硕士学位论文，2007
[257] 胡振．侵蚀效应、干中学效应的分离与发展中国家的经济增长．西北师范大学硕士学位论文，2013
[258] 黄斌，钟晓琳．中国农村地区教育与个人收入——基于三省六县入户调查数据的实证研究．教育研究，2012（3）
[259] 黄建康．新经济条件下产业集群与发展动力研究——关于创新型网络资本系统的研究．南京师范大学博士学位论文，2005
[260] 黄凌云．R&D、技术溢出与中国经济增长之间的关系．重庆大学博士学位论文，2002
[261] 霍连明．高技能人才能力建设研究．中国地质大学博士学位论文，2010
[262] 暨雪梅．基于农民工职业技能培训的问题、成因与对策探讨．福建建筑，2011（8）
[263] 加里．贝克尔．人力资本（中译本）．北京：机械工业出版社，2016
[264] 江霞．贸易政策与中国产业结构优化研究．山东大学博士学位论文，2010
[265] 姜军．中国职业技术教育体系构建研究．哈尔滨工业大学博士后流动站研究工作报告，2005
[266] 姜英敏，李昕．韩国国家创新体系下的高等教育人才培养模式改革．郑州师范教育（第 4 卷），2015（5）
[267] 姜雨．人力资本与技术选择适配性研究．中国社科院博士学位论文，2012
[268] 蒋冰冰．产品内国际分工与中国产业发展．华中科技大学博士学位论文，2012
[269] 焦斌龙等．人力资本差异与收入分配差距．北京：商务印书馆，2011
[270] 景光仪．我国经济转型期教育投资的就业效应．西南财经大学博士学位论文，2011
[271] 景琴玲．我国农业职业教育发展模式研究．西北农林大学博士学位论文，2012
[272] 景跃军，刘晓红．基于卢卡斯溢出模型的我国人力资本对经济增长贡献率测算．东南学术，2013（1）
[273] 孔宪香．技术创新体系建设中的人力资本激励制度研究．山东大学博士学位论文，2008
[274] 匡瑛．高等职业教育发展与变革之比较研究．华东师范大学博士学位论文，2005
[275] 匡致远．高技术国际产业竞争力研究．暨南大学博士学位论文，2001

[276] 李高芬．基于统筹城乡发展的农民工职业技能培训研究．重庆教育学院学报（第23卷），2010（3）
[277] 李辉，于钦凯．人力资本积累在战后日本经济追赶中的驱动作用及其启示．现代日本经济，2004（6）
[278] 李嘉明．企业人力资本投资研究．重庆大学博士学位论文，2004
[279] 李晶莹．我国人力资本不均等对经济增长的影响研究．哈尔滨工业大学博士学位论文，2009
[280] 李君甫．贫困地区农民非农就业中的职业教育和培训研究．西北农林大学博士学位论文，2004
[281] 李力．跨国公司技术创新研究．吉林大学博士学位论文，2005
[282] 李丽桦．核心能力：欧洲促进能力建设的一项新举措．全球教育展望，2003（12）
[283] 李龙新．基于劳动力发展的主导产业选择研究．复旦大学博士学位论文，2006
[284] 李嵘．论中国少数民族劳动者素质技能和社会地位的提高．中央民族大学博士学位论文，2006
[285] 李淑贞．出口与中国工业生产率：机理分析与实证研究．浙江大学博士学位论文，2010
[286] 李锡云．我国高等体育职业技术学院办学模式研究．福建师范大学博士学位论文，2007
[287] 李霞．我国教育投资中的政府行为研究．西南财经大学博士学位论文，2007
[288] 李晓华．技能回报、经济转型与工资不平等的上升．浙江大学博士学位论文，2007
[289] 李新功．欧盟职业培训：政策与实践．复旦大学博士学位论文，2005
[290] 李旭海，陈西青．基于校企合作的职业技能培训包开发研究．黑龙江教育学院学报（第30卷），2011（6）
[291] 李嫒．中国区域集聚经济与增长绩效研究．南开大学博士学位论文，2013
[292] 李延平．职业教育公平问题研究．陕西师范大学博士学位论文，2008
[293] 李玉静．国际职教课程改革新趋势——基于对德国、欧盟、澳大利亚的比较与分析．职业技术教育，2011（1）
[294] 李玉蓉．当代国际资本流动对后进国家经济增长效应研究．吉林大学博士学位论文，2005
[295] 李忠尚．第三条道路——马尔库塞和哈贝马斯的社会批判理论研究．北京：学苑出版社，1994
[296] 联合国大会文件．改变我们的世界：2030 年可持续发展议程（中译本）．第 69 届会议议程项目 13（a）和 115 附件，2015
[297] 刘冰．企业在职培训与农村转移劳动力的人力资本形成．浙江大学博士学位论文，2009
[298] 刘翠翠．经济开放对我国工资差距的影响研究．华中科技大学博士学位论文，2012
[299] 刘国余．基于教育社会收益率的我国教育财政投入研究．东北财经大学博士学位论文，2014
[300] 刘晶．人力资本与 FDI 技术外溢效应研究．山东大学博士学位论文，2008
[301] 刘其晴．近十年来芬兰增强中等职业教育吸引力的改革研究．西南大学硕士学位论文，2011
[302] 刘士杰．人口转变对经济增长的影响机制研究——基于人口红利理论框架的深入分析．南开大学博士学位论文，2010
[303] 刘晓．利益相关者参与下的高等职业教育办学模式改革研究．华东师范大学博士学位论文，2012
[304] 刘玉斌．高技能人才隐性人力资本形成与转化研究．天津财经大学博士学位论文，2008
[305] 刘中文．农村人力资本投资效率影响因素分析．西北农林大学博士学位论文，2011
[306] 柳清瑞，德·迪特儿·博加．德国劳动力市场中的弱势群体，现状与政策．德国研究（第 24 卷），2009（2）
[307] 芦晓珊．人口老龄化背景霞欧盟劳动力政策的调整及其启示．吉林大学硕士学位论文，2010

[308] 陆静超．经济增长理论的沿革与创新．哈尔滨工业大学学报社会科学版（第6卷），2004（5）
[309] 马华泉．城市化中教育投资对农村劳动力转移的影响研究．东北林业大学博士学位论文，2010
[310] 马捷．我国农村剩余劳动力转移的内生技术进步模式研究．西南交通大学博士学位论文，2006
[311] 马骊．基于人力资本视角的行业收入差距统计研究——以浙江省为例．浙江工商大学博士学位论文，2009
[312] 马力．职业发展研究——构筑个人和组织双赢模式．厦门大学博士学位论文，2004
[313] 马双．劳动力成本变化与制造业企业行为研究．西南财经大学博士学位论文，2011
[314] 马振华．我国技能型人力资本的形成与积累研究．天津大学博士学位论文，2007
[315] 迈克尔·波特．国家竞争优势（中译本）．北京：中信出版社，1990
[316] 孟望生，王询，李井林．人力资本和物质资本对增长贡献的变化——逻辑推理与中国省级面板数据的实证检验．经济与管理研究（第36卷），2015（6）
[317] 聂鹏．中国经济持续增长研究．西南财经大学博士学位论文，2011
[318] 潘福琴．重庆免费中职教育有效供给问题研究．西南大学硕士学位论文，2010。
[319] 庞世俊．世界教育视域中的职业能力研究．天津大学博士学位论文，2010
[320] 彭继增．商业集群：集聚动因及发展机理研究．西南财经大学博士学位论文，2008
[321] 钱芳莉．人力资本对广东省经济增长的影响研究．吉林大学博士学位论文，2012
[322] 邱丰．可持续发展的人力资本投资研究．东北师范大学博士学位论文，2003
[323] 任宇．基于产业组织视角的企业人力投资行为研究．暨南大学博士学位论文，2012
[324] 戎建．技术进步、人力资本与中国劳动力流动．复旦大学博士学位论文，2008
[325] 沈燕．社会保障对人力资本及经济增长影响的研究．华中科技大学博士学位论文，2010
[326] 盛立强．农民工职业技能培训中的问题与对策研究．深圳大学学报（人文社会科学版），第27卷，2010（3）
[327] 舒强．农民工子女个人高等教育投资收益风险研究．西南大学博士学位论文，2014
[328] 司聪．对苏州“新生代农民工”职业技能培训问题的调查与建议．农业科技管理，2011（3）
[329] 宋海荣．新经济增长理论述评及其政策取向．财经论坛，2005（9）
[330] 苏米特拉·杜塔，布吕诺·朗万，萨沙·温施－樊尚．2016年全球创新指数：全球创新，致胜之道．世界知识产权组织，2016
[331] 孙百才．中国教育扩展与收入分配研究．北京师范大学博士学位论文，2005
[332] 孙波．城乡经济社会一体化背景下的农民工市民化问题研究．西北大学博士学位论文，2011
[333] 孙华平．产业转移背景下产业集群升级问题研究．浙江大学博士学位论文，2011
[334] 孙婧．人力资本与全要素生产率——基于作用机制和作用效果的实证研究．复旦大学博士学位论文，2013
[335] 孙蕾．教育产出结构、资源配置与中国经济增长．厦门大学博士学位论文，2007
[336] 唐东波．中国的贸易开放、产业升级与就业结构研究．复旦大学博士学位论文，2012
[337] 唐志红．经济全球化下一国产业结构优化——一般理论及中国的应用．四川大学博士学位论文，2005
[338] 唐智彬．农村职业教育办学模式改革研究．华东师范大学博士学位论文，2012
[339] 陶小龙．中国经济增长的人力资本结构问题研究．云南大学博士学位论文，2011
[340] 田盈．基于博弈理论的企业员工在职培训机制研究．重庆大学博士学位论文，2005

[341] 王广慧．人力资本投资收入效应的经验研究．吉林大学博士学位论文，2009
[342] 王海兵．人力资本、物质资本与全要素生产率．山东大学博士学位论文，2015
[343] 王辉．产业集群网络创新机制与能力培育研究．天津大学博士学位论文，2008
[344] 王家庭，杨庭．当代美国收入分化的演进历程及其政策启示．学习与实践，2012（8）
[345] 王洁．产业集聚理论与应用的研究——创业产业集聚影响因素的研究．同济大学博士学位论文，2007
[346] 王庆丰．中国产业结构与就业结构协调发展研究．南京航空航天大学博士学位论文，2010
[347] 王取银，蒋书红．农民工教育培训问题探究．太原城市职业技术学院学报，2009（11）
[348] 王婷．中国西部农村教育成本、收益与家庭教育决策的实证研究．中国农科院博士学位论文，2009
[349] 王文静．人力资本对区域经济增长的作用及收敛性研究．华东师范大学博士学位论文，2013
[350] 王淅勤，陈瑶，罗彬．中小制造业农民工劳动技能与从业稳定性关系研究．农业技术经济，2012（11）
[351] 王彦军．日本劳动力技能形成研究——基于人力资本理论的分析．吉林大学博士学位论文，2008
[352] 王永水．人力资本异质性及门槛效应研究．上海社科院博士学位论文，2015
[353] 王宇轩．高职院校的融资结构与办学效率——以山东省高职院校为例．山东大学博士学位论文，2010
[354] 隗斌贤，李亚娟．经济增长理论与模型：演变与发展．统计与决策，2001（1）
[355] 魏立萍．人力资本与及经济增长关系研究．厦门大学博士学位论文，2001
[356] 温杰．中国产业结构升级的就业效应．华中科技大学博士学位论文，2010
[357] 吴健．新生代农民工教育收益研究．江西师范大学硕士学位论文，2009
[358] 吴俊培，赵斌．人口老龄化、公共人力资本投资与经济增长．经济理论与经济管理，2015（10）
[369] 吴玲燕，谢丹，吴明莎．新生代农民工职业技能培训现状、问题和对策研究．科技广场，2012（4）
[370] 吴晓松．国家创新体系对企业创新能力及创新绩效影响研究．昆明理工大学博士学位论文，2012
[361] 吴晓天．公共实训基地的实践与探索．华东师范大学博士学位论文，2009
[362] 武向荣．中国农民工人力资本收益率研究．青年研究，2009（5）
[363] 西澳多·W·舒尔茨．论人力资本投资（中译本）．北京：北京经济学院出版社，1990
[364] 习明明．经济发展中的人力资本投资收益率变动趋势研究．武汉大学博士学位论文，2011
[365] 肖丹丹，陈进．“中等收入陷阱”风险规避研究：人力资本的视角．当代经济管理（第35卷），2013（4）
[366] 肖亚成．区域经济递进发展的要素成本和利益分享研究．西南大学博士学位论文，2011
[367] 辛永容．基于单位劳动成本的中国制造业成本竞争优势实证研究．南京航空航天大学博士学位论文，2010
[368] 邢蕾．成人非正式学习研究．华东师范大学博士学位论文，2011
[369] 徐舒．中国劳动者收入不平等的演化——技术进步与高校扩招政策的影响．西南财经大学博士学位论文，2010
[370] 徐文婷．人力资本对农民工工资收入决定的影响——基于沈阳农民工的调查．沈阳农业大学硕士学位论文，2011
[371] 徐翔．教育差距及其对经济增长影响的研究．南京农业大学博士学位论文，2009
[372] 徐小英．校企合作教育对技能型人才创造力的影响研究．武汉大学博士学位论文，2011
[373] 徐雅惠．农民工职业技能培训需求分析及对策．农村经济与科技（第24卷），2013（1）

[374] 许琳．高等教育投资的国际比较研究．厦门大学博士学位论文，2007
[375] 许涛．国民收入分配中的劳动收入改进．中共中央党校博士学位论文，2011
[376] 闫海洲．转型期中国金融发展的生产率效应研究．上海社科院博士学位论文，2011
[377] 阎志强，钟英莲．劳动力素质对广东经济增长的影响．南方人口（第24卷），2009（4）
[378] 杨爽．中国经济增长中的人力资本适配性研究．西北农林大学博士学位论文，2009
[379] 杨伟国．中国宏观人力资本竞争力审计报告．北京：中国人民大学出版社，2015
[380] 杨学成，张务伟，张福明．社会转型中期劳动力素质与就业的城乡差别 ——基于山东省1502位城乡劳动力调查资料的分析．中国农村观察，2011（3）
[381] 杨志刚．人力资本投资与收入差距研究——基于人力资本投资主体的视角．云南大学博士学位论文，2011
[382] 姚林如．产业资本形成与劳动力转移研究．上海交通大学博士学位论文，2007
[383] 殷广卫．新经济地理视角下的产业集聚机制研究——兼论近十多年我国区域经济差异的成因．南开大学博士学位论文，2009
[384] 雍冀慧．欧盟职业教育与培训政策及其对中国的启示——基于里斯本战略的研究．南开大学博士学位论文，2010
[385] 余秀琴．中国经济转型期职业教育集团化发展．天津大学博士学位论文，2009
[386] 袁开洪．中国制造业发展与劳动力质量优化配置研究．华中科技大学博士学位论文，2006
[387] 袁奇．当代国际分工格局下中国产业发展战略研究．西南财经大学博士学位论文，2006
[388] 袁文婷．我国国际贸易出口与劳动力供给匹配度研究——基于现有劳动力市场与中职教育的对比研究．经济论坛，2013（1）
[389] 张凤林．人力资本理论及其应用研究．北京：商务印书馆，2006
[390] 张会清．新国际分工、全球生产网络与中国制造业发展．华东师范大学博士学位论文，2009
[391] 张亮．我国新型农民培训模式研究．河北农业大学博士学位论文，2010
[392] 张梅．全球生产网络、贸易结构与国内工资差距：影响机制和实证分析．暨南大学博士学位论文，2008
[393] 张明．经济增长理论述评．生产力研究，2012（6）
[394] 张明星．农户子女中职教育投资研究——以湘西州为例．湖南农业大学硕士学位论文，2008
[395] 张明志．比较优势理论与中国产业发展．厦门大学博士学位论文，2002
[396] 张藕香．人力资本对经济增长和地区差异的影响——基于中国农村的实证分析．西北农林科技大学博士学位论文，2007
[397] 张日波．报酬递增思想何以中断——兼论新古典经济学对马歇尔理论的“两大背离”．浙江大学博士学位论文，2012
[398] 张若雪．产业的转移、升级、整合与中国经济．复旦大学博士学位论文，2009
[399] 张绍良．职业技能培训和鉴定问题研究．中国集体经济，2011（30）
[400] 张文玺．山东农村人力资本投资问题研究．山东农业大学博士学位论文，2008
[401] 张兴祥，金超．青年农民工的职业技能培训：问题与对策——基于厦门市的调查与分析．中国青年研究，2010（7）
[402] 张艳，张默．县域经济发展中劳动力素质需求及对策．农业经济，2011（3）

[403] 张晔林. 农民工培训投入决策研究——基于对江苏省的实证分析演技. 南京农业大学博士学位论文, 2008
[404] 张振霞. 中国式“双元制”校企合作模式的探讨. 现代营销, 2013 (2)
[405] 赵波. 煤企实施高技能人才梯次培养工程初探. 中国矿业报, 2013-4-16
[406] 赵春雨. 生产率增长、要素重置与中国经济发展质量研究. 西北大学博士学位论文, 2012
[407] 赵达薇, 李非非. 罗默、罗卡斯人力资本理论对经济增长作用的理论分析. 学者论坛, 2008 (1)
[408] 赵洪山. 我国劳动者报酬份额变动趋势的研究. 中共中央党校博士学位论文, 2012
[409] 赵利. 技术进步对劳动就业的影响研究——基于山东省的分析. 天津大学博士学位论文, 2009
[410] 赵翔宇. 甘宁青民族地区职业教育研究. 兰州大学博士学位论文, 2009
[411] 赵鑫全. 非正规就业劳动者人力资本提升路径. 人民论坛, 2015 (11)
[412] 赵正洲, 韩成英, 吕建兴. 返乡农民工参与职业技能培训的影响因素分析——基于河南尧湖北尧湖南 3 省 35 个市 (县) 的调查. 教育与经济, 2012 (4)
[413] 钟甫宁. 收入差距与城镇教育回报率的逻辑关系解析——基于需求角度的理论框架及实证检验. 南京农业大学博士学位论文, 2006
[414] 周礼. 技术进步与人力资本形成——基于员工与企业的微观视角. 浙江大学博士学位论文, 2006
[415] 周毅. 刘易斯转折点的中国考证. 西南财经大学博士学位论文, 2012
[416] 周喆. 英美德三国低技能劳动力开发比较研究及启示. 华东师范大学硕士学位论文, 2010
[417] 朱小娟. 产业竞争力研究的理论、方法和应用. 首都经贸大学博士学位论文, 2004
[418] 朱永华. 传统产业型中小企业集群发展研究. 华中农业大学博士学位论文, 2005
[419] 朱勇, 吴易风. 技术进步与经济的内生增长——新增长理论发展述评. 中国社会科学, 1999 (1)

致　谢

本研究得到中英发展知识伙伴项目的大力支持，特别是英国国际发展部的资金支持，同时也得到了国务院发展研究中心发展部和中国国际发展知识中心的帮助，在此一并感谢。